冷战时期美国对菲律宾的援助研究（1945—1968）

崔翠翠◎ 著

中国社会科学出版社

图书在版编目（CIP）数据

冷战时期美国对菲律宾的援助研究：1945－1968 / 崔翠翠著 . —北京：
中国社会科学出版社，2022.4

ISBN 978－7－5203－9867－1

Ⅰ.①冷…　Ⅱ.①崔…　Ⅲ.①美国对外政策—对外援助—研究—
菲律宾—1945－1968　Ⅳ.①D871.22

中国版本图书馆 CIP 数据核字（2022）第 048052 号

出 版 人	赵剑英
责任编辑	安　芳
责任校对	张爱华
责任印制	李寡寡

出　　版	中国社会科学出版社
社　　址	北京鼓楼西大街甲 158 号
邮　　编	100720
网　　址	http://www.csspw.cn
发 行 部	010－84083685
门 市 部	010－84029450
经　　销	新华书店及其他书店

印　　刷	北京明恒达印务有限公司
装　　订	廊坊市广阳区广增装订厂
版　　次	2022 年 4 月第 1 版
印　　次	2022 年 4 月第 1 次印刷

开　　本	710×1000　1/16
印　　张	15
字　　数	225 千字
定　　价	85.00 元

序　言

对"援助"这个话题产生兴趣还是在南开大学读硕士研究生期间，虽然当时只是兴趣所向读了部分相关书籍和文章，但是却奠定了博士研究生阶段的研究方向和理论框架的基础。

随着涉猎的内容越来越广泛，对"援助"理论的学习研究更加深入，从对"点"的片面理解，跨越到对"体系"的综合思考，国内学界虽已形成了"援助"研究的一定成果，但并未给予应有的重视，相关研究也没有达到应有的高度。虽然有不少学者对相关内容进行研究论述，包括各高校的博士论文、相关的期刊文章等，但是在研究内容的丰富性、研究角度的多样性以及研究层次的深入性等方面都很难与其他研究领域相比。其中比较有代表性的是中国社会科学院的周弘先生，他在 2002 年出版的专著《对外援助与国际关系》是国内较早介绍有关对外援助的著作。周弘先生从国际关系的角度，分析了不同国家之间纵横交错的复杂关系，是研究战后国际关系很有价值的参考。周弘先生的研究为外援研究提供了一个非常有意义的研究视角。

国外有关外援的研究相对丰富一些，对外援的起源、性质、作用等方面的讨论都有所涉及。其中对外援性质最具代表性的论述莫过于现实主义国际关系理论大师汉斯·摩根索的论述，他认为任何援助都能对受援国施加政治影响，他甚至认为即便是人道主义援助，"如果通过政府来实施，那么援助的用途最后很有可能被用于政治目的，而非人民的福利"①。摩根

---

① Hans Morgenthau, *Politics among Nations: The Struggle for Power and Peace*, New York: Alfred A. Knopf, 1966, p. 302.

索还认为军事援助和经济援助本质上是一种贿赂援助，甚至认为经济援助"完完全全是一种浪费"①。

我个人认为无论对外援性质、内容、作用的研究，都不要设定在某一特定的方面。虽然外援是在二战后初具规模，也最具代表性，但是外援早在之前的历史中就占据特殊位置。从远古人类最开始的交换，到近代社会的征战、结盟，乃至和平时代的交流、互动，无不与援助有关。可以说援助是国际关系互动的一个不可或缺的链条，虽然对其专门研究的时间有限，但是外援存在和发挥作用的时间却非常久远，只是国际社会把外援看作一个应然的部分，而缺少对其实然的研究和重视。

这种现象与援助的特点有关，与国际关系的其他研究领域不同，对外援助很少有引起重大变革的时刻，相反外援是国内相关部门的周密部署和国际立足长远的战略谋划，外援效果的显现也需要时间的润化，可以说外援似"春雨般""润物细无声"。再者，外援涉及国际关系的各方面，它不仅与国际政治、国际经济相关，而且与外交关系、军事关系、文化关系都有牵涉，其复杂程度超出想象，可以说外援与国际关系的方方面面都有关系。最后，外援是国家间互动的一个必要方式。可以说无论国家大小都与外援有着"千丝万缕"的关系，不同国家既可以成为"援助国"，也可以成为"受援国"，它不因国家的大小而把某些国家排除在外，可以说外援是国际社会中"参与度"最高的方式之一。

鉴于此认识，我认为对外援的研究还有待深入和拓展。本书虽然囿于视野和学识，不足之处甚多，但是本人对外援的一种看法和理解，希望能对后来人的研究有些许铺垫和启发，也希望对外援有兴趣的同道中人批评指正，在此先行谢过。

最后，借本书来激励自己对外援的研究能够不断深入，把研究之路走得更久、更远一些。

---

① Hans Morgenthau, "A Political of Foreign Aid", *The American Political Science Review*, Vol. 56, No. 2, Jun. , 1962, p. 308.

目　　录

绪　　论

一　研究之缘起

对外援助是战后国际关系的一个重要内容，是一个国家推行其外交政策的重要工具，是研究当代国际关系的一个重要方面。它既是为了实现政治目的而使用的经济工具，又是牵涉援助国和受援国的国内政治问题，跨越了历史、政治的研究范畴，具有高度的复杂性。因此对外援政策的历史性探究和前瞻性考察，既体现出基础性的学术研究，又展现了具有很强现实性和实践性的政策研究。在接触相关资料和对美国外交关系的深入学习过程中，笔者渐渐对外援及其政策的研究产生了浓厚的兴趣，希望能够进一步深入研究。

对外援助在美国实现国家利益的方式和工具中，在其制定和实施对外政策过程中，扮演了不同的角色。美国是战后利用对外援助实现外交政策的重要国家之一，也是战后施行外援最早的国家。马歇尔计划的出台标志着美国官方对外援助的开始。最初美国援助的重点是欧洲，但随着国际环境的变化和发展中国家的壮大，美国的援助重点逐渐向亚洲转移。从二战后到肯尼迪、约翰逊时期是美国外援活动范围不断扩大、外援理论不断充实并最终实现外援法制化的阶段。在此之后到尼克松时期，美国外交活动开始在全球范围内收缩，外援也随之收缩，政府的官方援助越来越少，援助形式上主要借助美国的技术和商品优势提供针对性较强的服务类援助，不再提供大规模的资金或资本。所以笔者把研究时间确定在1945—1968年，能清晰展现美国外援的发展历程、外援如何随美国外交政策的变化而变化，以及外援在实现外交政策目标中发挥的作用和效果。

亚洲的很多国家都是美国的援助对象，考虑到菲律宾特殊的战略位置，以及与美国复杂的历史渊源，因此，美国对菲律宾的援助更具有代表性和导向性。通过研究这一时期美国对菲律宾的援助，可以动态地反映美菲两国外交关系及外交政策的变化，分析美国对菲律宾援助活动的变化及影响。

美国推行对外援助是为实现国家利益服务的，但美国对菲律宾实施援助的效果有时与其目标背道而驰。作者力图从对外援助的视角去分析美国对菲律宾的政策，在此基础上描述美国对菲律宾援助的政策制定和执行进程，总结美国对菲律宾援助的动因和困境，评价美国对菲律宾援助的效果，并在此基础上分析美国对菲律宾提供援助的影响因素。

菲律宾群岛位于亚洲东南部，太平洋西部，共有大小岛屿 7000 多个，东临太平洋，西濒南中国海，北距我国台湾地区仅 67 海里，南望马来西亚的沙巴和印尼的加里曼丹，正处于亚洲、太平洋和澳大利亚大陆之间的关键地带，是沟通东亚和南亚、连接太平洋和印度洋的交通要道，具有极其重要的战略位置。美菲两国关系正式开始于 19 世纪八九十年代，当时资本主义世界掀起了瓜分世界的狂潮，在全世界范围内争夺殖民地和海外市场，美国在马汉海权理论的指引下向海外扩张，实现从陆地到大洋的跨越。由于当时的世界被各主要资本主义国家几乎瓜分殆尽，所以作为老牌资本主义国家西班牙殖民地的菲律宾成为美国在太平洋地区的首要觊觎目标，并企图把菲律宾打造为打开中国市场的跳板。正值菲律宾国内掀起了反抗西班牙殖民统治的战争，美国借保护菲律宾之名与西班牙交战，并借此占领了菲律宾。美国统治菲律宾达半个世纪之久，并按照美国的政治制度建立起菲律宾的政治、经济、社会文化等各方面的制度。二战期间，菲律宾曾沦陷于日本的法西斯统治，二战后随着日本法西斯的覆灭，美国又重新占领了菲律宾。但是在战后初期，即在朝鲜战争爆发前，美国并未给予菲律宾足够的重视。而且在战后美国的援助中，菲律宾也并没有占很大的份额，且大部分的援助是通过联合国善后救济署进行的，援助的数量非常有限。究其原因在于当时东南亚的战略地位并未完全展现出来，在美国先欧后亚的战略部署中处于边缘位置，而美国对菲律宾的援助也仅仅是为了维持其在菲律宾的最大利益而已。

但是，战后局势风云突变，美苏两国由战时合作关系走向对立对抗，整个世界陷入冷战阴霾的笼罩之下，世界局势剧烈动荡并进入调整期。尤其是亚太地区，中华人民共和国成立、朝鲜战争爆发，使得美国利用蒋介石政权牵制苏联的东亚政策破产，美国不得不调整亚洲政策，对日政策从遏制转为扶植，并构建环太平洋地区沿海防御岛链，菲律宾作为美国安全岛链上的关键枢纽作用更加凸显出来。1951 年 8 月，美国和菲律宾签订《共同防御条约》，标志着两国同盟关系的建立，美国把菲律宾纳入其亚洲环太平洋地区沿海防御岛链之中。鉴于菲律宾在亚洲的战略地位，尤其是与中国地理位置上的邻近，进可以影响中国，退则可以联系日本，美国把菲律宾视为推行亚洲政策的桥头堡。美国遏制之父乔治·凯南认为，"在坚持欧洲第一的形势下，菲律宾和日本将成为美国太平洋地区安全体制的基石，保护美国在亚太地区的利益。"[1]

由于美菲之间的特殊关系，使两国同盟关系比其他同盟关系更加牢固，美国对菲律宾的援助也相应地更具稳定性和长期性。

在对亚太地区的研究中，以往学术界大多侧重于对大国之间国际关系的分析，着重展示中、美、苏等大国之间的外交关系及政策互动，关于美国对外援助的研究也多集中于美日、美韩以及美国对东南亚的整体援助，美国对菲律宾的援助则涉及较少。实际上，作为美国向亚洲其他国家展示其国家制度"橱窗"的菲律宾，能较全面地反映美国外交政策和外援政策的变化动向及原因，值得关注和研究。以往学术界对美菲关系的研究，主要集中于对双方政治、军事、外交及两国关系的历史性考察，对美菲援助的研究也限于粗线条的概述，缺少深入细致的分析。纵然这些研究给我们提供了许多有益的启示，但也存有些许遗憾。

鉴于此，笔者选择"美国对菲律宾的援助研究（1945—1968）"作为

---

[1]　李庆余：《美国外交史》，山东画报出版社 2008 年版，第 213 页。

研究对象，具有重要的价值和意义：

首先，通过对这一时期美菲两国援助政策和具体实施策略的考察及分析，对于我们深入探究美国亚洲遏制政策的形成及发展，具有重要启示。从某种意义上来说，"对外援助政策就是国家的对外政策"[①]。在美国对外政策的制定和实施过程中，在美国实现国家利益的各种方式中，对外援助扮演了不同的角色，美国是这一时期利用对外援助实现其外交政策的重要国家之一，也是战后实行外援最早的国家。二战后，美苏由战时的合作逐渐走向冷战和遏制。为遏制苏联，美国在亚太地区构建了以日本、菲律宾、澳大利亚为岛链的安全体系，菲律宾由于其特殊的地理位置和与美国的特殊关系，成为美国安全岛链中的关键一环。美国对菲律宾的援助也随着国际局势和美国外交政策的变化而变化，由战后的忽视到不断重视，最后呈现弱化的发展历程，通过对美菲对外援助的研究可以透视美国外交政策的变化和美对菲政策的调整。

其次，美国是世界大国而菲律宾是地区小国，美菲两国实力差距悬殊，但是两国的援助政策和活动却呈现出长期性和发展性的特点。根据社会交换论的理解：社会交换可以看作两个行为体之间交换资源的过程。在对外援助关系中是指援助国和受援国之间对援助的一种交换，而权力上的对等性和利益上的互惠性是决定这种援助交换关系稳定性强弱的关键因素，对等性或互惠性与稳定性成正比，即两国互惠或对等关系越强，这种以援助为交换对象的关系就越稳定，反之亦然。援助问题专家丁韶彬指出，该理论"启发研究者从互惠的角度观察和理解援助与受援关系，重视'弱'的受援国的权力，关注援助国对受援国的依赖"[②]。而美菲之间的援助关系从社会交换的角度来看，双方的援助关系之所以稳定是因为具有较强的互惠性。对菲律宾而言，美国的援助有利于菲律宾的经济发展和为其提供军事保障；对美而言，在冷战的背景下，菲律宾的特殊

---

① David A. Baldwin, *Foreign Aid and American Foreign Policy*, New York: Frederick A. Praeger, 1966, p. 3.

② 丁韶彬：《大国对外援助——社会交换论的视角》，社会科学文献出版社 2010 年版，第 95 页。

战略位置是美国推行其亚洲政策发展的桥头堡。正是因为这种援助的互惠性和对等性使得美菲援助关系具有明显的稳定性。当然由于美菲两国的实力差距过大，弱国无外交在菲方体现得比较明显，菲律宾外交总体呈现唯美国马首是瞻的特点，但菲律宾又依仗其战略地位与美国"讨价还价"，具有某种与美国"叫板"的资本。所有这些增加了两国在对外政策方面进行协调的复杂性，也影响了两国的外援政策，综观美菲两国的援助活动，充斥着两国领导人的"口舌之争"。

再次，"冷战史新研究"的要求。"冷战史新研究"主张由于冷战环境的变化，研究的视野不能仅局限于大国之间，也要强调正在崛起的中小国家的力量及影响力，使研究视野进一步拓展。换言之，我们的研究对象要全方位地考虑大国与新兴的发展中国家的综合体，衡量它们各自在冷战局势下的地位与角色，这无疑将会为我们深入研究该时期美菲关系及援助政策的变化及调整提供新的视角。菲律宾虽是一个小国，但由于其重要的地理位置和美国在菲律宾的重要利益，增加了与美国周旋的砝码，菲律宾的外交诉求也或多或少地影响到美国的外交和外援政策。因此从一定程度来说，在国际社会中小国也有其独特的地位和作用，在外交方面并不总是"被动挨打"，有时也具有"能动"作用。对小国的研究，能更深层次理解国际社会的复杂性和丰富国际关系的相关理论。

最后，作为冷战时期美国外交政策的一个重要组成部分，外援政策的服务功能和实现手段的发展演化，也是考察美国国家安全战略调整的重要基点，对我们研究当下美国的外援策略动向和实质都有重要的启发意义。此外，从现实来看，对外援助在当代国际政治经济关系中，依然发挥着不可替代的作用，无论老牌的大国、强国，还是正在发展中的中小国家，外援在实现国家政策利益最大化方面都具有不可替代的价值。随着中国综合国力的不断提升，提供对外援助的数量和援助的国家都相应增加，如何通过对外援助来增强国家在国际上的影响力和改善受援国的政治、经济状况，是值得认真思考的问题。

二 国内外研究现状

就美国外援问题的研究，无论是外援所涉及的理论问题还是对外援具体问题的分析和研究，国内外学者的研究成果相对丰富，种类及涉及的方面也极其宽泛。国内比较有代表性的有周弘主编的《对外援助与国际关系》①、刘金质的《美国国家战略》②，以及资中筠主编的《战后美国外交史——从杜鲁门到里根》③。此外，还有多篇博士论文④和期刊文章⑤也对该研究做出了有益的补充和探索，丰富了研究内容，拓宽了研究视野。国外比较有代表性的有汉斯·摩根索（Hans Morgenthau）⑥、约翰·怀特（John White）⑦、戴妮·昆兹（Diane B. Kunz）⑧ 等人的著作和研究，在这里不做赘述。

就美菲关系及援助的研究在国内仍是一个有待继续开拓的研究领域，对美菲之间关系及援助的研究还相对薄弱，相关研究大多散落在一些论著和论文中，尚无全面系统的研究专著。国外学界就美菲关系的研究著述较为丰富，出版多部相关著作。下面简要梳理一下国内外学界的主要

① 周弘主编：《对外援助与国际关系》，中国社会科学出版社 2002 年版。

② 刘金质：《美国国家战略》，辽宁人民出版社 1997 年版。

③ 资中筠主编：《战后美国外交史——从杜鲁门到里根》，世界知识出版社 1994 年版。

④ 贺光辉：《美日对外援助之比较》，博士学位论文，复旦大学，2003 年；刘洪丰：《美国对韩国援助政策研究，1948—1968》，博士学位论文，华东师范大学，2004 年；娄亚萍：《试论战后美国对外经济援助》，博士学位论文，复旦大学，2010 年；姜淑令：《美国对以色列的援助政策研究（1967—1988）》，博士学位论文，复旦大学，2010 年。

⑤ 王慧英：《"剩余品"时代美国的对外粮食援助政策》，《世界历史》2006 年第 2 期；刘会清：《美国对外援助政策及其价值取向》，《内蒙古民族大学学报》（社会科学版）2003 年第 3 期；刘会清、李曼：《美国对外经济援助与韩国经济的崛起》，《世界史》2007 年第 4 期；褚浩：《50 年代后半期美国对外援助政策转变探析》，《枣庄师范专科学校学报》2004 年第 4 期；崔天模：《50 年代美援政策与一些落后地区的经济发展》，《世界经济与政治》1997 年第 6 期；梁志：《论艾森豪威尔对韩国的援助政策》，《美国研究》2001 年第 4 期；周弘：《战略工具——美国对外援助政策》，《国际贸易》2002 年第 1 期。

⑥ Hans J. Morgenthau, *Politics Among Nations：The Struggle for Power and Peace*, New York：Alfred A. Knopf, 1966, pp. 4 – 14.

⑦ John White, *The Politics of Foreign Aid*, London：Bodley Head, 1974.

⑧ Diane B. Kunz, *Butter and Guns：America' Cold War Economic Diplomacy*, New York：The Free Press, 1997.

研究成果及观点。

1. 国内学术界关于美菲关系的研究

（1）关于菲律宾历史及美菲外交关系的研究

金应熙主编的《菲律宾史》① 是研究菲律宾历史的重要专著，书中详细记述了菲律宾自旧石器时代到马科斯统治结束的历史，是研究菲律宾的通史性著作。书中较为翔实地论述了战后初期美国对菲律宾的援助情况，遗憾的是对此后美菲之间的援助情况鲜有论及。且作者把分析的重点放在了二战之前西班牙和美国殖民统治的时期，对二战之后菲律宾的历史着重分析菲律宾国内政治、经济情况，对菲律宾的外交关系的发展论述略显单薄。

中山大学历史系东南亚历史研究室编写的《菲律宾史稿》② 也是介绍菲律宾历史的早期著作，书中重点介绍菲律宾的历史发展进程，对菲律宾外交关系尤其是美菲关系的论述较少。商务印书馆出版的菲律宾学者赛义德的《菲律宾共和国：历史、政府和文明》③ 和《菲律宾革命》以菲律宾国内政治形势的发展情况为主线，着墨于菲律宾国内各政党之间的政治争斗，对冷战时期美菲关系的论述较少。

文章方面有吴群的《评1945—1949年的美国对东南亚政策》和《评1950—1960年的美国对东南亚政策》④。文中都对美菲关系有所论述，前文认为美国对菲律宾政策的核心是稳住菲律宾以便美国介入东南亚事务；后文认为美国通过向菲律宾提供援助的方式控制菲律宾。邹志明的《战后美菲关系中的战争损失赔偿问题探析》⑤，论述了美菲两国围绕战争损失赔偿问题，进行了多次的谈判和交涉，对美菲两国之间讨价还价的互动表现得淋漓尽致；吴浩的《越战时期美国与菲律宾的同盟关系——以

---

① 金应熙主编：《菲律宾史》，河南大学出版社1990年版。

② 中山大学历史系东南亚历史研究室编：《菲律宾史稿》，商务印书馆1977年版。

③ ［菲］格雷戈里奥·赛义德：《菲律宾共和国——历史、政府与文明》，吴世昌译，商务印书馆1979年版。

④ 吴群：《评1945—1949年的美国对东南亚政策》，《世界历史》1998年第5期；《评1950—1960年的美国对东南亚政策》，《云南师范大学学报》（哲学社会科学版）1999年第5期。

⑤ 邹志明：《战后美菲关系中的战争损失赔偿问题探析》，《南洋问题研究》2013年第1期。

美菲两国围绕菲律宾出兵越南问题的交涉为例》① 以菲律宾出兵越南问题为引子，来论述美菲两国之间讨价还价的较量。这两篇文章都是从小处着手，去展现美国和菲律宾之间的互动关系。

硕士论文方面有河南大学裴欢欢的《美国驻菲律宾军事基地研究（1946—1991）》、广东外语外贸大学袁晓聪的《冷战后美菲同盟关系演变研究》、暨南大学张博的《冷战后菲美安全合作研究》、暨南大学韩君的《美国对菲律宾政策的演变 1946—1960 年》、陕西师范大学汪春杰的《冷战初期美国对菲律宾的干涉》、湖南师范大学万艳玲的《论马科斯时期的美菲军事基地问题》、吉林大学时羽卓的《马科斯时期的美菲关系演变（1965—1986）》、山东师范大学解琦的《威尔逊政府对菲律宾政策述评》②。这些论文就美菲关系发展的某个时期或特定的问题进行研究，对于本研究都有很好的启发。

邹志明的博士论文《战后美菲同盟的形成与演变研究（1946—1975）》③以二战后美菲两国军事同盟为研究对象，详细论述了美菲同盟的形成背景、原因及分析了影响两国同盟关系的不和谐因素，讨论自马科斯上台后至中菲建交时期美菲同盟的离心与弱化过程。

（2）关于美国对菲律宾援助的研究

有关美国对菲律宾援助的研究，国内鲜有系统、全面的论述，大多都夹杂在美菲关系及外交史的著作当中。例如杨生茂主编的《美国外交政策史 1775—1989 年》、资中筠主编的《战后美国外交史——从杜鲁门到里根》、王玮主编的《美国对亚太政策的演变 1776—1995 年》、赵学功

---

① 吴浩：《越战时期美国与菲律宾的同盟关系——以美菲两国围绕菲律宾出兵越南问题的交涉为例》，《南洋问题研究》2015 年第 2 期。

② 有关研究战后美菲关系的硕士论文有：汪春杰：《冷战初期美国对菲律宾的干涉》，硕士学位论文，陕西师范大学，2007 年；韩君：《美国对菲律宾政策的演变 1946—1960 年》，硕士学位论文，暨南大学，2008 年；万艳玲：《论马科斯时期的菲美军事基地问题》，硕士学位论文，湖南师范大学，2004 年；时羽卓：《马科斯时期的菲美关系演变（1965—1986）》，硕士学位论文，吉林大学，2007 年；解琦：《威尔逊政府对菲律宾政策述评》，硕士学位论文，山东师范大学，2009 年等。

③ 邹志明：《战后美菲同盟的形成与演变研究（1946—1975）》，博士学位论文，华中师范大学，2013 年。

的《巨大的转变：战后美国对东亚的政策》、蔡佳禾的《双重的遏制——艾森豪威尔政府的东亚政策》①等著作皆对美菲关系及两国之间的援助活动有所论述，但受限于编著的主题和篇幅，相关论述仅是提纲挈领、点到为止，未进行深入细致的探究。

此外，有关美国对菲律宾援助的文章相继出现，例如时殷红、许滨的《来自冷战外的挑战——美国在菲律宾的失败与调整（1945—1954）》②叙述了1945—1954年美菲关系在菲律宾独立主义情绪的影响下，发生的种种变化，美国甚至以援助为筹码，迫使菲律宾作出有利于美国的让步。但菲律宾复杂的国内政治情况，使美国在菲律宾的既定目标难以实现，最终美国不得不放弃对菲律宾的全面改造，承认了菲律宾的国内状况，因此，从一定意义上说美国接受了它在菲律宾政策的失败。

韩凝的《美国国家开发署对菲律宾援助政策的演变及其影响》③，梳理了美国国家开发署在菲律宾的援助活动，指出美国的援助活动和美菲关系的变化密切相关，并配合美国亚太战略的实施。

从以上论述可以看出，国内学者对美国外援的研究观点各异、角度各有不同，而具体到美国对菲律宾的援助则鲜有综合论述。部分著作和文章对美国和菲律宾之间的援助有所涉及，作者力图在现有资料和研究的基础上，结合个人构思与探索，就美国对菲律宾援助的相关领域研究做一点基础性工作。

2. 国外学术界关于美菲关系的研究

（1）关于美菲外交关系的研究

比较有代表性的著作有斯坦利·卡诺的《在我们的印象中：美利坚

---

① 参见杨生茂等主编《美国外交政策史（1775—1989）》，人民出版社1991年版；资中筠主编《战后美国外交史——从杜鲁门到里根》（上、下册），世界知识出版社1994年版；王玮主编：《美国对亚太政策的演变1776—1995年》，山东人民出版社1995年版；赵学功：《巨大的转变：战后美国对东亚的政策》，天津人民出版社2002年版；蔡佳禾：《双重的遏制——艾森豪威尔政府的东亚政策》，南京大学出版社1999年版。

② 时殷弘、许滨：《来自冷战外的挑战——美国在菲律宾的失败与调整（1945—1954）》，《美国研究》1995年第2期。

③ 韩凝：《美国国家开发署对菲律宾援助政策的演变及其影响》，《东南亚研究》2012年第2期。

帝国中的菲律宾》①，书中主要记述了美菲两国自马尼拉海战到马科斯政府时期关系的发展演变。卡诺称在殖民时期，美国政府试图按照自己的意志来改造菲律宾，并使菲律宾成为宣扬美国民主的亚洲国家，作者认为美国的这一尝试最终以失败告终。书中记述、分析恰当，但对1954—1972年间的美菲关系仅做了简单介绍，未展开详细论述。

H. W. 布兰德斯的《走向帝国：美国和菲律宾》②，作者通过使用美菲两国的档案材料，对19世纪90年代到20世纪90年代的重大事件进行了详细的分析和考察，尤其对二战后美菲两国之间的军事基地问题、贸易问题以及就此问题两国之间的谈判和妥协分析得较为细致，是研究战后美菲关系的重要参考资料。

克劳德·巴斯的《美国和菲律宾》③ 记述了从1896—1965年的美菲关系，书中以菲律宾总统的任期为断点，分阶段分析了两国政治、经济关系以及变动的原因。而凯思琳·纳多的《菲律宾历史》④ 是一部记述菲律宾自1521—1986年国内历史的著作。由于时间跨度大，书中的论述比较简洁，着重对历史线索的梳理而对具体事件的分析则略微单薄。

（2）围绕军事基地问题以及经济、贸易问题对美菲关系的研究

比较有代表性的要数贝瑞·威廉·小埃默逊的博士论文《美国在菲律宾的军事基地、基地谈判和菲美关系：过去、现在和将来》⑤ 和《美国在菲律宾的基地：一种特殊关系的演变》⑥，小埃默逊在这两部书中对美

---

① Stanley Karnow, *In Our Image: America's Empire in the Philippines*, New York: Random House, 1989.

② H. W. Brands, *Bound to Empire: The United States and the Philippines*, New York: Oxford University Press, 1992.

③ Claude A. Buss, *The United States and the Philippines*, Washington: American Enterprise Institute for Public Research, 1977.

④ Kathleen Nadeau, *The History of The Philippines*, Connecticut · London: Greenwood Press Westport, 2008. 关于美菲关系的著作还有 Shalom, *The United States and the Philippines*, Quezon: New Day Pub. 1986.

⑤ William E. Berry, *American Military Bases in the Philippines, Base Negotiations, and Philippine-American Relations: Past, Present, and Future*, New York: Cornell University, 1981.

⑥ William E. Berry, *U. S. Bases in the Philippines: The Evolution of a Special Relationship*, Boulder: Westview Press, 1989.

菲之间关于军事基地方面的问题进行了探究。在第一部著作中，作者主要论述了自菲律宾独立以来，美菲两国在军事基地问题上存在的争端，解决争端的方法和美国在菲律宾基地的去留问题。他主张军事方面美国应大规模减少在菲军事存在，并相应地增加在日本、新加坡、关岛和澳大利亚的军事力量，同时他又反对削弱美国对菲律宾的控制。在后一著作中作者细致梳理了暗中破坏美菲两国"特殊关系"的因素，且深刻并合理地剖析了美国在菲军事基地对菲美关系的影响。贝瑞认为，东亚局势的变化尤其是中华人民共和国的成立和朝鲜战争的爆发，提升了美国在菲律宾军事基地的重要性，但也使军事基地问题变得更加复杂，原因是：其一，关于军事基地问题的谈判越来越多地介入菲律宾国内政治；其二，菲律宾民族主义的发展，使基地的司法管辖权问题变得敏感，菲律宾主张应享有对军事基地美国人员活动的控制权，然而由于美菲对于此问题的谈判未达成一致，导致这个问题一直悬而未决。

约翰·W. 小麦克唐纳、戴安娜·B. 本德海曼合著的《美国海外基地：与西班牙、希腊和菲律宾的谈判》[1] 和唐纳德·柯克所著的《被掠夺：基地背后的菲律宾》[2] 这两本著作都是以美菲基地谈判为视角来论述美菲关系的发展、演变，清晰展现了双方在基地谈判过程中的矛盾和摩擦，但两部著作的论述多集中于 20 世纪 80—90 年代美菲两国的基地谈判情况，对于 20 世纪 50—70 年代的美菲基地谈判则着墨较少。

克劳德·阿尔伯特·巴斯的《美国和菲律宾：政策背景》[3] 主要阐述了菲律宾总统马科斯执政前后的美菲关系，致力于分析美菲关系从友好走向矛盾的缘由。作者从三个部分进行研究：第一部分论述马科斯上台前的背景，美菲矛盾的根源及政策的演变；第二部分围绕菲律宾军事管制法的颁布，阐述马科斯执政时期菲律宾对美政策的转变。作者运用大量文献资料重新考察了尼克松主义出台后的美国外交政策，详细地论述

---

① John W. McDonald, Diane B. Bendahmane, *U. S. Bases Overseas*: *Negotiations with Spain*, *Greece*, *and the Philippines*, Boulder: Westview Press, 1990.

② Donald Kirk, *Looted*: *The Philippines after the Bases*, New York: St. Martin's Press, 1999.

③ Claude Albert Buss, *The Unite States and the Philippine*: *Background For Policy*, Washington D. C.: American Enterprise Institute for Public Research, 1977.

了菲律宾军管法的源起、实施以及美菲协定《劳雷尔——兰利协定》终止后的美菲经济关系；第三部分探讨了越南撤军以来美国在菲律宾的利益变化及对菲政策的调整。总体而言，本书关注的重心在于探讨美菲的双边经济、政治和安全关系。

金孙扬在其《美菲关系（1946—1956）》① 一书中主要研究论述美菲经济关系，菲律宾与日本及其他亚洲国家的关系，试图探究美菲之间长期存在的复杂关系。他认为 20 世纪 50 年代是共产主义影响力不断发展的时期，当时的美菲关系可以描述为"一个亚洲人和一个大都市人为了实现共同目标，正在努力寻找一条出路的经典例子，尽管他们之间存在强大的民族主义"。

此外还有弗兰德斯·阿尔钱德勒的《菲律宾于美国：塑造新的关系》②、罗伯特·普林格的《印度尼西亚和菲律宾：美国在东南亚群岛的利益》③、詹姆斯·A. 格勒戈《处在巨人的阴影下：大国与东南亚的安全》④、罗伯特·布鲁姆的《划界：美国东亚遏制政策的起源》⑤、加利·赫斯的《美国成为东南亚之强权（1940—1950）》⑥、安德鲁·洛特的《通向越南之路——美国对东南亚承诺的起源》⑦ 等著作把美国对菲律宾的政策置于美国对东南亚政策的大背景下研究，书中都用了些许篇幅论述美菲关系，可资借鉴。

---

① Kim Sung Yong, *United States-Philippine Relaions*, 1946 – 1956, Washington, D. C. : Public Affairs Press, 1968.

② Fernandez Alejandro M. , *The Philippines and the United States: The Forging of New Relations*, Quezon: Philippine union catalog, 1977.

③ Pringle Robert, *Indonesia and Philippines: American interests in Island Southeast Asia*, New York: Columbia Uninersity Press, 1980.

④ Gregor, James A. , *In the Shadow of Giants: The Major Powers and the Security of Southeast Asia*, Stanford: Hoover Insititution Press, 1989.

⑤ R. M. Blum, *Drawing the Line*, *The Origin if the American Containment Policy in East Asia*, New York and London: University Press, 1987.

⑥ Gary R. Hass, *The United States Emergence as a Southeast Asian Power*, 1940 – 1950, New York: Colunmbia University, 1987.

⑦ Andrew John Rotter, *The Path to Vietnam: Origins of the American Commitment to Southeast Asia*, Ithaca: Comell Universty Press, 1987.

（3）有关美国对菲律宾援助方面的研究

乔治·泰勒的《菲律宾与美国：伙伴之间的问题》[①] 一书中阐述了美菲之间存在的特殊关系，但作者认为这种关系极其脆弱，当两国关系紧张时，美国总是从本国国家利益出发并没有顾及美菲两国之间的这种关系。书中也详细探讨了两国的经济、军事援助，以及与经济、政治、基地问题相关的美国安全以及菲律宾防务问题。此外随着国内外环境的变化，菲律宾在美国和亚洲方面的外交选择等问题也有涉及。虽然作者承认美菲之间存在一种特殊关系，但并没有因为这种特殊关系的存在而否认两国间存在的许多矛盾与争执。

詹金斯的《美国对菲律宾的经济政策》[②] 主要分析了 1945—1950 年间美国对菲律宾的经济政策。1945—1947 年美国主要对菲律宾进行战后的救济工作，但是这项工作主要交由联合国善后救济署进行，并且援助的数额非常有限，难以满足菲律宾经济的恢复和发展。援助之初美国的主要目的是如何重新控制菲律宾，所以把主要精力放在了与菲律宾的《贝尔贸易法案》的谈判上面，并以援助为筹码，迫使菲律宾接受美国安排的贸易法案。在书中作者对这一事件进行了详细的分析，认为正是由于《贝尔贸易法案》，使菲律宾经济仍处于美国的半殖民统治状态。1948—1950 年为菲律宾经济的恢复时期，但是菲律宾经济的很多方面仍低于战前水平，并且这一时期也是 1950—1951 年菲律宾经济危机的潜伏时期，作者认为危机的很多方面都源于此时期。书中借助一些原始资料，对一些数据进行细致的分析，尤其对战后初期美国对菲律宾的援助活动，论述得比较详细。遗憾的是记叙时间止于 1950 年，对 1950 年以后的菲律宾的经济政策及美国对菲律宾的援助活动鲜有涉及。

在詹姆斯·格雷格尔的《菲律宾危机》[③] 一书中，作者论述了美国和菲律宾之间存在的特殊关系，并详细叙述了不同时期菲律宾国内的政治、

---

① Taylor George, *The Philippines and the United States: Problems of Partnership*, New York: Frederick A. Praeger, 1964.

② Shirley Jenkins, *American Economic Policy toward the Philippines*, Stanford: Stanford University Press, 1954, p. 44.

③ A. James Gregor, *Crisis in the Philippines*, Washington, D. C: Ethics and Public Center, 1984.

经济情况,以及美国对菲律宾提供援助的原因和具体的过程,是研究美国对菲律宾援助很有参考价值的一本著作。

通过以上梳理,我们不难看出,国外学者主要以菲律宾历史、美菲之间的军事基地以及美菲经济关系为研究对象,大多着重探究两国的政治、经济、军事关系,而关于美国对菲律宾援助活动的专门著作比较少,多夹杂在各种论述之中,仅作为美菲关系的一个方面,很少有翔实的论述。某些著作虽然也提及了美国对菲律宾的援助活动,但也仅是"蜻蜓点水",鲜有系统、全面的分析。此外,这些研究并没有就美对菲援助的具体方式和援助数额等展开细致的分析、探讨,因此。对美菲援助政策的研究缺少有力的具体数据支持。

综上所述,国内外出版、发表的有关美菲关系的著作和论文虽然相对丰富,关于美菲援助的政策及活动也有所论述,但大都夹杂在美菲关系的研究之中未作为研究重点进行深入剖析。鉴于此,本书尝试以"美国对菲律宾的援助研究(1945—1968)"为研究主题,把战后这一时期美国对菲律宾的援助政策及活动进行较为系统的梳理、规整,以相关史料为支撑,详细论述美菲关系发展中的主要援助活动,分析美菲之间的政策变动与美菲援助活动调整之间的关系,进一步总结美国对菲律宾援助的效果。

第一章

美国对外援助的历史考察及美菲关系回顾

第一节　美国对外援助综述

一　关于对外援助的概念及内容的题解

对外援助作为国家间的一种行为，可以说自国家产生之时便已出现。但对外援助作为一种国家间经常出现的行为，则是在二战之后。外援逐渐成为国际关系的重要内容之一，甚至成为国家实现外交政策的一种必然的选择。"或者作为援助者，或者作为受援者，或者兼事援助与受援助，几乎所有的主权国家和重要的国际组织均涉及国际援助之中。"① 对外援助作为国家间交往互动的方式成为国际交往中必不可少的方式之一，因此就外援的现实地位和作用来看，任何国家都无法游离于援助体系之外。

《现代汉语词典》把援助的定义概括为"支援，帮助"；关于对外援助则解释为"一国在经济、军事或技术等方面支援别的国家"。《大不列颠百科全书》中对外援的解释可以归纳为"利用本国的资金、资源、技术或服务带动别国发展的国际性援助"。对外援助的英文翻译为"foreign assistance"或"foreign aid"，英文注释是"Capital, technology and service, etc., given to other countries"，翻译过来便是"将资金、技术或服务

① 丁韶彬：《大国对外援助》，社会科学文献出版社2010年版，第7页。

等资源给予别的国家"。仅从字面意思来理解，对外援助可以看作一种国际人道主义的行为，着重帮助其他相对弱小或贫穷的国家。但在复杂的国家政治、经济背景下，对外援助则很少作为一种纯粹的利他行为存在，大多带有一定的政治因素和经济动因。

由于对外援助内涵理解的多样性，以及外援内容、影响的复杂性，为研究的方便，我们首先需对这一概念进行分析和区别，以便对这一概念有更好的理解。关于对外援助的概念可谓众说纷纭，没有统一的定义。为此笔者对外援作以下界定：对外援助是指主权国家出于政治、经济、安全等多方面的原因，在资金、物资、技术服务、人才培训等方面向其他主权国家给予的无偿或优惠的帮助。作为国际关系的重要组成部分，对外援助作为一个体系，不仅仅指援助国与受援国直接两方的关系，也包含了援助国之间、受援国之间的多方关系。鉴于此为了更好地理解对外援助，需要强调以下两点：第一，在本书中所指的援助主体仅指主权国家。随着援助的发展，对外援助的实施主体也变得多样化，一些国际组织、国际机构乃至个人都可以提供对外援助，但在本书中涉及的援助主要指主权国家的官方援助，对其他援助形式暂不做研究。第二，本书涉及的援助主要指以资金、技术或货物等有形的物资援助为主要内容的援助，不包括道义上的支持等无形援助。

对外援助从援助的内容上可以分为经济援助、军事援助和其他援助。其中其他援助的内容繁杂、名目多样，并且提供援助没有固定的机构和模式，所以这类援助暂不作为本书的研究内容，笔者主要从经济援助和军事援助两方面来分析美国对菲律宾的援助。经济援助是对外援助的主要形式，是指以货币、实物或官方拨款或优惠贷款的方式向其他国家提供的援助。罗伯特·沃尔特斯（Robert Walters）从受援国的角度认为："国家间的经济援助是指某一国将本国具有优势的资本、技术或人力等资源，通过某种方式转移给另一个国家的行为；军事援助是指把与军事相关的设备、物资或技术服务等提供给受援国，使受援方借此增强稳定内部局势或抵御外部威胁的能力。"经济援助和军事援助两者是相对的概念，两者相互区别又相互联系，彼此界限模糊，很难区分。经济援助可以用于军事目的，军事援助也可以用于经济目的，且援助国在提供援助时，经常将两者结合起来使用，这在美国对菲律宾援助中体现比较明显。为了能更好地向菲律宾提供军事援助，美国加大了对菲律宾的经济援助，如果没有一个稳定的经济局势，最终会影响军事援助的实施。两者只是在组织管理上有所不同，军事援助由军事组织管理，而经济援助则由负责经济发展和社会福利的部门管理。

现代国际关系（定义）在诸多领域中，尤以经济、政治、安全最为重要，他们相互联系、相互依存，同时又彼此独立，各具特色和内涵。对外援助作为国际关系的一种，是横跨几个领域的综合性行为，是集经济、政治和安全等多种因素的集合体，并且随着世界局势的复杂多变，对外援助已经成为一个代表着现代国际新体系演变的关键构成因素。由此，对外援的研究，单从政治、经济或某个方面很难真正实现，应把援助作为一种综合性的国际现象来看待。

二　美国外援的发展历程

美国是近现代西方国家中开展对外援助最具典型性的国家之一，最早的援助活动可追溯到 1812 年美国国会通过的"委内瑞拉公民救济法"。该法令可谓是美国自建国以来基于人道主义动机对外所提供的最早的援助活动。纵观 19 世纪，美国正处于发展关键期，关注点在国内，对外援助规模一般不大，并大多具有临时性和有限性。一战后期美国对盟国的援助活动增加，至战争结束时，仅粮食援助就多达 623 万吨，美国从此开启了援助的大门。美国正式的援助活动成型于二战中，并最终在战后把外援发展成为实现其外交政策的重要工具和手段。

美国对外援助的资金流向主要涵盖了经济援助、军事援助和其他贷款三个方面。经济援助项目包括：美国国家开发署实施的项目、"食品换和平"计划和其他经济援助。军事援助项目包括：军事援助赠款、对外军事贷款资助、集体防务的转移支付、国际军事教育与培训、其他控制武器出口的赠款。其他贷款包括：由国际银行的资金以及通过非政府组织或基金会实施的援助项目。

周弘先生总结美国的对外援助为"三个'最'字"：最早、最低和最多。① 最早是指美国是近现代西方国家中最早提供对外援助的国家；最低是指与美国提供对外援助的时间相比，对外援助的拨款仅占国内生产总值的 0.1%，远低于联合国提倡的 0.7% 的指标；而最多则指美国用于对外援助的绝对数量是最多的。

二战爆发后随着法西斯威胁的日益增长，迫于当时的国际局势，美国于 1941 年 3 月通过了《租借法案》。该法案以优惠贷款和无偿提供军事物资等形式，授权总统可动用 70 亿美元，提供给与美国国家利益有重要关联的国家。这是美国政府为了维护国家安全、提升国际地位，开展对外援助的开始，也是美国形成对外援助政策的起始法律条文。

战后随着美苏关系恶化，国际环境也随之剧变。冷战爆发，世界演变为美国和苏联领导下进行争夺的两大阵营，为了增强本方阵营的稳定性，争夺世界霸权，美国对援助策略的运用更加频繁。随着美苏冷战的升级，两国争夺的主要地区先后经历了三次大的变动——欧洲、朝鲜和不发达地区，与之相对应的美国援助经历了四个阶段的变化与完善，最终成为美国实现外交政策的战略工具。

第一阶段：1947 年杜鲁门主义的出台，标志着美国对外援助政策正式进入制度化的轨道，并进一步上升为美国的国家战略。1946 年希腊爆发内战，土耳其局势也动荡不定，美国政府认为希、土两国的危机极易引起苏联一方的关注。1947 年 2 月，英国驻华盛顿大使馆向美国递交了两份关于希腊和土耳其问题的照会，声称"英国在这两个国家再也不能承担过去的义务了，只有美国竭尽全力承担义务，才能阻止俄国的突破"。在当时的西欧局势下，插手欧洲事务取代英国担负起维护希腊和土耳其局势的责任，成为美国的首要任务。因此，1947 年 3 月 12 日杜鲁门发表了演说，这就是后来被称为"杜鲁门主义"的演说。此后，国会拨款 4 亿美元，其中 3 亿美元给希腊、1 亿美元给土耳其，作为对两国的经济和军事援助。除此之外，美国政府多次追加拨款用以加强两国军事和

---

① 周弘：《对外援助与国际关系》，中国社会科学出版社 2002 年版，第 161 页。

防务，并派遣文职和军事人员，帮助两国进行战后重建。通过一系列对希腊、土耳其针对性的援助，美国在政治、经济、军事等主要方面稳固和增强了两国的实力，使两国最终成功抵制了苏联的压力，遏制了苏联在欧洲的影响，美国也成功取代英国成为决定这一地区局势的关键力量。

从美国外援政策发展的历程来看，杜鲁门主义的出台标志着美国对外正式提供援助的开始，它改变了以往援助所具有的救济性、临时性、被动性特点，正式上升为美国国家外交战略。对外援助首次成为美国为实现外交政策目标所使用的工具，"遏制共产主义"则成为这一时期美国援助的主要目的和特点，也使这一阶段的美国援助具有明显的意识形态色彩。

如果说美国对希腊、土耳其两国的援助是其正式对外援助的开始，那么针对欧洲复兴的马歇尔计划，则是美国为了防范共产主义影响所实施的目的明确、策划周全的全面援助计划。作为曾经世界中心的欧洲，战后到处一副残败景象，战争使整个欧洲消耗殆尽，各国无力承担经济的恢复和战后重建。工农业凋敝，交通瘫痪，物资匮乏，通货膨胀，不安定因素暗潮汹涌。在此情势下，西欧各国共产党的声望有所增长，并且在战后的选举中取得了一定成果，法国共产党甚至一度成为议会第一大党。丘吉尔的铁幕演说和杜鲁门主义的出台，意味着美国决策者对苏联共产主义影响的忌讳，也标志着遏制战略的出台。在美苏冷战日趋表面化下，美国绝不容忍苏联染指欧洲地区。为此，美国推出了针对欧洲复兴的计划即马歇尔计划，关于实施马歇尔计划的目的，美国官方文件曾直言不讳地宣称，马歇尔计划的两个基本作用是：一是帮助遭受战争破坏的欧洲国家实现重建；二是稳定西欧资本主义世界秩序，防范苏联在欧洲势力蔓延。

1947年6月5日，时任美国国务卿的马歇尔在哈佛大学毕业典礼上发表演说，正式推出了马歇尔计划。马歇尔计划的基本假定包括：（1）作为整体的欧洲复兴对世界的复兴至关重要，是实现美国商业和财政政策目标的先决条件。（2）必须优先援助欧洲。（3）出于美国安全利益考虑，应采取有力措施防范苏联势力影响。（4）欧洲目前的生活水平和经济状况，很有可能造成统治秩序的不稳定性。（5）而稳定欧洲统治秩序最有效的手段是经济和财政手段。（6）美国制定的四年欧洲复兴项目，旨在使欧洲能从外部援助中实现独立发展，提高生活水平和就业率，为美国的经济和安全利益服务。（7）此项目的成功需要西德经济的恢复；为解决欧洲问题，应把欧洲看成一个整体而不是单个国家；欧洲的复兴主要依赖对欧洲资源的持续使用而不是重整军备。① 以上可以看出美国实施马歇尔计划的主要目的是想通过援助帮助欧洲恢复经济，从源头上稳定欧洲资本主义统治秩序，并借此来实现美国的经济和安全利益。简言之，马歇尔计划的最根本的目的是为美国的经济和安全利益服务的。

1948 年 4 月，美国国会通过了《1948 年对外援助法案》，即欧洲复兴计划的法案被称为《经济合作法》（Economic Cooperation Act），杜鲁门总统于 4 月 3 日正式签署法案，马歇尔计划正式启动，该法案规定用于欧洲复兴的第一年的拨款为 53 亿美元。② 从 1948 年到 1952 年在马歇尔计划实施的过程中，美国政府共拨款 143 亿美元用于该援助。它的主要目的是利用美元的特殊地位，向西欧国家输入美元，帮助欧洲国家进行战后重建，进而稳定和扩大以美国为首的资本主义世界阵营。马歇尔计划制订之初是立足于复兴欧洲经济，但从当时援助的效果和长期影响来看，大大超出了美国和欧洲受援国的预期。到计划结束，除完成以上目标外，它促进了欧洲一体化的进程。对美国而言，欧洲的复兴和稳定不仅为其领导的资本主义阵营提供了坚实的前方阵地，同时根据协定，欧洲为了实现复兴需从美国购买大量物资，这也极大促进了美国经济的繁荣。从这一点来看，马歇尔计划实现了美国自身的经济和政治利益。

第二阶段：1950 年朝鲜战争的爆发促使美国对外援政策进行重新调整，援助的地区逐渐扩大到亚洲地区，并且军事援助的比重不断攀升，安全问题在美国外援政策目标中占据至关重要的地位。美国外援的基础

---

① David A. Baldwin, *Foreign Aid and American Foreign Policy*, New York. Washington. London: Frederick A. Praeger, 1966, pp. 23 - 24.

② 资中筠主编：《战后美国外交史——从杜鲁门到里根》，世界知识出版社 1994 年版，第 87 页。

构想随之发生变化，调整为：（1）自由世界的重新武装对美国的安全是必需的。（2）由于大范围的重整军备需要大规模地提供军事援助，军事援助对其他国家的武装有多重影响。（3）如果重整军备危及已有的援助项目，要适当扩大经济援助以保护取得的成就。（4）应扩大美国对东南亚国家的援助比率。① 在此阶段，美国外援政策的目的转变为保护国家安全，服务于美国安全利益，所以从1951—1961年美国主要的援助活动都或多或少带有军事的标签。

1949年以前，美国军事援助占总援助的比重很小，并且欧洲复兴计划的最初构想是不应把经济资源用于军事防御上面。但随着冷战的加剧，尤其是东亚地区由于中华人民共和国的成立和苏联原子弹爆炸成功，使全球局势随之发生重大变化，东亚战略格局进一步失衡，美国决策层不得不重新调整亚洲政策，把主要精力放在构建军事安全网上，着重从军事上遏制以苏联为首的社会主义国家的影响。在此背景下，美国在东亚地区的外交目标带有鲜明的意识形态色彩，随后国家安全委员会先后通过NSC48号和NSC68号两个文件，逐渐构建起以东亚为中心的环太平洋亚太安全防御链。同时，随着欧洲局势的渐趋稳定，亚洲局势的严峻性凸显出来，美国将战略重点逐渐由欧洲转向亚洲，将亚洲地区与其至关重要的国家列为援助重点，尤其是位于苏联、中国的周边地带，抑或是与其相邻、战略位置重要的国家，包括远东、近东、南亚，以及环太平洋西侧地区的部分国家和地区，例如韩国、菲律宾、南越和中国台湾地区接受了大量美国援助。此外巴基斯坦、阿富汗、土耳其和埃及也是美国援助的重点对象，因为这些地区靠近苏联，有可能直接受到苏联的军事影响。

1949年，杜鲁门政府批准通过了《共同防御援助法》，该法案规定了总数为13.14亿美元为期一年的军事援助，其中10亿美元用于"北约"国家，其余一部分用于希腊、土耳其、伊朗、韩国、菲律宾；一部分以贷款形式供《里约条约》的美洲国家和加拿大购买军火；另外有7500万

---

① David A. Baldwin, *Foreign Aid and American Foreign Policy*, New York. Washington. London: Frederick A. Praeger, 1966, p. 24.

美元的特别款项用于"泛指的中国地区"。① 朝鲜战争爆发后，1951 年美国国会又通过了《共同安全法》②，加强了对东亚地区的援助，大幅度增加了军事援助在对外援助总额中的比重。美国外援中军事援助的比重也从 1950 年的 26.1% 猛增到 1951 年的 69.8%，此后三年即从 1952—1954年军事援助比重都在 70% 以上，直到 1955 年才下降到 50% 以下。③

时任美国国务卿迪安·艾奇逊（Dean Acheson）声称："经济援助和技术援助必须足以支持军事计划，解决某些单独依靠武器无法防卫的、力量薄弱方面的根本问题。"④ 换言之，此时美国提供经济和技术援助的主要目的是为军事援助服务，美国的外援政策中军事援助优先的援助原则得以确立。

第三阶段：自 19 世纪 50 年代中期以来，马歇尔计划下的欧洲经济得到了复兴，朝鲜战争也以南北分立暂告一段落，美苏冷战的战场逐渐转向一些不发达国家——拉丁美洲、亚洲、非洲和中东的一些国家，这些国家的经济普遍低下，人均年收入低于 150 美元。随着斯大林时代的结束，1953 年苏联政府改变斯大林"重军事轻经济"的强硬外交策略，转向以经济战略为主，以贷款方式向这些经济贫弱的第三世界国家提供经济援助。作为冷战中间地带的第三世界国家，同样引起美国政府的关注。并且美国国内公众对政府"军援优先"的外援政策的不满之声日益增多，指责之声也越来越盛。美国决策者开始考虑调整美国的外援政策，从1954 年开始美国外援的基本构想调整为：（1）冷战是一场长期的经济竞争而非短期的军事竞争；（2）冷战首要的目标是拉丁美洲、非洲、中东、亚洲的非共产主义国家；（3）外援作为一个有效的政策工具，可以使这

---

① 资中筠主编：《战后美国外交史——从杜鲁门到里根（上册）》，世界知识出版社 1994年版，第 114 页。

② 据 1951 年《共同安全法》规定，国会以前通过的《经济合作法》（1948 年）、《共同防御援助法》（1949 年）和《国际开发法》（1950 年）均包括在这个共同安全计划之内，并成立"共同安全署"（Mutual Security Agency）取代"经济合作署"负责管理美国的对外援助事务。

③ ［美］M. 贝科威茨：《美国对外政策的政治背景》，张禾译，商务印书馆 1979 年版，第222 页。

④ ［美］罗伯特·沃尔特斯：《美苏援助对比分析》，陈源译，商务印书馆 1974 年版，第19 页。

些国家达到既增加人均收入，又稳定原统治秩序的目标。应特别关注与苏联相邻或战略位置重要的国家和地区，例如中国台湾地区，以及朝鲜、越南、土耳其、泰国等国。①

其实早在 1949 年杜鲁门就提出了向不发达国家提供技术援助的"第四点计划"，即"实行一项新的大胆的计划，以便使我们利用先进的科学和发达的工业改进和发展欠发达地区"②。"第四点计划"是美国首次向不发达国家提供援助，但由于当时美国的关注重点仍在欧洲，所以外援资金也主要流向欧洲，对其他国家尤其是欠发达国家的关注很少。并且"第四点计划"的实施只限于成本较低的技术援助，援助的对象仅限于几个对美国利益比较重要的国家。③ 但是"第四点计划"的提出及实施是美国对外援助政策转变的一个重要标志，标志着美国援助的实施范围进一步扩大，不再仅仅局限于与其利益至关重要的国家和地区，开始向欠发达国家和地区转移。对此类国家提供援助，为以后美国确立以及完善对不发达国家的外援政策提供了新的思路。

20 世纪 50 年代中后期开始，美苏争夺世界的战场逐渐向第三世界国家转移，双方都想方设法扩大与不发达国家的经济和贸易联系，以便扩大自己的阵营。尤其是在 1955—1956 年间双方围绕援建埃及的阿斯旺大坝问题，展开了一场激烈的争夺战。由于美国国内对援建的反对声强烈，艾森豪威尔政府一直犹豫不决，直到 1955 年 10 月苏联援助埃及的消息得到确认后，美国才决定援建阿斯旺大坝，但是当时的埃及已接受苏联的

①　David A. Baldwin, *Foreign Aid and American Foreign Policy*, New York. Washington. London: Frederick A. Praeger, 1966, p. 25.

②　Public Papers of the Presidents of the United States: Harry S. Truman, 1949, Document 19. 1950 年 6 月 5 日国会通过了《对外经济援助法案》，"第四点计划"被列入其中的"国际开发法案"。1950 年 10 月，杜鲁门下令成立"技术合作署"（Technical Cooperation Administration），作为"第四点计划"的执行机构，与"经济合作署"并行存在。

③　Robert E. Wood, *From Marshall Plan to Debt Crisis: Foreign Aid and Development Choices in the World*, Berkeley: University of California Press, 1986, pp. 60 - 61. "第四点计划"的主要援助对象是东亚、近东、南亚、非洲和拉丁美洲，其中东亚接受援助最多，而在东亚国家中，印度尼西亚、韩国、菲律宾和琉球群岛接受的援助最多。这些地区要么是美国的盟国，要么具有重要的战略价值。在近东和南亚的援助中，土耳其是重点援助对象，接受的军事援助和经济援助占美国对这一地区援助总额的 58.6%，而对印度的援助主要是经济援助。

援助，使美国丧失了援建埃及的主动权。援建埃及的失败给艾森豪威尔政府敲响了警钟，于是艾森豪威尔政府快速调整了援助方向，把对不发达国家及地区实施的援助确立为对外援助的重要内容，并在其第二届任期内把援助不发达国家作为一项重要的政策议题。1957 年 5 月 24 日，美国国家安全委员会通过了 NSC5707/8 号文件，强调在冷战中为了促进不发达国家和地区的经济发展，美国应更多地考虑使用政治和经济手段而不应只关注军事援助的数量和效果。为此美国政府考虑将援助政策中的"军援优先"原则转变为"经援优先"，强调利用援助来加强不发达国家经济发展的必要性。[①]

随着美国外援思想的转变，艾森豪威尔政府于 1958 年建立了"开发贷款基金组织"（Development Loan Fund），以优惠条件向世界上欠发达的非共产党国家提供开发贷款援助，贷款期限最长可达 40 年，该贷款可以以美元或以受援国的本国货币偿还。[②] 这是美国政府第一次针对发展中国家设立的国际性组织，以资本优惠贷款方式获得非共产党国家的支持和信任，防止这些国家倒向苏联。此类援助比较重要的有 1959 年专门针对印度河流域的巴基斯坦的援助。此后，美国又相继设立多个组织机构，如 1960 年建立了主要针对援助拉丁美洲国家的美洲开发银行；同年美国又建立了"发展援助集团"（Development Assistance Group），作为西方国家发展援助政策的协调机构。

冷战的催化是美国政府对外政策变化的主要原因，同样也是促使美国几次调整外援政策的动因。正如德雷帕尔公民委员会在向艾森豪威尔总统提交的外援研究报告中指出的那样："很明显，没有共产主义，迄今为止我们的援助计划所给予的拨款……是不可能的。"[③]

第四阶段：美国外援步入制度化阶段。进入 20 世纪 60 年代，亚、非、拉地区出现了民族独立的浪潮，第三世界国家在国际事务中发挥的作用也越来越不容轻视，并且由于不结盟运动的发展，这些国家能够独

---

① *FRUS*, Vol. XIX, 1955 – 1957, pp. 513 – 516.
② 王慧英：《肯尼迪与美国对外经济援助》，中国社会科学出版社 2007 年版，第 43 页。
③ 王慧英：《肯尼迪与美国对外经济援助》，中国社会科学出版社 2007 年版，第 44 页。

立于美苏冷战之外，成为影响世界局势的重要一极，美国开始考虑利用何种方法和手段以便争取更多的国家加入资本主义阵营。

肯尼迪上台后更加重视亚、非、拉新独立国家的战略地位，他认为世界环境已经发生巨变，传统西方盟友的利益固然重要，但不应该为此把亚、非、拉等新兴国家作为对立面甚至抛弃它们。肯尼迪指出："阻止共产主义发展是有意义的，但绝不能只靠武力。目前要做的工作是在这些地区树立坚定的非共产主义的民族情绪，并以此作为防卫的矛头。"① 同时他强调"今天，保卫自由和扩大自由的巨大战场……是在地球的整个南部——亚洲、拉丁美洲、非洲和中东——是在日益觉醒的各国人民的国土上。他们的革命是人类历史上最伟大的革命，他们谋求结束不公正、暴政和剥削。他们不是在谋求结束，而是寻求新的开端"②。他指责艾森豪威尔政府对第三世界国家的冷漠，以致丢失了这个冷战的战场。

肯尼迪对第三世界的重视也是基于苏联在第三世界的活动，他对苏联的第三世界政策以及对这些国家的外援都显得极度敏感。尤其是赫鲁晓夫在1961年1月发表演说，声称亚、非、拉国家是发动对帝国主义革命战争的最重要的中心。肯尼迪对赫鲁晓夫的这一演说反应十分强烈，认为苏联已经在争夺第三世界国家中取得先机，美国必须要认清问题的严峻性和第三世界国家的重要性，他主张美国应该改变援助的政策和方式，经济援助不能仅仅作为一种紧急性和临时性的措施，而应该成为一种长期的外援政策。在肯尼迪看来，共产主义常用的方式是从国家内部发展革命，针对共产主义的这种革命方式，肯尼迪认为不能仅仅依靠武力解决，而是应该充分利用外援的作用，帮助这些国家"稳定政权，增强军事武装力量，解决贫困等经济问题"③。

此阶段，美国外援政策发生调整与美国外交动向转变有直接关系外，

① Gerard. T. Rice, *The Bold Experiment*: *JFK's Peace Corps*, South Bend: University of Notre Dame Press, 1985, p. 257.

② ［美］西奥多·索伦森：《肯尼迪》，复旦大学世界经济研究所译，上海译文出版社1981年版，第365页。

③ 《国务院公告》（Department of State Bulletin）1961年7月3日，第4—5页。

与当时著名的查尔斯学派①也有着莫大的关系。查尔斯学派的主要代表有经济史学家沃文特·罗斯托（W. W. Rostow）和马科斯·米利肯（Max F. Millikan），代表作有米利肯和罗斯托 1957 年合作出版的《一项建议：实行有效外交政策的关键》和罗斯托 1960 年出版的《经济成长的阶段——非共产党宣言》。② 他们提出一套全新的对外援助理念，即重视第三世界国家和对外援助的作用，认为经济上的普遍贫困和混乱会导致不发达国家政治和社会的不稳定，使他们更容易受共产主义的影响，从而不利于美国和西方的安全。美国应该向这些国家提供相应的援助，帮助这些国家和地区实现经济增长，建立民主政体，维持政局稳定，从根本上消除共产主义意识形态。此外他们还强调援助不应该是临时的，而应该具有计划性和长期性，以便帮助这些国家实现经济"起飞"。③ 很明显，查尔斯学派的意图是在战后不发达国家面临社会变革的形势下，以向这些国家提供经济援助的方式，帮助这些国家完成社会、经济和政治变革，从而走上西方的现代化道路，确保他们实行西方的政治经济制度。正如施莱辛格所说："查尔斯学派的主张正好代表了美国的这样一种努力，它想说服发展中国家以洛克的学说而不是马克思的学说作为根据来进行革命。"④

肯尼迪上台后十分推崇查尔斯学派针对发展中国家的援助理论，甚至一些查尔斯学派的学者在肯尼迪政府担任要职。例如，罗斯托起初担任总统国家安全事务副特别助理，主要负责有关欠发达地区的问题。1961 年底他又改任国务院顾问兼政策设计室主任，成为美国长期安全与防务的设计者。肯尼迪上台后开始以这种援助理念为依据，调整并制定

① 查尔斯学派又称"坎布里奇学派"，因为其代表人物主要来自哈佛大学和麻省理工大学，因此以两校附近的查尔斯河或院校所在城镇坎布里奇（Cambridge）而得名。

② ［美］罗斯托：《经济成长的阶段——非共产党宣言》，国际关系研究所编辑室译，商务印书馆 1962 年版。（Walt W. Rostow, *The Stages of Economic Growth*：*A Non-Communist Manifesto*, Cambridge University Press, 1960）

③ Max F. Milikan & W. W. Rostow, *A Proposal—Key to An Effective Foreign Policy*, New York：Harper and Brothers, 1957, pp. 43 - 54.

④ ［美］施莱辛格：《一千天》，仲宜译，生活·读书·新知三联书店 1981 年版，第 468 页。

新的外援政策。在他的努力和支持下，1961 年美国国会通过了《对外援助法》（Foreign Assistance Act）。《对外援助法》的通过，奠定了美国对外援助的法律基础，使美国的对外援助走上更加法制化的轨道。根据该法案，美国正式建立国际开发署（AID，即 the Agency for International Development）取代之前的国际合作署（ICA）和开发贷款基金（DLF）。肯尼迪总统重视经济援助的思想在"1961 年对外援助法案"中得到充分体现，国际开发署实施的对外援助中大规模缩减了军事援助的比重，增加了经济援助的比重，援助的方式主要是以贷款为主的"经济开发援助"，减少了"赠与援助"的比例。

总体来说，肯尼迪政府对外援助呈现出如下几个特点：第一，在外援政策方面，一改 20 世纪 50 年代初期对外援助只注重军事援助忽视经济援助的特点；援助范围进一步扩大，不仅仅局限于两大阵营的交汇地带或与美国安全利益直接有关的国家或地区，而是开始重视对不发达国家的经济开发和援助；注重援助效果的长期性，援助计划更具持续性，而非只关注短期目标。第二，在援助类型上，转变只注重军事助援的特点，逐渐向经济援助转变，并且援助方式由原来主要以赠与为主，转变为以长期贷款的方式，更加注重受援国的发展问题。第三，在援助标准上，更加看重受援国的政治自由、经济与社会进步。此后肯尼迪又创建了"和平队"，致力于对不发达国家进行人力资源的援助，"争取进步同盟"和致力于加入多边援助计划的经合组织（OECD），这些都深深影响了美国外援政策的发展。

《1961 年外援法》为美国的对外援助提供了法律基础，开启了美国对外援助的新时代，并为美国在制定外援政策上提供了基本的法律框架。虽然在此之后该法案历经几次修改，但都是对法案内容的调整和补充，其确立的外援政策的基础原则并没有根本变化。肯尼迪政府正式以法律形式确立了美国外援政策的基本原则和结构框架，是美国对外援助实施和调整的纲领性文件，是美国外交战略的巨大飞跃。

20 世纪 60 年代中期以后，由于美苏争霸格局向着对苏联有利的方向发展，美国陷入越南战争的泥潭不能自拔。而美国国内经济不景气，通货膨胀严重，并且由于长期对外提供援助使美国背负了沉重的负担，给美国经济造成很大压力，美元外流，黄金储备也大幅度减少，财政收支状况恶化。尼克松政府时期，美国的对外援助开始全球收缩，官方援助越来越少，援助类型上着重向受援国提供针对性较强的服务类援助，不再提供大规模的资金、资本或基础设施类援助。总体上来看，20世纪七八十年代美国的外援基本没有重大变化，援助目的首先考虑的是美国的国家利益和安全。

纵观美国对外援助政策的发展，不难发现外援的产生、发展与冷战有着莫大的关系，可以说美国外援是冷战的催生物，是战后美国为争夺世界霸权而经常使用的一种手段，其外援的目标和手段或多或少带有冷战的色彩，并且随着美苏争夺世界范围的变化，美国外援的对象和原则也相应地发生变化。在冷战的发展演化之下，对外援助逐渐发展成为实现美国外交政策的一种工具，并且被美国作为常用的手段和方式"屡试不爽"。外援政策随着美国外交政策的变化而变化，是外交政策的一种动态的反应，甚至有时候外援政策就是外交政策，所以对外援的研究能洞悉外交政策的变化，当然外援在实现外交目标中也有其局限性，所以对外援的研究应放于特定的历史背景中。

从二战结束到肯尼迪、约翰逊（即1945—1968年）这一时期，是美国外援范围不断扩大、外援理论不断充实的过程，亦是美国外援发展的黄金时期。对此阶段美国外援的研究最能反映美国外援政策的变化及其外交政策的调整，美国对菲律宾的援助亦如此，它从属于美国外交政策，更是美国外交政策变化的一种动态的反映，这也是本书把时间放在这一阶段的原因所在。戴维·鲍德温（研究美国外援政策的专家）曾说："外援就是一个民族想让另一个民族按照自己的设想行动的手段。"① 但是拥有独立意识和本国利益的国家和民族，怎会放弃本国利益而盲从其他国家，这也是美国对菲律宾的援助有时候效果甚微的根本原因所在。

---

① David A. Baldwin, *Foreign Aid and American Foreign Policy*, New York. Washington. London: Frederick A. Praeger, 1966, p. 3.

第二节 美菲关系历史回顾

19世纪末20世纪初，资本主义国家掀起瓜分世界的狂潮，在全世界范围内争夺殖民地和海外市场，作为后起之秀的美国也想在此浪潮中分得一杯羹。此时美国国内在和平的环境里完成了第二次工业革命，从默默无闻的新兴国家一跃成为世界工业大国，国家实力的增强也使美国的扩张野心不断膨胀。由社会达尔文主义、边疆学说、种族优越论和海权论等诸多理论演绎而来的"新天定命运论"（New Manifest Destiny）逐步取代"边疆学说"成为美国开疆扩土的理论先导。此学说认为美国的扩张活动不能仅局限于大陆，在美国的大陆边疆到达太平洋沿岸时，美国应进一步向海外扩张，实现从陆地到大洋的跨越，夺取海外殖民地和势力范围。新的扩张理论也逐渐成为美国政府制定外交政策的指导理论。但当时的世界在经历资本主义国家瓜分浪潮之后所剩无几，美国急须在太平洋彼岸的亚洲寻找合适的目标，于是没落帝国西班牙手中的殖民地便成为这一时期美国的首要觊觎目标。

菲律宾是西班牙在亚洲地区重要的殖民地，由于它的特殊地理位置成为美国的首选目标。美国的既定打算是从西班牙手中夺取菲律宾，然后以菲律宾为跳板打开通往中国的市场。19世纪末西奥多·罗斯福以及美国海军战略理论家艾尔弗雷德·塞耶·马汉认为美国要想扩大对外贸易就必须最大限度地获取海外殖民地，而在太平洋彼岸的中国则是一个潜在的巨大市场，作为通向中国这个巨大市场跳板的菲律宾，则拥有美国攫取亚太利益的极大潜力。除此之外，美国认为无论从战略安全地位，还是美国经济利益考虑，太平洋地区都在世界版图中占据着极其重要的地位，而菲律宾则是太平洋地区极为重要的影响力量，控制了菲律宾将会为美国亚太战略的实施提供极大的便利，因此，夺取菲律宾是美国在太平洋地区扩张的第一步。洛奇给国务卿的备忘录中也曾宣称："如果中国被欧洲国家瓜分，而美国在东亚地区没有大型的港口或者殖民地，那么灾难就离美国不远了。"因此，"我们必须拥有新的市场，如果我们不想让工资下降和大规模的工业动荡（这种迹象已不难发现）发生在我国的话。仅仅依靠产品价格在国外市场进行竞争的理论已经不再有实用价值"①。所以他强烈建议美国控制菲律宾。

1896 年，菲律宾发动了反抗西班牙统治的武装革命，这期间美西战争爆发，美国发动战争的目的非常明确，即从西班牙手中夺取菲律宾。但美国却极力掩饰其夺取菲律宾的野心，1898 年 3 月 16 日至 4 月 6 日，美国亚洲舰队"海燕"号军舰舰长 E·P. 伍德同阿吉纳尔多进行了多次会谈，表示"美国是一个伟大而富足的国家，不需要也不夺取殖民地"②。美国竭力使菲律宾相信美国是"朋友""救星"，没有侵占菲律宾之心，并给予菲律宾援助。1898 年 5 月，阿吉纳尔多从美国获得"5 万比索，包括购买一艘汽艇，2000 支步枪和 20 万发子弹的援助"。1898 年 6 月 12 日，阿吉纳尔多在甲米地发表独立宣言，庄严宣布菲律宾从西班牙的统治下解放出来。美国在拉拢菲律宾的同时，美西和平谈判在 1898 年 9 月举行。美国总统麦金利直接训令美国代表团："割让必须是群岛全部，否则一个岛也不要，而这一选择是完全不可能接纳的，我们必须要求割让群岛全部。"③ 1898 年 12 月 10 日，美西双方签订了《巴黎条约》，第三条规定美国以 2000 万美元的补偿迫使西班牙割让菲律宾群岛。1899 年 1 月 23 日，菲律宾第一共和国诞生，但是共和国的欢呼声还未绝于耳的时候，美国于 1899 年 2 月 4 日挑起战端，发动了蓄谋已久的侵占菲律宾的战争。

由于美国的掩饰，战争初期，菲律宾军队毫无戒备，首战失利。此后虽然菲律宾军队顽强抵抗，给美军以沉重打击，但未能阻止美军挺进的步伐。此外，美国先后委任"舒尔曼委员会"和"塔夫脱委员会"，积极拉拢菲律宾精英阶层，奠定了殖民统治的基础，瓦解菲律宾人的斗争阵线，历时两年多的独立战争，以菲律宾失败而告终。

---

① ［美］孔华润：《剑桥美国对外关系史》，新华出版社 2004 年版，第 439 页。

② Emilio Agunaldo with Vicente Albano Pacis, *A Second Look at America*, New York: Robert Speller, 1957, p. 31.

③ ［菲］赛迪：《菲律宾革命》，林启森译，广东人民出版社 1979 年版，第 237 页。

军事斗争结束后，美国开始考虑如何在菲律宾建立政治统治。1901年3月2日，美国国会通过了授权总统成立文职政府的法案，即《斯普诺修正陆军拨款法案》。美国在菲律宾确立它的殖民统治之后，开始着手从政治、经济、社会文化等各方面巩固统治。政治方面，让为数不多的菲律宾精英参与到美国监督和控制的政府机关当中，表面上是让他们学习"治国本领"，实际上是想把菲律宾长久地置于美国的"保护"之下。经济上，美国国会于1909年8月5日制定了调整美菲贸易关税的法案，即《佩恩—奥尔德奇法》。法案规定：输入菲律宾的美国商品完全免税，数量亦不受限制，而菲律宾输入美国的商品则区别对待，例如菲律宾输往美国的大米没有任何的优惠，糖和烟则实行限额内免税（限额是蔗糖30万吨，雪茄烟1.5亿支，雪茄烟芯100万磅，但雪茄烟芯如果与超过15%的外卷烟叶混合的，则作外卷烟草计算），菲律宾制成品所用外国原料的价值如果没有超过该产品价值的20%，亦可免税输入美国。[①] 为了缓和美菲间日渐恶化的贸易关系，1913年10月，美国政府颁布《安德伍德—西蒙斯法》（Underwood-Simmons Act），规定了菲律宾商品可以无限制地进入美国市场，并取消了商品限额，同时也取消了菲律宾产品的出口税，建立了免税自由贸易制度。但是菲律宾生产的初级产品和提供的工业原料无法与美国的工业制成品竞争，这种表面上对等的自由贸易对菲律宾十分不利，因此免税贸易引起菲律宾国内舆论的抗议。在国民的抗议声中，菲律宾国会于1909年3月27日通过了一项决议，指出免税贸易严重损害了菲律宾经济的发展，也不利于菲律宾争取独立的斗争。但是美国当局对此不予理会，使得美菲之间的免税贸易关系一直持续到1934年，导致菲律宾民族主义者同美国殖民当局的矛盾日趋尖锐。1914年一战爆发后，菲律宾民族主义浪潮风起云涌，为了稳固统治获取更多支持与合作，美国不得不作出让步，出台了《琼斯法案》，在它的序言中写道："一旦菲律宾可以建立一个稳定政府时，即给予菲律宾独立。"[②]

---

① 金应熙：《菲律宾史》，河南大学出版社1990年版，第454—455页。

② C. B. Elliott, *The Phillipines*：*To the End of the Commission Government*, Indianapolis：the Bobbs-Merrill Company, 1917. p. 42. 原文见该书 Appendix I, pp. 512 – 523.

1929—1933 年的资本主义危机加深了资本主义体系固有的矛盾，也使国际局势变得更加紧张，法西斯活动不断加剧，各国民族主义运动和争取民族独立的斗争此起彼伏。菲律宾的形势也是岌岌可危，为了避免民族革命的爆发，稳定菲律宾局势，继续掌控这一远东太平洋地区的重要战略基地，美国不得不改变它在菲律宾的殖民统治形式，以防菲律宾争取独立的斗争转变为革命。对美国而言放弃菲律宾这个殖民地几乎是不可能的，但又不得不面对菲律宾国内争取独立的政治问题，于是便想方设法地"推迟"独立。

1932 年 12 月 17 日，美国国会通过了《菲律宾独立法案》，即《海尔—哈卫斯—加亭法案》。该法案规定在菲律宾独立之前有 10 年过渡期，过渡期满给予菲律宾独立。过渡时期内在菲律宾建立一个自治政府，民选宪法会议制定菲律宾自治宪法，但必须经美国总统批准。美国总统拥有取消菲律宾任何法律的权力，自治期满后，菲律宾要确保美国在菲律宾的投资安全，并保留美国在菲律宾继续享受所有军事基地的主权，此外，菲律宾的外交大权也由美国政府掌控。这个法案引起菲律宾社会各界的强烈反对，并一度引起反美狂潮。为了平复菲律宾公众的反对情绪，1934 年 3 月 2 日，美国众议院领土及属地委员会主席麦克杜菲和参议员泰丁斯两人对《海尔—哈卫斯—加亭法案》作了修正。3 月 24 日，美国总统罗斯福正式签署《泰丁斯—麦克杜菲法案》（Tydings-McDuffie Law）代替了《海尔—哈卫斯—加亭法案》。这两个法案并无实质性的差异。《泰丁斯—麦克杜菲法案》主要的修改在于：过渡期满后，美国除暂时保留海军基地外把陆军基地交还给菲律宾，待两年之后由双方政府谈判确定。[①] 关税和贸易方面作如下安排：自治时期菲律宾每年输往美国的免税商品，限精糖 5 万英吨、粗糖 80 万英吨、椰油 20 万英吨；棉纱、麻线、绳、绳索、粗线 300 万磅。从自治第六年起，对上述商品课以 5% 的出口税，且此税率每年递增 5%，同一时期美国商品则可无限制免税输入菲律

---

① Charles Orville, Houston, Jr., "The Philippines: Common Wealth to Republic: An Experiment in Applied Politics", *The Economic Bases*, Part I, 1952, p. 8.

宾。① 美菲之间不平等的关税和贸易关系一直持续到菲律宾独立后，并成为菲律宾发展经济的严重阻碍，正如美参议员亨利·加伯特·洛奇（Henry Cabot Lodge）所说，"我们把菲律宾人的福利看作神圣的信仰，但我们首要考虑的是美国人民的福利"②。

1935 年 9 月，菲律宾获得自治，成立了以奎松为首的自治政府。1935 年 11 月 5 日，菲律宾举行自治政府成立大典，宣告结束了根据"琼斯法案"成立的政府，成立菲律宾自治政府，奎松和奥斯敏纳分别担任自治政府的正副总统。菲律宾虽然成立了自治政府，但各方面的事务都受到美国的牵制，并且菲律宾的外交、国防、关税、货币等关系国家主权和经济命脉的重要部门都由美国一手把持。

太平洋战争爆发后，日军迅速南下，由于菲律宾扼太平洋的交通要道，又是美国在远东地区重要的海军、空军基地，因此菲律宾是日本南下的必争之地。起初美国政府奉行绥靖政策，对日本姑息纵容，致使日本有恃无恐，加上菲律宾战事上消极防御，备战工作远没有完成。1941 年 12 月 8 日，日本成功突袭珍珠港，12 月 10 日，日军便在吕宋北部的阿帕里和吕宋西海岸登陆。1942 年 1 月 2 日，日本占领马尼拉，摧毁了美国在菲律宾的统治，实行法西斯统治，一直到 1944 年 10 月奥斯敏纳总统随同美军返回菲律宾，菲律宾人民一直处于日本法西斯的统治之下。

随着战争结束，美国重返菲律宾并同菲律宾大地主、大资产阶级相勾结试图延缓或取消菲律宾独立，在菲律宾人民要求民族独立运动的威迫下，美国不得不同意如期"给予"菲律宾独立。1946 年 7 月 4 日，菲律宾宣告独立，并成立了以罗哈斯为总统的政府。

19 世纪末 20 世纪初，美国实现从陆地到大洋的跨越时，太平洋无疑是美国迫切跨越的大洋，而菲律宾则是美国实现这一跨越的一块重要跳板。它处于美国和亚洲之间，进则有利于美国打入中国市场，退则可与美国遥相呼应，利于美国外交目标在亚洲实现，甚至可以在亚洲国家中

---

① 中山大学历史系东南亚史研究室：《菲律宾史稿》，商务印书馆 1977 年版，第 104 页。

② Rernardita Reyes Churchill, *The Philippine Independence Missions to the United States: 1919 – 1934*, Manila: National Historical Institute, 1983, p. 204.

扩大美国的影响力。所以美国在占领菲律宾后，按照美国的设想从政治、经济、文化等各方面"保护"和"改造"菲律宾，使菲律宾"全方位"处于美国的控制之下，菲律宾也成为美国仅有的一块殖民地。但美国的最终外交目标在亚洲，作为跳板的菲律宾成为美国攫取最大利益的"牺牲者"，它的资源和经济都遭受美国掠夺式开采，这点无论在战前还是战后始终没有改变。只是美国对菲律宾随心所欲的安排在菲律宾独立后遇到前所未有的阻力，加之冷战爆发使菲律宾可以利用其战略地位与美国在某些方面讨价还价。美国通过与菲律宾签订各种条约，尽可能地保存在菲律宾的种种特权，更是通过援助来影响菲律宾并实现在菲的外交目标，并使菲律宾在外交动向上与美国保持高度一致。

第 二 章

战后初期东南亚的战略地位及美国对菲律宾政策的确立（1945—1950）

　　第二次世界大战后，美苏两国取代欧洲几个老牌帝国主义国家成为世界超级强国，由于意识形态与国家体制的不同，加上对世界霸权的争夺，两国关系很快由战时的盟友变成针锋相对的敌手。为了在全球争霸中占有主动，美国发动了遏制苏联的冷战，并且调整其全球战略，把亚太地区尤其是东南亚纳入它所关注的重点，构建了以西太平洋沿海岛国为主的近海岛屿防御链，逐渐确定了以封锁与遏制为根本方式的外交战略。菲律宾由于其重要的战略地位和与美国的特殊关系被纳入其中，并成为美国安全利益的关注重点。美国为了在菲律宾独立后仍握有对它的控制权，通过与菲律宾就军事基地、贸易等问题的谈判确定了在菲律宾的种种特权，并通过战后的援助帮助菲律宾恢复受战争破坏的经济，实现国内稳定，以期把菲律宾变为美国在东南亚地区实施民主的"橱窗"。

　　对菲律宾而言，1946年获得独立，面临着严峻的国内外形势。国内战争使得菲律宾经济遭受重创，亟待重建和复兴，但面对战后满目疮痍的局面，菲律宾政府无力应对，只能把复兴的希望完全寄托于美国的援助，致使菲律宾无论在外交上还是经济上都丧失了主动权，被迫维持与美国的殖民主义实质，而美国则以援助为筹码要挟菲律宾做出与美国利益一致的外交行动和政策，可以说从一开始美菲关系就烙上了不平等的印记。

第一节　战后初期美国东南亚政策的调整

战后美国的防御顺序是"先欧后亚",欧洲在美国的战略地位中占有重要的位置,亚洲次之。对于美国的防务而言欧洲至关重要,以至于"苏联在西欧采取任何行动都会招致同美国发生全面冲突的危险,而在亚洲则没有一块地区直接关系到美国的安全"①。所以就地理位置和历史渊源来说,战后初期美国援助的重点首先是欧洲地区,欧洲就像是美国的后院,美国绝不允许任何威胁它后院安全的隐患存在。

欧洲对美国的重要性可见一斑,虽然二战中日本在东南亚的军事行动使东南亚的战略重要性开始凸显,但战后初期美国亚洲政策的核心是对华政策和对日政策,东南亚在美国外交战略中没有占据重要地位。当时杜鲁门总统曾指出:"我们必须完全控制日本和太平洋。我们必须复兴中国,在那里建立一个强有力的中央政府。"②太平洋战争结束之际,相当多的美国外交决策者认为,"日本战败后,东亚的权力平衡将会被重组,并且一致认为一个强大和友好的中国将为战后的世界提供安全和权力平衡的基础"③。因此美国一方面积极援助蒋介石反共,企图使中国成为北御苏联、东抑日本的美国在东亚太平洋地区的伙伴;另一方面美国谋划单独占领日本,并对其进行全面的政治和经济改革,铲除日本残存的军国主义势力,大力帮助日本恢复经济。此时东南亚在美国外交天平上的重量相对较轻,并且战前东南亚除泰国外,均是英、法、荷等各国的殖民地。1945年日本投降后,这些老牌的帝国主义国家千方百计地想着重返东南亚。战后美苏之间的矛盾日益增多,为了团结西方盟国一致抗苏,美国权衡利弊在无暇顾及东南亚时,索性放弃插手东南亚事务,

---

① [美] J. 斯帕尼尔:《第二次世界大战后美国的外交政策》,段若石、译林地校订,商务印书馆1992年版,第66页。

② [美] 入江昭、孔华润编:《巨大的转变:美国与东亚 (1931—1949)》,复旦大学出版社1991年版,第247—248页。

③ Takushi Ohno, *War Reparations and Peace Settlement: Philippines-Japan Relations* (1945 – 1956), Manila: Solidaridad Publishing House, 1986, p. 20.

以便换取英、法等国对美国外交政策的支持。除此之外，从地缘政治的角度看，东南亚远离反苏前线，处于西方盟国的监控之下，所以美国在战后初期，把东南亚放在了美国全球战略的边缘，对东南亚事务保持低姿态。

一　美国东南亚冷战政策的确立

战后初期美国在东南亚的低姿态，并不代表美国对东南亚局势毫不关心。随着杜鲁门主义的出台，美苏主导的世界格局进入冷战对立中，两国在欧洲乃至世界范围内展开了一系列角逐和对抗。东南亚由于它重要的战略地位和丰富的资源，逐渐进入美苏两国的视线，尤其是苏联对此地区民族解放运动的关注，引起美国的警觉。1947 年 9 月 25 日，欧洲共产党和工人党情报局召开成立大会，苏联代表日丹诺夫在会上指出："第二次世界大战加剧了殖民制度的危机，这表现在殖民地和附属国中强大的民族解放运动的兴起……用军事力量击破民族解放运动的企图，愈来愈遭到殖民地人民的武装抵抗，形成长期的殖民地战争（荷兰与印尼，法国与越南）。"① 这个报告标志着苏联开始关注东南亚的民族解放运动。针对苏联的活动，美国驻东南亚各国外交官于 1948 年 6 月 21—26 日在泰国首都曼谷举行会议，会上主要讨论苏联在东南亚活动的主要目的，以及防范中国共产党与东南亚各国共产党取得联系，最后与会者一致断定苏联通过鼓动殖民统治下的人民进行民族革命运动，走上社会主义道路并以此来控制他们。最后，会议总结说："东南亚地区最严重的问题是共产主义，苏联企图通过操纵东南亚来进行革命，建立新政权，会议结果对美国国务院制定东南亚政策具有重要价值。"② 随后美国国务院发表了题为"苏联远东和东南亚政策的模式"的备忘录，认为苏联在东南亚的目标是取代西方国家掌握该地区的控制权，从此备忘录中可以基本判定

---

① 《共产党情报局会议文件集》，人民出版社 1954 年版，第 17—18 页。

② Dennis Merrill. *Documentary History of the Truman Presidency*, Vol. 32, *The Emergence of an Asian Pacific Rim in American Foreign Policy: The Philippines, Indochina, Thailand, Burma, Malaya, and Indonesia.* Bethesda (Md.), 2001, pp. 46, 107.

美苏两国争夺的地区已经扩大至远东和东南亚地区。同时，这个备忘录也是美国开始关注东南亚问题的开端，东南亚正式被纳入美苏争夺的战场。

从1948年下半年开始中国局势的发展超出美国的预期，中国共产党取得了战争的主动权，开始发动全面反攻，蒋介石政权岌岌可危。中国形势的发展迫使美国改变东亚政策，把东亚的战略重点转移到日本，在调整对日政策的同时加强对东南亚国家的控制，增强反共力量，从战略上形成对苏联和中国的遏制和包围之势。

中华人民共和国的成立对美国外交来说是一个沉重的打击，它标志着美国企图利用中国遏制、包围苏联的计划破产，美国失去了亚洲最大国家的支持，被迫改变原来东亚地区的战略构想。1948年9月8日，杜鲁门政府出台了NSC34号文件，文件强调："在无法挽回国民党败局的情势下……美国应尽早从中国脱身……并尽力阻止中国成为苏联的附庸。"① 很明显，中国已不再是美国东亚战略的重心，反而变成了美国遏制的对象。美国在中国的外交失败促使美国改变对日政策，由原来的打压政策转变为扶植和复兴日本的政策。"遏制之父"乔治·凯南就中国和日本对美国的安全问题曾这样阐述："我们美国对一个真正友好的日本和名义上敌对的中国的存在感到非常安全，这样的组合不会发生损害美国安全的行为；但是一个名义上友好的中国和真正敌对的日本则会危及我们的安全，这种危险已经在太平洋战争中得到证明；更糟糕的是一个敌对的中国和一个敌对的日本的存在。"② 凯南建议在美国外交战略中转换中国和日本的角色，强调日本在美国安全中的重要性。随后10月9日美国又出台NSC13/2号文件，停止在日本的民主改革，并强烈要求把日本的政治稳定和经济复兴放在首位，这标志着美国转变对日政策，由原来的打压政策变为复兴日本的政策，日本取代中国成为美国亚洲政策的重心。

随着美国东亚政策的变化——遏制中国和扶植日本，美国开始全面

---

① *U. S. Policy toward China*, October 13, 1948, Documents of National Security Council 1947 – 1977, Microfilm：Mf2521236, HKU Main Library.

② George F. Kennan, *Memoirs*：1925 – 1950, Boston：Little Brown and Co., 1967, p. 375.

调整亚洲太平洋战略，把美苏争夺的地区从欧洲扩大到亚洲太平洋地区。为了应对中国革命的胜利对亚洲太平洋地区尤其是东亚带来的权力失衡和对国际关系的震荡，防止社会主义阵营的扩大，美国开始关注具有重要战略位置的东南亚，并不断介入东南亚事务，推动东南亚局势朝向美国有利的方向发展。

1949 年 9 月 28 日，美国国会通过了《共同防御援助法》，目的是"支持亲美的政治倾向"，"加强自由国家的抵抗力"，其中第 303 条规定向东南亚地区提供援助。一个月后国会拨款 7500 万美元，"成为推动美国在东南亚采取积极政策的起点，策划并开始资助对东南亚的遏制政策"。① 同年 12 月 23 日，美国国家安全委员会在 48/1 号文件中宣称，"如果共产党在东南亚取得政权，我们必然遭受政治上的大溃退，其影响将蔓延到世界其他地区，尤其是中东及暴露于危险边缘的澳大利亚……"美国应该"加强同亚洲国家的关系，并积极寻求影响这些国家的办法……支持建立一个防卫体系来对抗该地区已经形成的威胁力量，即组建近海岛屿链包括日本、琉球和菲律宾"。②

1949 年 12 月 30 日，美国国家安全委员会通过了名为《美国对亚洲的立场》的 NSC48/2 号文件，指出美国亚洲政策的基本目标是："削弱并消除苏联在亚洲占据优势的力量和影响，使它不可能在亚洲威胁美国或盟国的安全。"③ 文件多次强调共产主义对东南亚国家的影响，并指出目前争取民族独立与殖民主义的斗争是东南亚国家必须要面对的首要问题，民族独立运动为共产主义的发展提供了机会。针对这种情况，美国的对策是："利用自身影响力，加强在日本、冲绳、菲律宾的地位，保持亚洲大陆沿海岛屿防御链的完整，并向亚洲国家提供经济、政治和军事援助，加强亚洲非共产党国家的经济独立和政治稳定。"④ NSC48/2 号文件是美

① Robert M. Blum, *Drawing the Line: the Origin of the American Containment Policy in East Asia*, New York: Norton, 1982, p. 125.

② 崔丕：《美国的冷战战略与巴黎统筹委员会、中国委员会：1945—1994》，东北师范大学出版社 2000 年版，第 208 页。另见 *FRUS*, 1949, Vol. VII, Part 2, pp. 1215–1220.

③ *FRUS*, 1949, Vol. XI, Part 2, p. 1215.

④ *FRUS*, 1949, Vol. XI, Part 2, pp. 1215–1220.

国战后首次在正式文件中关注东南亚的地位，标志着东南亚成为美国亚洲太平洋地区战略防御的重要一环。根据此文件，美国国务院有针对性地调整了亚洲政策，并提出应对东南亚局势的相应措施。1950年4月18日和24日，NSC64号文件即《美国关于印度支那的立场》分别获得国家安全委员会和杜鲁门的批准。在此文件中，美国判定印度支那地区政局不稳，军事力量有限，法军无力阻止受到增援的越盟军队，"共产党在印度支那的活动，目的是要攫取整个东南亚"，要求法国"优先考虑保护美国在此地区的安全利益，采取一切措施确保东南亚国家的非共产主义政治倾向"。[①] 接连出台的一系列NSC文件，为美国调整东南亚政策提供了依据和指导，并进一步强调了东南亚在美国安全战略中的重要地位。

为了更加全面了解东南亚国家的情况，以便制订更加有针对性的援助计划，美国分别于1949年和1950年，派遣以菲力普·杰塞普和格里芬为代表的考察团实地深入远东和东南亚，形成汇总报告。作为美国国务院中国问题专家的杰塞普考察团实地考察了远东14个国家，指出这些国家缺乏民主，腐败，效率低下，政府财政困难，军事力量弱小，对西方国家怀有敌意，但具有发展潜力，所以"东南亚的局势还不至于绝望，不能放弃这个地区"[②]。格里芬考察团在1950年2月—4月访问了东南亚各国，并根据这些国家的不同国情提出了具体的援助建议，认为："农、林、渔领域是援助的重点，其次是动力、运输、公路、通信、工业和发展计划，再次是公共卫生、医疗，最后是教育；预计援助总额约6600万美元；其中印度支那2350万，缅甸1222.8万，泰国1142万，马来西亚和新加坡450万，印度尼西亚1444.5万。"[③]

对东南亚国家的考察推动了美国对东南亚国家政策的确立，但美国最终确定东南亚政策却是在朝鲜战争的催化之下。朝鲜战争的爆发，"使

---

① *FRUS*, 1950, Vol. X, Part 2, pp. 744 – 747.

② *FRUS*, 1950, Vol. X, Part 2, pp. 72 – 76.

③ Samuel P. Hayes, *The Beginning of American Aid to Southeast Asia: The Griff in Missin of* 1950, Lexington: D. C. Heath and Company, 1971, pp. 16, 35 – 38.

华盛顿几乎到了恐慌的边缘"①。美国政府认为,随着欧洲经济的恢复对美国安全的威胁基本消失,而经济落后的亚洲地区则对美国安全构成直接威胁,因此美国开始策划在亚太地区建立军事防御体系,"扩大在亚太地区承担的军事责任,东南亚地区是美国亚洲太平洋政策的焦点"②。早在战争还未结束时,美国决策者便开始意识到东南亚的重要战略地位,它不仅在战略位置上占据先机,而且是通往太平洋的西南通道,也是美国进口原材料和出口货物的重要市场,对美国和菲律宾的安全至关重要,美国希望出现一个"有秩序、非革命的、向西方利益开放的东南亚"③。杜鲁门曾断言:"如果听任韩国沦丧,那么共产党的领袖们就会越发狂妄地向更靠近我们海岸的国家进行侵略。如果容忍共产党人以武力侵入大韩民国,且不遭到自由世界的反对,那么,就没有一个小国会有勇气来抵抗来自较为强大的共产主义邻邦的威胁和侵略。如果对这种侵略行动不加以制止,那就会爆发第三次世界大战,正如由于类似的事件而引起了第二次世界大战一样。……除非这次对朝鲜的无理攻击得到制止,否则,联合国的基础和原则将受到威胁。"④

在朝鲜战争爆发的当天,美国国务院情报处便对战争对亚洲的影响做了评估,它断定朝鲜战争是由苏联阴谋策划的,如果任由朝鲜局势发展,美国在韩国扶持起来的政权就可能垮台,朝鲜的胜利也会进一步扩大共产主义在亚洲地区的影响力,共产党的威信也会空前提高。"东南亚方面,如果美国放弃韩国,该地区国家便会丧失抵制共产主义的信心,在东南亚华侨的影响和帮助下更加有利于共产主义发展,同时使东南亚国家对联合国的希望破灭。"⑤ 最后,报告表明,朝鲜战争以及美国的参

---

① H. W Brands, *Bond to Empire—The United States and the Philippines*, New York: Oxford University Press, 1992, p. 241.

② 王玮主编:《美国对亚太政策的演变 1776—1995》,山东人民出版社 1995 年版,第254 页。

③ 王玮主编:《美国对亚太政策的演变 1776—1995》,山东人民出版社 1995 年版,第254 页。

④ [美]哈里·杜鲁门:《杜鲁门回忆录(第 2 卷)》,李石译,生活·读书·新知三联书店 1974 年版,第 394 页。

⑤ *FRUS*, 1950, Vol. XI, pp. 148 – 154.

与将会对亚太地区的冷战局面产生深远的影响，这将直接关系到美国在此地区的利益存亡问题。

6月27日，杜鲁门宣布"美国决定武装干涉朝鲜，派第七舰队封锁台湾海峡，加快对菲律宾和印度支那的军事援助"①。同时，美国操纵联合国安理会通过了三个决议，建议联合国成员国向韩国提供"为击退武装进攻并恢复该地区国际和平与安全所必需的帮助"，组建由美国指挥的联合国军干涉朝鲜战争，② 如若朝鲜军队在规定的时间内不退回三八线以北，联合国军要不惜一战，自此朝鲜战争由于美国的全面介入升级为地区性战争。

在正式宣布全面介入朝鲜战争后，为了全面掌握东南亚情况，以便制定有针对性的援助政策，美国第三次派遣考察团深入东南亚国家进行考察。此次考察团由美国国务院、国防部和经济合作署共同组成，称为联合军事调查团，由远东事务助理国务卿约翰·F. 梅尔比任团长，其任务是研究东南亚共同防御援助计划的政治、军事目标和策略，确定在该地区完成此目标所需的美国军事援助的性质和范围，以及该地区军事援助计划的优先权和共同防御援助计划的机构等问题。③ 调查团在 1950 年7—11 月间，访问了印度尼西亚、印度支那、泰国、马来西亚和菲律宾等五个主要的国家，指出美国在东南亚主要存在的两个问题：一是"对该地区的重要性认识不足，没有制定明确的政策和协调各国间的利益"；二是缺乏全面、协调的计划，对各国的援助也缺乏针对性，并且军事努力效果甚微。针对这两个问题梅尔在报告中建议："在东南亚建立美国的地区机构，扶持当地军队……根据各国能力调整财政分担份额，挑选优秀军事人员参加军事援助顾问团，加强情报机构建设，在菲律宾建立情报中心以便交流情报。"④ 这个报告为美国更加全面了解东南亚局势以及推

---

① 《中美关系资料汇编（第二辑）》，世界知识出版社 1960 年版，第 89—90 页。

② 《中美关系资料汇编（第二辑）》，世界知识出版社 1960 年版，第 86、91、110—111 页。

③ *FRUS*，1950，Vol. X，p. 114.

④ Dennis Merrill，*Documentary History of the Truman Presidency*，Vol. 32，*The Emergence of an Asian Pacific Rim in American Foreign Policy*：*The Philippines*，*Indochina*，*Thailand*，*Burma*，*Malaya*，*and Indonesia*，Bethesda（Md.），2001，pp. 613 – 615，18；或 *FRUS*，1950，Vol. X，pp. 165 – 171.

动美国对东南亚政策的最终确立提供了坚实的基础。从美国多次派考察团进入东南亚可以看出东南亚国家在美国战略地位中的重要性不断攀升。

随后美国接连通过了几个重要的 NSC 文件，重申美国对待共产主义的态度和最终确立对东南亚的政策，明确美国在东南亚的外交目标。1951 年 5 月 17 日，杜鲁门总统批准了 NSC48/5 号文件即《美国在亚洲的目标、政策和行动方针》。在此文件中，美国指出苏联为保证其东翼安全，企图利用中国占领东亚大陆，进而将势力范围扩展到西太平洋沿海一带，这将有利于苏联腾出精力争夺世界范围的战略要地（尤其欧洲地区），如果苏联的计划得逞，美国的安全将面临无法估量的威胁。美国的近期目标是维护沿海岛链的安全，即日本—冲绳—菲律宾—澳大利亚—新西兰沿岸岛屿免受共产主义的影响。关于东南亚，美国将继续对其提供军事和经济援助，"帮助南亚和东南亚国家增强国内防止发生革命政变的能力，以及加强为自由世界做贡献的意愿和能力"，"鼓励该地区国家恢复并扩大相互之间以及与自由世界地区之间的贸易活动，保证该地区的原材料流向自由世界"。① 除此之外，文件还明确要求："扶持日本，加快对日媾和条约的签订，对中国实行经济制裁和采取军事行动，并反对中国加入联合国。"② NSC48/5 号文件与 NSC48/1 号文件相比，明确系统地阐述了中国在亚太局势中的地位，制定了遏制中国的战略方针，完善了美国的防御体系，把新西兰和澳大利亚也囊括到防御圈之内，对东南亚的政策仍遵循已经确定的政策，主要以提供军事援助和经济援助的方式扩大美国影响。

1952 年 2 月 13 日，美国出台了 NSC124/1 号文件即《美国关于东南亚的目标和行动方针的政策声明》③，历经四个月的讨论和修改，最后经过多次修改、完善后的 NSC124/2 号文件获得通过。其主要目标是："防止东南亚国家建立社会主义政权，帮助他们从内部和外部发展对抗共产主义的决心和能力，加强自由世界的力量。"在此文件中美国认为："无

---

① *FRUS*, 1951, Vol. X, Part I, p. 37.
② *FRUS*, 1951, Vol. X, Part I, pp. 34 – 39.
③ *FRUS*, 1952 – 1954, Vol XII, Part I, pp. 127 – 134.

论何种形式的共产主义统治，无论在短期或长期都会给美国在东南亚的
安全利益带来严重损害。""东南亚任何国家在共产主义的影响之下，都
会带来严重的心理、政治和经济后果……更有甚者会危及东南亚的其他
国家和印度，从长远看，中东地区（包括巴基斯坦和土耳其）都有可能
沦丧，如此将危及欧洲的安全和稳定"，"共产主义对整个东南亚的影响
将会使美国在太平洋沿岸岛链处于危险之中，并对美国在远东地区的安
全利益构成严重威胁"。东南亚是重要的橡胶、锡、石油、大米产地，是
日本发展经济的重要原料产地。在美国看来，东南亚一旦加入社会主义
阵营，将会造成不可估量的损失。鉴于日本在美国外交战略中的地位，
美国绝不允许出现这种情况。所以通过对东南亚地区提供经济和技术援
助，稳定各国现有政权是美国外交决策者首要考虑的问题。除此之外，
在 NSC124/2 号文件中，美国再次重申了日本在美国防御体系中的战略地
位和保护日本的决心，同时表明了对中国的防范之心，甚至表示在特殊
情况下考虑使用武力进行干涉，提出"即便在英法两国反对的情况下，
美国也会考虑单独采取行动"[1]。

从 NSC48 号文件到 NSC48/5 号文件和 NSC124/2 文件，东南亚在美
国全球遏制战略和亚太战略中的地位节节攀升，通过这些文件美国最终
确定了遏制中国、扶持日本和援助并保障东南亚政权稳定的冷战政策，
东南亚俨然成为关系美国安全利益的重要组成部分，被纳入美国保护范
围之内。至此经过一系列的调试，美国对东南亚的冷战政策正式确立，
保证东南亚国家的政权稳定，防止东南亚内部进行革命，稳定并扩大资
本主义阵营成为美国在此地区首要考虑和关心的问题。

二 美国对菲律宾政策的确立：从詹姆斯·雷报告到 NSC48 号文件

菲律宾是东南亚的一个群岛国家，地理位置极为重要，它北隔巴士
海峡与我国台湾地区相望，西南隔苏禄海、苏拉威西海与马来西亚、印
度尼西亚相对，东临太平洋，西濒南中国海，处于亚、澳两大陆和太平

---

[1] *FRUS*, 1952–1954, Vol. XII, Part I, pp. 127–134.

洋之间，是东亚和南亚之间的交通要道。① 早在战争期间，麦克阿瑟就强调菲律宾的重要性，声称菲律宾和以前一样重要，是维持东南亚、太平洋地区的战略据点，由于美菲之间的特殊关系，美国对菲律宾人民应该负有责任和义务，并以个人身份多次向罗斯福总统陈述他的观点。美国遏制之父乔治·凯南（George F. Kennan）曾说："在坚持欧洲第一的形势下，菲律宾和日本将成为美国太平洋安全体制的基石，有利于保卫美国在亚太地区的利益。"②

随着美国对东南亚冷战政策的确立，菲律宾一步步成为美国在东南亚地区的"代言人"和外交政策的"践行者"。一直以来美国想把菲律宾打造成显示其制度优越性的"民主橱窗"，以此来影响亚洲的其他国家。战后初期为了更好地评估美国在菲律宾的地位和面临的形势，1947年2月，美国国家安全委员会执行秘书詹姆斯·雷（James Lay）在总统杜鲁门的要求下，拟订了一份美国对菲律宾政策的报告，呈交给国务院和国防部高层人员研究讨论。该文件指出美国在菲律宾的政策和目标，首先是要在政治上维持菲律宾政府坚定、负责任的反共立场，经济上促进菲律宾的稳定、自给，继续保持和加强美菲间的亲密关系。报告强调菲律宾的稳定对整个亚洲的重要性，这也反映出美国在菲律宾统治近半个世纪之久的主要目标，就是把菲律宾打造成美国亚洲政策的支持者、推行者。

报告细致分析了当时菲律宾面临的政治、经济和军事问题：政治上，菲律宾政府软弱无能，决策者目光短浅、内斗不断，对国内问题的严重性熟视无睹；经济上，菲律宾在二战中损失惨重，政府财政赤字严重，国际收支不平衡，外汇短缺，进出口贸易萎靡，国内商品生产远没有达到战前水平；军事上，胡克运动愈演愈烈，共产主义势力不断发展，如果不加控制可能会威胁到菲律宾政权的稳定。针对菲律宾国内外局势的严峻性和共产主义的发展，报告认为要维持和实现美国在菲律宾利益，

① http：//www.fmprc.gov.cn/web/gjhdq_ 676201/gj_ 676203/yz_ 676205/1206_ 676452/1206x0_ 676454/

② 李庆余：《美国外交史》，山东画报出版社2008年版，第213页。

必须要采取几点措施：首先，在政治上要保证菲律宾政府的稳定，保持其亲美方向，逐渐把菲律宾打造成东南亚国家可效仿的榜样；其次，菲律宾的经济发展对政权稳定至关重要，在合适的情况下，美国可以采取恰当的方式，通过资金援助和技术指导来帮助菲律宾摆脱经济困境；再次，军事上要维持菲律宾的国内外安全，通过提供军事援助的方式帮助菲律宾解决胡克问题。这一报告基本确立了战后美国在菲律宾要实现的目标和采取的手段，奠定了美国对菲律宾政策的基础。

美苏两国关系的发展变化，深深影响了美对菲政策，使得美菲关系在冷战的渲染下，较以前更加亲密。战后美苏两国在安排世界秩序方面的问题和矛盾冲突不断，美国驻苏联使馆的临时代办乔治·凯南于1946年2月向国务院发了8000字电报和1947年7月《外交》季刊《苏联行为的根源》，提出了美国对苏联共产主义影响的一系列对策，杜鲁门政府接受了凯南的理论，从遏制苏联共产主义力量影响的角度界定了美国的国家安全利益。美苏冷战爆发，美国确立了以遏制为核心的国家安全战略，可以说战后美国外交的重大举动，都是在与苏联直接或间接的对抗和冲突的战略方针指引下进行的，美国遏制战略的确定深深影响了美国对菲律宾政策。

1949年12月，美国先后出台NSC48/1号和NSC48/2号文件，在此文件中美国在亚洲构建了一个沿海岛国为主的反苏反共的近海岛屿防御链，其中菲律宾占据着关键一环。朝鲜战争的爆发加深了美国对共产主义的恐惧，菲律宾的战略地位随之提升，用美国驻菲律宾专员卡洛斯·罗慕洛（Romulo Carlos）的话说，菲律宾是"美国和亚洲的桥梁"。杜鲁门政府则向季里诺保证，美国不会让菲律宾失望，将继续提供经济和军事援助。马歇尔也强调说"菲律宾防御对美国而言是至关重要的"。

在国际背景的催化之下，美国最终形成了对菲律宾政策新一阶段的纲领性文件，即国家安全委员会84/2号文件。[①] 此文件最初源于1950年5月底杜鲁门关于菲律宾问题的谈话，随后由国务院起草，6月20日交予

---

① FRUS, 1950, Vol. VI, pp. 1514–1520.

国家安全委员会讨论，然后综合参谋长联席会议的意见和派往菲律宾的经济调查团的报告，最终确立了对菲律宾政策。该文件认为美国在菲律宾的目标是建立一个高效的政府，并保持其亲美倾向；维持菲律宾经济的稳定与自给；建立足以维护菲律宾国内安全的军事力量。为了实现这些目标，美国将采取一切可行措施促使菲律宾政府实施财政、经济、农业改革；提供军事指导和援助；在美国的监督和控制下，适时扩大对菲律宾的经济援助，为菲律宾的内部稳定创造坚实的基础。除此之外，美国还将继续对菲律宾提供军事保护，确保菲律宾的亲美和非共产主义的政治倾向。

美国重申了菲律宾在美国外交中的地位，由于两国之间的特殊关系，"美国在菲律宾的军事义务和道德责任都是独一无二的"。"菲律宾共和国的独立和稳定对美国而言是至关重要的。""如果菲律宾不能维持独立，那么将会诋毁美国在全世界的信誉，使美国在世界尤其是亚洲地区的影响力大幅度下滑。""现任或继任的菲律宾政府垮台，都可能导致共产主义夺取政府权力"，这将使整个东南亚和印尼处于危险之中。鉴于美国对亚洲共产主义形势的分析，美国将强化"其在太平洋地区的力量，尤其是菲律宾、日本和琉球群岛"，支持菲律宾和日本发展友好的政治、经济关系，以利于维护其在太平洋地区的稳定与安全。[①]

此文件的冷战色彩浓郁，从安全方面来说，美国把防御苏联以及共产主义的发展问题放在了首位。美国多次强调"菲律宾是美国亚洲岛链上至关重要的一环，在美国的东亚政策中占有重要的战略地位，共产主义对东南亚的影响，使保证菲律宾的安全成为重中之重"[②]。美国进一步强调，苏联非常看重菲律宾的战略位置，认为"苏联对该岛的控制将严重破坏东南亚的反共防御体系"，并可能危及美国在西太平洋和东亚的地位，所以"菲律宾现在的情况已不仅仅是局部问题"。

通过对国际及东南亚局势的分析，美国认为要想避免菲律宾国内发生革命，不仅取决于军事力量，更多的是由政治和经济能力决定的。就

---

① *FRUS*, 1950, Vol. VI, p. 1515.

② *FRUS*, 1950, Vol. VI, p. 1516.

菲律宾内部而言,对其政局稳定构成威胁的主要是胡克领导下的游击队,为此文件提出镇压胡克运动势在必行。美国强调就目前而言,与土地改革和反腐运动相比击败胡克是重中之重。胡克的胜利"会降低美国在世界的威信,削弱美国在亚洲的影响力",甚至有可能使菲律宾变成"苏联控制东亚的钥匙",尽管季里诺政府的统治不尽如人意,但"现任政府的垮台可能导致菲律宾共产党夺取政权"。①

为了改变菲律宾的这种困境,美国强调要按照调查团提出的建议对菲律宾实施社会和经济改革,并"在美国的监督之下,通过贷款和拨款的方式对菲律宾提供大量的财政援助"②。NSC84/2 号文件重新确定了菲律宾在美国外交中的重要地位,但是由于菲律宾已获得独立,美国不能随心所欲地安排菲律宾的发展轨迹,文件指出:"美国在菲律宾的任何行动都会被菲律宾甚至是整个亚洲看成是对其主权的侵犯",在这种条件下,美国所能做的便是通过采取各种手段维持菲律宾政权的稳定,避免因菲律宾社会的动荡和经济萧条破坏美菲关系,最大限度上实现美国在菲律宾的政治、经济利益。

总之,国际局势的变动使菲律宾在美国战略地位的重要性不断攀升,美国不得不适时调整对菲律宾政策,加大对菲律宾的军事和经济援助。可以说美国对菲律宾援助政策的变化,主要取决于菲律宾在美苏两极争斗下的战略地位的变化。从这一点来看,美国对菲律宾无论是外交政策还是援助政策都带有冷战的影响和意识形态色彩。美国借援助菲律宾之机,影响菲律宾的国内局势,达到改造菲律宾的目的,为实现亚洲的外交目标提供便利。但在亚洲民族主义浪潮高涨的影响下,面对已经独立的菲律宾,美国已很难实现改造菲律宾的预想。如果美国采取强硬措施来迫使菲律宾顺从美国的意志,就可能引起更大的混乱,这是美国不愿看到的。所以,美国为了保护在菲律宾的既得利益,只有通过与菲律宾建立稳定的合作关系,帮助菲律宾维持国内政局的稳定,然而这就意味着美国要容忍菲律宾政府存在的种种弊端,包括政府的低效和腐败问题。

---

① *FRUS*, 1950, Vol. VI, p. 1517.

② *FRUS*, 1950, Vol. VI, p. 1519.

战后初期美国的东南亚政策与冷战的发展密切相关。战争刚结束时，美国在亚洲战略重心是对日和对华政策，东南亚则处于被忽略的地位。但随着冷战的发展，其范围不断向亚洲延伸，苏联也开始重视东南亚的民族解放运动，并且中华人民共和国成立后，美国失去了亚洲重要的战略伙伴。亚洲局势的发展大大超出美国原有的战略构想，原来被美国所忽视的东南亚的战略地位也逐渐凸显出来，美国开始插手东南亚事务，并通过一系列重要的 NSC 文件，最终确立对东南亚的政策。

菲律宾作为美国民主制度的"橱窗"，在美国的东南亚政策中占据重要地位，成为美国沿海岛屿防御的关键一环，与美国的安全利益联系在一起。不难看出从战后初期詹姆斯·雷关于菲律宾的报告到 NSC84 号文件，菲律宾的重要性对美国而言是不断攀升的，它不仅在亚洲太平洋地区占据重要的地理位置，更是美国遏制共产主义在亚洲发展的桥头堡，与美国国家安全利益息息相关。NSC84 号文件所确立的美国在菲律宾的外交目标，即亲美的政府、自足的经济、自保的军事力量，是冷战时期美国在菲律宾的总体目标，美国在菲律宾的所有活动都围绕这个目标展开。虽然不同时期，美国在菲律宾的具体利益有所变动，但都没有偏离文件所确立的总体目标。

独立后的菲律宾与美国在诸多问题上存在争议，例如通敌者问题、军事基地、贸易问题等，如何解决这些问题是两国关系进一步发展的关键所在。对菲律宾而言，如何最大限度地获取美援以恢复战后经济是其主要外交目标，而美国则是想方设法在菲律宾独立后尽可能多地保留在菲律宾的政治、经济特权。两国周旋过程中，菲律宾所持的筹码是重要性不断攀升的战略地位，而美国则以援助为要挟，迫使菲律宾做出有利于美国利益的选择，两国通过不断讨价还价的博弈，最终达成一致。

第二节 战后初期美国对菲律宾政策的调整

第二次世界大战给菲律宾造成了巨大的破坏。战争结束后，菲律宾陷入恢复经济的重大困境中。一方面由于所受战争损失之大，菲律宾政府单靠自身力量难以实现战后重建,于是美国政府的援助就变得至关重要;另一方面,美国则以援助为筹码迫使菲律宾与其签订贸易、军事基地协定,通过这些协定,美国在菲律宾独立后仍保留了种种政治、经济特权。但是作为独立国家的菲律宾并不总是被动接受美国的安排和政策,尤其是两国在处理通敌者问题、军事基地问题等方面存在一系列的纷争,菲律宾政府的行为一度迫使美国政府不得不改变对菲律宾政策,对菲做出相应妥协。朝鲜战争的爆发更是增加了菲律宾战略地位的重要性,同时也增加了菲律宾与美国政府周旋的筹码。两国虽然在具体问题上存在摩擦,但在冷战背景和美菲两国外交诉求一致的情况下,两国政府都会适时地做出妥协,并最终达成一致。

一 通敌者问题

1944 年,奥斯敏纳接替奎松跟随麦克阿瑟一起返回菲律宾,无论是奥斯敏纳政府还是美国政府都面临政治上的一个问题:那就是如何处置在沦陷期间参与日本政权的那些人。美国把这批人称为通敌者。

早在战争还未结束时,美国政府便开始考虑这个问题,内政部长哈罗德·伊克斯(Harold L. Ickes)写给财政部长摩根索的信中(Morgenthau)就菲律宾通敌者指出:"公开谴责他们会正中日本下怀……他们会破釜沉舟,必要时和日本站在一起,他们或许参与又或许没有参与叛国活动,但是即便他们参与了,就目前而言,我们不能做任何事情,并且通过中伤他们我们也得不到什么。"伊克斯认为,政府应先搁浅对其谴责,直到所有事实都弄清楚……华盛顿应避免对这些曾处于敌人的占领和控制下的人的片面的审判。① 当时美国正忙于对德国和日本的占领和民主化问题,鲜有精力去关注菲律宾,所以华盛顿方面选择了回避此问题,当时美国官方只有赫斯特在处理通敌者问题(E. D. Hester 麦克纳特的经济顾问)。赫斯特认为美国政府打算把这个问题留给菲律宾,认为"无论好坏,美国已经给菲律宾自治,所以完善政府是他们自己的

---

① Ickes to Morgenthau, 5/25/42, Morgenthau papers. 转引自 H. W. Brands, *Bound to the Empire: The United States and the Philippines*, New York: Oxford University Press, 1992, p. 214.

问题"。

1944 年 7 月，罗斯福宣布"那些与敌人合作的人必须从国家政治和有影响的地位中清除出去"①。尽管华盛顿方面在通敌者问题上态度强硬，但并未采取有效措施，紧紧停留在官方谴责上，而且政府也没有制订具体的实施计划去实践总统的宣言。华盛顿方面"雷声大雨点小"的做法，是想把通敌者问题推给菲律宾，在菲律宾重新建立共和国后，再对通敌者问题做出最后的决定。②

麦克阿瑟重返菲律宾后，通敌者问题主要在他的影响下进行，陆军当局的参与使得通敌者问题变得更加复杂。最开始麦克阿瑟主张为了军事安全，下令逮捕所有的通敌者，并扣押他们直到战争结束，他表示应把通敌者问题交与菲律宾政府处理。但在具体处理通敌者问题时，麦克阿瑟却表现得言行不一，他既没有逮捕所有通敌者，也没有把通敌者问题的处置权交与菲律宾政府，相反却处处插手菲律宾政府对通敌者问题的处理，其中最明显的便是对罗哈斯的处理。曼努埃尔·罗哈斯曾是日本劳雷尔政府的内阁成员，早年便与麦克阿瑟结识，太平洋战争爆发后曾投身于麦克阿瑟麾下。1945 年 4 月，罗哈斯从日军中逃脱，途中遇到麦克阿瑟，麦克阿瑟把他看成是"被解救的囚禁者而不是被抓获的通敌者"，并且在未审查他在战时行为的情况下，提升罗哈斯为准将军衔的旅长，留在他总司令部的参谋部任职。③ 麦克阿瑟的行为引起了美国当局和民众广泛的不满，当时对他的行为批评最为激烈的是伊克斯，他谴责"通敌者分子罗哈斯……并抨击麦克阿瑟试图用'粉饰太平'之词来掩盖罗哈斯的叛国行径"。但杜鲁门总统却默认了麦克阿瑟对罗哈斯的处理。布朗认为"总统这样做是正确的。通敌者问题不会给美国带来任何收获，只会在菲律宾引起一场风暴，所以杜鲁门总统支持麦克阿瑟对罗哈斯的处理，并把其他通敌者的命运交给菲律宾

---

① Mamerto S. Ventura, "U. S. – Philippines Cooperation and Cross-Purposes: Philippine Post-War Recovery and Reform", *International Affairs*, Vol. 52, No. 1, Janu. 1976, p. 58.

② *New York Times*, 7/1/44. 转引自 H. W. Brands, *Bound to the Empire: The United States and the Philippines*, New York: Oxford University Press, 1992, p. 215.

③ Marcial P. Lichauco, *Roxas*, Manila, 1952, p. 195.

政府，并做出最终的裁决"①。

杜鲁门政府把通敌者问题交给菲律宾自己处理，但表明美国想严肃处理此问题的态度，而时任陆军当局的麦克阿瑟却阻挠奥斯敏纳政府对通敌者问题的处理，这使唯美国马首是瞻的菲律宾政府不知所措，奥斯敏纳政府对通敌者问题的处理也处处充满着矛盾。

就奥斯敏纳本身而言，非常同情通敌者的处境，他曾通过广播宣布："不可能所有官员都到山上进行英勇的抗争，有些人必须留在他们的岗位上维持一个伪装的政府，以便保护人民免受迫害之苦，并安慰处于痛苦中的人们"。鉴于对通敌者的这种考虑，奥期敏纳宣称："如果菲律宾社会的领导者，没有留在他们的岗位上，日本人要么直接统治，要么不择手段地对待菲律宾人……结果将是灾难性的，对我们政治的破坏也是无法估量的。"② 奥斯敏纳承诺，政府会调查在日本政府（伪政府）工作的人们的动机，并不简单地依据他们曾在伪政府工作过而为其定罪，他保证每个案件都会得到公平的处理。奥斯敏纳虽然做出这样的承诺，但在实际操作过程中却困难重重。他深知当务之急是团结菲律宾人民，进行经济恢复工作和稳定政局，但是通敌者身份的特殊性和国内民众对通敌者态度的矛盾性，以及美国对通敌者问题的插手，都使对通敌者问题的处理充满妥协性和矛盾性。奥斯敏纳的一段谈话，清晰地反映了他面对通敌者问题的犹豫和矛盾心理，他说"战争以前所未有的程度分离了菲律宾人民。通敌者和抗战者陷入残酷的争斗中。很明显，与日本对抗的人们想报复那些与入侵者合作的人，至少他们呼吁政府在处理抗战者和通敌者问题上有一个道德标准"。

通敌者的成分很复杂，既包括那些投机主义者，也包括迫于无奈在日伪政府就职的官员。所以菲律宾政府需要非常巧妙地处理通敌者问题，既要满足民众想惩罚反叛者的心理，又不能伤及无辜，也就是菲律宾政

① H. W. Brands, *Bound to the Empire: The United States and the Philippines*, New York: Oxford University Press, 1992, p. 217.

② Osmena to MacArthur, 10/20/44, *Osmena Papers*; *Steinberg, Philippine Collaboration*, pp. 111 - 112. 转引自 H. W. Brands, *Bound to the Empire: The United States and the Philippines*, New York: Oxford University Press, 1992, p. 216.

府要"编织一张网，这张网既能捕获前者，也不至于损坏后者"。然而让问题变得更加复杂的是如果大规模剥夺通敌者资格，会给战后国家重建工作带来很大的阻挠，这是由于通敌者很大一部分来自菲律宾社会的统治者阶层，他们是构成奥斯敏纳政府的主要成员。正如前内政部长托马斯·康费索（T. Confesor）所说，通敌者问题使菲律宾政府"坐在火山顶上"，"奎松的继任者没有激情去实施改革来引发火山喷发，将来他需要通敌者就像现在通敌者需要他一样"。[①] 然而，作为菲律宾社会的最高统治者，面对社会的关注，奥斯敏纳不能回避通敌者问题。1945 年 8 月，奥斯敏纳向菲律宾议会提出一项措施，授权一个特别法庭处理通敌者案子，这项措施很快演变为奥斯敏纳与罗哈斯的政治争斗。华盛顿接受了麦克阿瑟对罗哈斯的豁免之后，使菲律宾政府对任何通敌者的控告变得不可能。但是美国内政部长伊克斯却公然强调奥斯敏纳应坚定立场对抗罗哈斯和通敌者。他在写给奥斯敏纳的信中，宣称如果菲律宾政府不能"勤勉地和坚定地"指控通敌者，那么美国将会扣留输往菲律宾的救济援助。[②] 华盛顿、陆军当局以及美国部分官员对通敌者问题的态度，直接或间接地影响着菲律宾总统奥斯敏纳对本国通敌者问题的处理态度，可以说华盛顿方面代表了美国理想主义的观念，而以麦克阿瑟为首的陆军当局则代表了美国现实主义的观念，当理想主义与现实主义冲突时，美国毫无例外地选择现实利益。而菲律宾只是美国利益变动的追随者，美国对通敌者态度的变化，使唯美国马首是瞻的奥斯敏纳无所适从，对通敌者问题的处理犹豫不决、前后矛盾。

鉴于菲律宾政府对通敌者问题处理的犹豫及拖沓，杜鲁门在高级专员麦克纳特和时任政府总检察长克拉克（Tom Clark）的建议下，派司法部门专员去马尼拉展开调查，并最终形成一份报告，报告称奥斯敏纳在处理通敌者问题时立场是软弱的，令人担忧，建议美国司法部门对居于

---

① Confesor to Osmena, 3/21/45, *Osmena papers.* 转引自 H. W. Brands, *Bound to the Empire: The United States and the Philippines*, New York: Oxford University Press, 1992, p. 218.

② Mamerto S. Ventura, "U. S. – Philippines Cooperation and Cross-Purposes: Philippine Post-War Recovery and Reform" *International Affairs*, Vol. 52, No. 1, Janu. 1976, p. 61.

首要地位的通敌者进行指控,"他们不允许有任何漏洞逃脱","因为他们是美国的卖国贼",并建议如果有必要这部分通敌者应被送往美国接受审判。①

然而报告中所提出的建议并没有付诸实践,原因在于距离菲律宾独立已不到一年的时间,美国迫切需要得到菲律宾曾是通敌者的权势阶层的支持,这使报告中提出的惩罚通敌者的建议变得毫无意义,杜鲁门也断然拒绝了这一报告。杜鲁门的拒绝使借助美国政府惩治通敌者的最后一点希望破灭,为了获取菲律宾精英阶层的支持美国最终保证对几乎所有的通敌者从轻处理。1946年4月罗哈斯当选总统后,审判通敌者就变得更加不可能。当时菲律宾国内共有超过5000多例关于通敌者的案件,其中特殊法院裁决定罪的仅有156件。1946年9月,菲律宾人民法院释放了日伪政府总统劳雷尔(Jose P. Laurel)和驻日大使瓦加斯(Jorge Vargas),这标志着美国彻底放弃了惩治通敌者的立场。1948年初,罗哈斯颁布大赦,通敌者问题到此结束。

就美国政府而言,希望严惩通敌者,原因很简单,是因为这批人曾在沦陷期间参与了日本的政权,美国认为他们"背叛"了恩主,已经不值得信任,不再适合参与到菲律宾的战后权力结构当中,在政治、经济等方面也已经丧失了作为美菲两国关系的纽带作用,这也是美国政府最初态度强硬的原因。但是美国也意识到所谓的通敌者分子在菲律宾有着深远的政治和社会影响,他们是组成菲律宾自治政府的重要力量,这就意味着"曾和日本合作过的人,是负责处理通敌者问题的人",即战前的地主、精英阶层是负责处理通敌者问题的主要力量,结果注定是失败的。唯一在菲律宾发挥有效影响力的美国陆军当局采取了与华盛顿相左的做法,加上随着菲律宾人民民主力量的壮大和民族独立运动的高涨,为了维护在菲利益,美国政府需要利用这些通敌者,所以美国当局虽然态度强硬,但在实际行动中对通敌者则采取了姑息、包庇的态度。

---

① H. W. Brands, *Bound to the Empire: The United States and the Philippines*, New York: Oxford University Press, 1992, p. 219.

二　军事基地与贸易问题

如果说华盛顿对通敌者问题采取姑息、放任态度的话，在菲律宾军事基地和贸易问题上，美国则积极参与，为其谋取最大利益。

美国在战后处理国际问题的两个基本原则：一是集体安全的原则，二是建立开放的国际市场和实行自由贸易制度。[①] 这两项原则在菲律宾具体表现为：一是通过美国在该岛的军事基地来维系两国的战略伙伴关系，保障美国的集体安全。二是在菲律宾实施自由贸易制度，为美国投资者和出口商进入菲律宾市场打开方便之门。

麦克纳特的经济顾问赫斯特（E. D. Hester）在临近战争结束时说，"太平洋地区的贸易政策必须建立在自由的基础上""所有的现存的政策都需要根本的修改和撤销"，并且赫斯特把自由贸易看成是"国际竞争的解决方法和世界和平秩序的胶合剂"。这里所谓的"自由原则"在菲律宾指的便是自由贸易，于是 1945 年 9 月美国国会众议院议员贾斯珀·贝尔（Jasper Bell）提出一项法案建议，即在菲律宾独立后，美国与菲律宾实行 20 年的自由贸易。

后来贝尔又修改了关于菲律宾的贸易法案，把原来 20 年的自由贸易，改为 8 年自由贸易时期和 25 年逐渐增加关税时期。经过国会的讨论，最终决定美国与菲律宾实行 8 年的免税时期和 20 年逐渐增长的关税时期，即《贝尔贸易法案》。该法案具体是指从 1946 年 7 月 4 日起的 8 年内，美菲两国建立互惠的免税贸易，菲律宾输往美国的商品有 7 种继续享受免税待遇，但每年都有一定限额：蔗糖是 85 万长吨（1 长吨等于 1.016 公吨），其中精糖不超过 5 万长吨，马尼拉麻 600 万磅，大米 104 万磅，雪茄烟 2 亿支，烟叶 650 万磅，椰油 20 万长吨，珍珠纽扣 85 万罗（1 罗等于 12 打）。[②] 从 1954 年起，这些限额要逐年递减 5%，而美国输往菲律宾

---

① H. W. Brands, *Bound to the Empire: The United States and the Philippines*, New York: Oxford University Press, 1992, pp. 219 – 220.

② Shirley Jenkins, *American Economic Policy toward the Philippines*, Stanford: Stanford University Press, 1954, p. 65.

的商品却完全不受数额限制，并且菲律宾保证对美国输往菲律宾的商品不征收出口税。从 1954 年 7 月 4 日起，美菲两国输入对方国家的货物，应征累增的关税，第一年的关税为 5%，以后每年递增 5%，直至 20 年后，两国对彼此输入的货物，互征全额关税。①

《贝尔贸易法案》中真正让菲律宾难以接受的是其中所谓的"同等权利"条款，这要求菲律宾政府在经济上对待美国人要像对待菲律宾人一样。除此之外，法案还规定美元与比索兑换比率为 1∶2，未经美国总统同意不得改变这个比率和停止兑换，不限制从菲律宾流向美国的资金，②这在很大程度上限制了菲律宾财政的自由性。此外，美国对菲律宾去往美国的移民有严格的限制。由于菲律宾宪法对外资有一定的限额，规定本国人在国营公司中的份额占 60%，即外资不能超过 40%，所以接受《贝尔贸易法案》便意味着菲律宾必须修改宪法，③这让很多菲律宾人难以接受，认为这是对本国主权的严重侵犯。美国"同等权利"条款的支持者也毫不避讳美国的意图，他们引用福布斯（Cameron Forbes：卡梅伦·福布斯，1909—1913 年菲律宾总督）的话：没有经济的发展，政治独立对菲律宾而言毫无意义，而菲律宾要想实现经济发展则需要向美国资本开放④。很明显"同等权利"条款使政治上实现独立的菲律宾，经济上仍受美国控制。

为了迫使菲律宾就范，美国把菲律宾通过贸易法案和获得美国援助联系在一起。二战后美国通过《菲律宾复兴法案》向菲律宾提供援助，规定由美国政府拨款 6.2 亿美元赔偿菲律宾在二战期间的损失，但美国众议院在讨论此法案时，把《菲律宾复兴法案》和《贝尔贸易法案》连在一起，即凡超过 500 美元的战争损失赔偿费的支付，只有在菲律宾议会通

---

① 金应熙：《菲律宾史》，河南大学出版社 1990 年版，第 639 页。

② Frank H. Golay, *The Philippines: Public Policy and National Economic Development*, Ithaca, New York: Cornell University Press, 1961, p. 64.

③ Claude A. Buss, *The United States and the Philippines*, Washington, D. C.: American Enterprise Institute for Public Policy Research, 1977, p. 22.

④ H. W. Brands, *Bound to the Empire: The United States and the Philippines*, New York: Oxford University Press, 1992, p. 222.

过了《贝尔贸易法案》后才进行，也就是说菲律宾只有接受了《贝尔贸易法案》，美国才给予菲律宾经济援助。而菲律宾遭受了巨大的战争损失，面对战后满目疮痍的局面，菲律宾政府难以扭转局面。菲律宾总统奥斯敏纳在写给杜鲁门的信中这样陈述，"总统先生，由于战争，1800万人民的家园和财产毁于一旦，他们正面临饥饿和疾病，寻求您的帮助"[①]。当时的菲律宾迫切需要得到美国的援助，但是作为援助的条件，菲律宾政府就必须接受美国的勒索，即接受美国为其安排的《贝尔贸易法案》。

1947年3月，在美国的压迫和菲律宾政府的操纵下，就修改菲律宾宪法举行全国公民投票，当时政府公布的结果是大部分选民赞成修改宪法，这也就意味着菲律宾接受了《贝尔贸易法案》，同年4月30日美国国会讨论通过了《菲律宾复兴法案》。对菲律宾而言接受贸易法案的心情是复杂的，一方面法案的条款严重侵犯了一个国家的主权；另一方面受战争破坏的菲律宾急需救援，而唯一的希望便是美国，菲律宾不得不接受美国给它的"苦药丸"，美菲之间仍然维持了一种半殖民性质。

如果说在贸易问题上菲律宾只能被动接受的话，在美菲军事基地的谈判方面菲律宾则拥有更多的自主权。虽然美国以撤出该岛的军事防御和减少援助相威胁，菲律宾仍利用它军事基地的重要性与美国讨价还价，并且随着冷战的加剧，尤其东亚地区大有向热战发展的倾向，菲律宾的战略重要性不断攀升，与美国讨价还价的余地也不断增大。

1934年的《泰丁斯—麦克杜菲法》规定，在菲律宾十年自治的过渡期间，美国继续享有在菲的军事基地，待过渡期满后，美国把陆军基地归还菲律宾，只保留海军基地，至于他们的最终去留由双方政府商讨决定。1944年6月29日，菲律宾国会两院联合对该法令作了修改，规定美国政府在与菲律宾总统谈判后，美国总统方可获得授权继续保留在菲律宾军事基地。[②] 这一修订最明显的变化体现在美国要想继续保留在菲律宾

---

① Osmena to Truman, 11/8/45, Osmena papers. 转引自 H. W. Brands, *Bound to the Empire*: *The United States and the Philippines*, Oxford University Press, 1992, p. 223.

② Memorandum by Lockhart, the Chief of the Division of Philippine Affairs, to Stettinius, April 18, 1945, *FRUS*, The British Commonwealth, The Far East, 1945, Vol. VI, pp. 1203 – 1204.

的军事基地，必须获得菲律宾政府的应允。美国的既定设想是，即便在菲律宾独立后，要想获得该基地，也不会受到菲律宾政府的阻挠，因为菲律宾需要美国"给予"他们独立，而这也是美国与菲交涉的筹码。时任参议员岛屿事务委员会主席的米勒德·泰丁斯（Millard Tydings）把菲律宾独立和地区安全看成不可分割的事务，称之为"连体双胞胎"，并进一步解释说菲律宾需要独立，而美国需要安全，用一个购买另一个，军事基地是交换的媒介。① 事实证明美国低估了菲律宾独立后维护主权的决心和态度。

毫无疑问美国需要保留在菲律宾的基地，唯一需要确定的问题是需要多少和具体位置的选择。1944 年，战争部长助理约翰·麦克洛伊（John McCloy）说基地位置的选择取决于美国战后的政策。1945 年 4 月，海军部长杰姆斯·弗利斯塔尔（James Forrestal）列出了 14 个可供发展为美国军事基地的地点，并将它们作为将来的安全屏障。5 月，史汀生向杜鲁门建议说，战争部门的计划是在吕宋中部和棉兰岛北部建立"主要的空军中心"，偏远的地方用作战斗机的机场和水陆两栖机的基地，此外他还向总统建议，坚持菲律宾政府未经华盛顿允许，禁止第三国在该岛建立基地。②

美国对菲律宾军事基地的安排都是建立在菲律宾政府同意的基础上，很明显美国的这一设想带有一厢情愿的性质，它低估了独立后菲律宾的自主能力，所以菲律宾政府的反应让美国始料不及。自 1946 年初开始，美菲两国就基地问题展开了一系列谈判，然而两国的谈判矛盾重重，双方在基地的选址和司法权问题上没有达成一致，甚至一度使谈判陷入僵局。由美菲军事基地问题而引发的一些列事件，以及国内民众、舆论的影响，都迫使菲律宾政府迫切地改变美菲之间的军事基地协定。

就基地选址问题，菲律宾要求军事基地撤离都市地带。时任菲律宾驻美大使艾利沙德（Manuel Elizalde）认为"军事基地在都市地带（如马

---

① Tydings to Rosenman, 10/14/43, *Rosenman Papers*.
② *FRUS*, 1945, Vol. X, pp. 1208 – 1209.

尼拉)的存在，容易引发美国军事人员和菲律宾民众之间的摩擦，如果这种摩擦持续发展，必定会激发菲律宾的民族主义情绪，从而影响两国间的友好关系。为避免这一后果，美国应将军事基地从马尼拉撤出"①。即便是亲美的罗哈斯也不同意在马尼拉建立一个大型的美国军事基地，他强调说，"当一个国家的首都是该国最大的人口中心和经济生活重心时，任何外来军事设施的存在，都变得不能容忍"②。然而搬离基地需耗费大量的人力物力，这种劳民伤财的举动对于刚刚经历二战的美国民众而言从心理上来说是很难接受的，于是美国开始重新考虑对菲政策。1946 年 11 月，时任美国陆军参谋长的德怀特·艾森豪威尔（Dwight Eisenhower）向参谋长联席会议建议，美国应撤离在菲律宾的所有陆军人员，这项建议也获得陆军部长罗伯特·帕特森（Robert Patterson）的赞同，他解释说，"问题的关键是美国所承担的责任和可用资金之间的极度不平衡，澳大利亚、意大利、韩国的军事任务都耗巨额经费，维持德国和日本的军事占领所需要的资源更是庞大，这些海外行动已经让美国的海外支出捉襟见肘、不堪应付。相比于这些战略意义更重要的国家，对菲律宾的军费投入，要充分考虑到战略地位的重要性"。"我们不能浪费精力去维持在菲律宾的任何规模的军事力量。"关于资金问题，帕特森指出"能够理解"菲律宾政府反对在马尼拉地区建立军事基地，但问题是重新搬迁需要巨额花费来装备新设备，"如此大的花费，对美国陆军部而言在当前或未来都很难担负得起"③。为了表明美国军方在基地问题上的严正立场，让菲律宾政府认识到事情的严重性，帕特森取消了对菲律宾的军事建设项目，双方的谈判也陷入拉锯状态。

而对基地司法权问题的讨论，使原本就停滞不前的谈判陷入僵局。1946 年 8 月 3 日，一个美国士兵开枪打伤了一个闯入美军基地的菲律宾

① William E. Jr. Berry, *U. S. Bases in the Philippines：The Evolution of the Special Relationship*, Boulder：Westview Press, 1989, p. 29.

② H. W. Brands, *Bound to the Empire：The United States and the Philippines*, New York：Oxford University Press, 1992, p. 232.

③ Memorandum by Byrnes to Acheson, December 1, 1946, *FRUS*, The Far East, Vol. VIII, 1946, p. 935.

公民。① 如何对开枪者进行处置的问题，成为美菲之间就军事基地司法管辖权争论的焦点问题。菲律宾认为，美国仅在基地范围内拥有司法管辖权，并且主要针对美方军事人员之间的违法行为，在基地范围之外则归菲律宾管辖。但美方坚持认为，美国在基地内拥有完全的司法管辖权，不受菲律宾政府的约束。双方立场坚定，互不相让，两国司法权问题的对立激化了菲律宾国内民众对美国军事基地问题的抗议浪潮。菲律宾总统罗哈斯宣称，不能把军事基地协定送交国会讨论和批准，因为国会议员们很可能会由于协定中的司法管辖权问题对菲律宾不利而拒绝予以通过。② 美政府对罗哈斯的这种态度非常不满，陆军部和海军部的官员们一致认为，"不论是战争还是和平时期，我们都必须保持在基地内外的司法管辖权。如果这一权利丧失或遭到削弱，将会极大降低基地司令官员们在军队中的威望，从而影响基地功能的正常发挥与运转。"③ 美国为了表示对菲律宾政府在此问题上做法的不满，时任驻菲大使的保罗·麦克纳特（Paul McNutt）写给艾奇逊（Dean Acheson）的电文中提议，"为了消除菲律宾人心目中美国向菲律宾索取特权，而菲律宾政府被迫屈从的印象，我准备发表一个演讲，表明美国致力于维护国家间平等的原则。如果菲律宾政府和人民认为美军基地的存在，使菲律宾的国家利益和民族尊严受到损害，那么美国将考虑退出目前的基地谈判，并撤出在菲律宾的武装力量和军事设施。"④ 麦克纳特的提议，得到助理国务卿艾奇逊的支持。不难看出，不管是驻菲大使在司法管辖权问题上的提议，还是陆军部长帕特森在基地选址问题上所发表的言论，他们的立场都是一样的，就是以强硬态度回击菲律宾在军事基地问题上的立场，意图借撤出军队和退出基地谈判迫使菲律宾妥协。美国的这种做法并没有使菲律宾让步，菲律宾立场依旧坚定，国会议员们表示"如果美国执意坚持对基地内外

① McNutt to Byrnes, August 11, 1946, *FRUS*, The Far East, Vol. VIII, 1946, pp. 901 – 902.

② The Acting Secretary of State Clayton to McNutt, September 27, *FRUS*, 1946, Vol. VIII, pp. 919 – 920.

③ William E. Jr. Berry, *U. S. Bases in the Philippines: The Evolution of the Special Relationship*, Boulder: Westview Press, 1989, pp. 21 – 22.

④ McNutt to Byrnes, November 7 1946, *FRUS*, 1946, Vol. VIII, pp. 924 – 925.

的菲律宾人之间违法行为的司法管辖权，那么'军事基地协定'不可能获得其通过所需的2/3票数"①。

　　菲律宾在基地问题上的强硬态度，使美国政府内部产生了对菲律宾战略重要性的争论，部分海军官员认为鉴于当前的形势，菲律宾军事基地的战略地位已经大不如前，如果菲律宾态度依旧强硬，美国应该考虑是否放弃这些基地。"1943—1944年间，这些海军基地对我们反攻日本来说，具有重要的战略价值，但到1945年中期，我们已占领了日本附近的岛屿，如冲绳和台湾……与防卫在菲律宾的军事基地比较，防卫在冲绳和关岛的军事基地更具优势，因为它们规模小，易于集中防御。所以，在菲律宾的军事基地应该予以放弃。"② 然而这种提议并没有获得大部分议员的认可，他们认为战后菲律宾的军事基地依然具有重要的战略价值，美国政府和军方绝不能轻易地失去这一传统的军事行动战略地。美国驻菲大使保罗·麦克纳特和盟总司令麦克阿瑟（Douglas MacArthur）认为，菲律宾的"这些基地不仅仅是为了保护菲律宾，甚至也不仅仅是为了美国防务，它们有望成为我国远东各种武装部队的供应、修缮和从事作战活动的中转站……要想在亚洲实行强硬政策，菲律宾注定在我们的远东外交中要担任重要角色"③。

　　美国和菲律宾在军事基地问题上尖锐的立场冲突，使两国谈判无法继续进行，一旦谈判失败意味着美菲两国关系破裂，这是双方都不愿看到的。对菲律宾而言，基地的谈判是其唯一可与美讨价还价的砝码，如果运用得当菲律宾可最大限度地争取美援，以此来应对国内不断发展的胡克威胁和重建被战争破坏的国内经济，反之如果因此而失去美国的援助，那么菲律宾未来的发展将不可预料。对美国来说，如果最后的结局是美方退出谈判或撤军，那就意味着美国在菲律宾政治军事行动的失败，日后要想再次修复美菲之间关系将难上加难，这无疑是对美国利益和国

---

　　① McNutt to Byrnes, November 7 1946, *FRUS*, 1946, Vol. VIII, pp. 924 – 925.

　　② William E. Jr. Berry, *U. S. Bases in the Philippines：The Evolution of the Special Relationship*, Boulder：Westview Press, 1989, p. 30.

　　③ 《世界工会运动》1951年第14期，第18页。转引自金应熙主编《菲律宾史》，河南大学出版社1990年版，第648页。

际威望的巨大损害，降低美国的国际影响力，这是美国不愿看到的结果。

在美菲两国共同利益的驱使下，两国都不愿谈判破裂，都有妥协的倾向。尤其菲律宾在获知美国的态度后，罗哈斯积极迎合并立刻发表声明表示他们的国家需要美国，他告诉麦克纳特：菲律宾和美国是享有"完全防御利益的共同体"①。1947 年 1 月，罗哈斯在向菲律宾民众发表的讲话中，强调新闻媒体对菲律宾民众反对美军事存在的报告是错误的，"我对军事基地周边区域的民众做过民意调查，在吉万地区人们一致支持美国军事基地的存在……在其他地区也是这样"。罗哈斯说美军是"受欢迎的客人，他们的行为是对美国政府的信誉和荣耀的展示"，最后他总结说"这些军事基地的存在固然是为了维护美国的利益"，但同时也具有"服务菲律宾和世界"的重要价值，他强调"我们不能没有防御……这些基地的建立，不是为了侵略而是防御，能保证我们的国家安全，促进世界的和平"。② 对于美国在菲律宾的军事基地，罗哈斯基本持赞同态度，原因在于美国的军事力量对于维护菲律宾当时的统治秩序至关重要。他进一步解释道："由于菲律宾国内的民族主义和政治上的反对势力，我不可能放弃将军事基地撤出大都市和有关司法管辖权问题上的立场。但是如果美方接受我方的立场，我们可以在基地的数量和租借年限上做出一些让步，例如美国可以获得更多的军事基地和较长的租借年限。当然至于具体的基地数目和租借年限，有待接下来的谈判。"③

作为回应，美国在司法管辖权问题上也作出相应让步。美国远东事务主管约翰·文森特（John Vincent）宣称，"菲律宾法院在审判时的表现是令人满意的，如果我们执意坚持独自享有在基地内外的司法管辖权，势必会引起菲律宾人的反感，因为他们将这看成是治外法权"④。在双方

---

① Roxas to McNutt, 7/29/46, Roxas Papers.

② The Ambassador in tne Philippines（McNutt）to the Secretary of State, January 27 1947or, *FRUS*, The Far East, Vol. VI, 1947, p. 1103.

③ H. W. Brands, *Bound to the Empire：The United States and the Philippines*, New York：Oxford University Press, 1992, p. 233.

④ William E. Jr. Berry, *U. S. Bases in the Philippines：The Evolution of the Special Relationship*, Boulder：Westview Press, 1989, pp. 21 – 22.

态度都有所缓和的情况下，美菲两国重新开启了就基地问题的谈判。罗哈斯总统适时地提出希望得到美国更多的军事援助，而作为美国撤出马尼拉的交换，美国在克拉克地区、加波苏比克湾和该岛的其他地方的基地享有 99 年的租赁期。最后，美菲双方达成一致：美国将军事基地撤出大都市；菲律宾的司法管辖权适用于基地内菲律宾人之间的违法行为，也适用于基地外美方军事人员非执行公务的违法行为。此后美菲于 1947 年 3 月分别签订了《军事基地协定》和《美国对菲律宾的军事援助协定》两部协定文件。《军事基地协定》主要内容包括：美国政府拥有保持、使用在菲律宾 23 处军事基地的权利，并且可以根据军事需要来扩大基地、改换基地地点或增加新的军事基地；美国享有对基地上所有美方人员以及基地外执行公务的美方人员违法行为的全部司法管辖权，菲律宾则拥有对基地内菲律宾人之间的违法行为和基地外非执行公务时美方军事人员违法行为的司法管辖权；菲律宾武装部队可以在美军基地上服务，美国武装部队也可以在菲律宾军事部门服务；基地免费租借 99 年等。[①]《美国对菲律宾的军事援助协定》则规定：美国政府向菲律宾派遣军事顾问团，为菲律宾政府装备和训练军队，顾问团成员从菲律宾政府领取薪金和特别补助费，军事顾问团享有"美菲军事基地协定"中规定的豁免权和特权。[②] 签订协定后，美国向菲律宾派遣了一个联合军事顾问团（Joint Military Advisory Group，JUSMAG），并向菲律宾提供专门用于训练军队的军事援助。同时美国政府转交日本投降后在菲律宾的武器和装备，菲律宾同意购买大量美国军事设备。

通过签订这两个协定，美国得以继续保留在菲律宾具有重要战略意义的军事基地，巩固了菲律宾在美国亚太战略体系中的地位。由于战后菲律宾国内政治动荡、经济堪忧，美国全面介入菲律宾的军事防御、政治、经济，尤其是两国签订的军事基地和军事援助协定，使国美担负起保护菲律宾防御外部入侵和帮助菲律宾政府镇压内部叛乱的义务。对军事基地的谈判使两国对彼此的权利和义务进行重新界定，美国仍拥有在

[①] 《国际条约集（1945—1947）》，世界知识出版社 1959 年版，第442—457 页。

[②] 《国际条约集（1945—1947）》，世界知识出版社 1959 年版，第458—464 页。

菲律宾的军事基地，作为补偿，菲律宾则获得了美国的军事援助和对其国家安全的保证，两国利益在各种冲突和试探之后，再次达到均衡，两国关系也进入暂时的稳定期，但是协定并未从根本上解决司法权问题，两国之间的矛盾和隐患依然存在。

战后初期，美菲关系主要体现在对通敌者的处理、贸易、军事基地的谈判和镇压胡克分子的叛乱这些方面。美国对菲政策的基石是为本国谋取最大的利益。在通敌者问题上，美国把问题的处理权丢给菲律宾，只有这样"罗斯福政府的注意力才能转移到更加重要和紧急的事情上"[1]。然而在与菲律宾进行贸易法案的谈判时，美国则紧握处置权，为了迫使菲律宾接受《贝尔贸易法案》，利用战后菲律宾迫切需要美国援助的现实，明目张胆地宣称只有菲律宾在接受贸易法案之后才同意给以援助。从这一点可以说，菲律宾虽然在 1946 年获得独立，但是这种独立带有很大程度的有限性，正如前财政部长哈梅·赫尔南德斯（Jaime Hernandez）所说：在"《贝尔贸易法案》的'同等权利'之下，菲律宾人完全变成了为美国资本而工作的劳动力"[2]。菲律宾参议员米正（Claro Recto）这样描述菲律宾和美国的关系"在联合国这个世界国会中，不难预见菲律宾会和美国投相同票，就像乌克兰和苏联投相同票一样，因为我们有一个乞讨式的外交政策，就像乞丐一样，永远不是选择者，因此很明显我们会被忽视。只能等在门口，手里拿着帽子，只有被邀请时才能进入……完全依靠美国的武装，我们发现越来越困难取得（国家独立），把希望建立在依靠美国的基础上，我们发现（我们的国家）是怯懦的，支离破碎的，甚至很大程度上是被抛弃的，所以他并不是受保护的对象而是被袭击的目标"[3]。

经济问题上菲律宾更是毫无自主权，因为面对战后国内残败的政治

① H. W. Brands, *Bound to the Empire: The United States and the Philippines*, New York: Oxford University Press, 1992, p. 215.

② Shirley Jenkins, *American Economic Policy toward the Philippines*, Stanford: Stanford University Press, 1954, p. 85.

③ Claro M. Recto, *Commencement Address*, *University of the Philippines*, delivered April 17, 1951, printed and circulated by the University of the Philippines, Quezon City.

经济局势，菲律宾政府难为为继，只能把复兴的希望寄托在美国援助上面，而这样做的后果是被迫接受美国的贸易法案。菲律宾虽然在经济问题上处处受制于美国，但是作为一个独立国家，菲律宾已经拥有了和美国讨价还价的基础，尤其是在基地问题上，就基地的位置和司法管辖权问题上表现出的强硬态度，使美国不得不重新定义美菲关系。

战后初期，美国对菲律宾的军事援助包括帮助菲律宾镇压国内胡克运动，维护菲律宾政治稳定的目的，这项援助受到菲律宾政府的欢迎，并任由美国对其内政的干预。但随着胡克威胁的减弱和菲律宾经济的恢复，菲律宾越来越不满美国的干涉，美国也不能像以前一样随意按照自己的意志去控制菲律宾，而菲律宾则利用自身重要的战略、军事地位与美国周旋，使两国关系跌宕起伏，只有当两国利益达到某种平衡时，才能保持相对平和的局势。两国关系的起伏变化也深深影响了美国对菲律宾的援助效果，与预期的援助效果相差较远。

第三节　战后初期美国对菲律宾的援助

第二次世界大战期间菲律宾曾沦陷于日本的铁蹄之下，所以就破坏程度而言，是东南亚国家中受战争破坏最为严重的国家。国内大多数基础设施被毁，马尼拉几乎成为废城，社会秩序陷入混乱，住房、学校、药品、食物供应奇缺，生活费用是战前的 8 倍多。[①] 战争结束后，菲律宾面临恢复经济的重大难题，而面对国内满目疮痍的局面，菲律宾依靠本国力量很难实现经济的重建，于是菲律宾政府把经济的复兴和重建希望寄托在美国身上。美国军方占领菲律宾后虽然实施了一些救济和复兴经济的措施，但是持续时间短，不久之后美国政府便把这一任务交给了联合国善后救济署，然而菲律宾得到的战争损失赔偿和联合国的救济远远不能满足需求。此后为了尽快帮助菲律宾恢复受战争破坏的经济，美菲两国签订了《菲律宾复兴法案》，在此法案下美国向菲律宾提供战争赔偿

---

① Kathleen Nadeau, *The History of the Philippines*, Connecticut · London: Greenwood Press Westport, 2008, p. 67.

和援助，但是该法案实施的前提是菲律宾接受《贝尔贸易法案》，这使得菲律宾并没有得到及时援助，因此贻误了国内重建和经济恢复工作的步伐。而《贝尔贸易法案》的通过使美菲之间的经济关系维持一种半殖民性质，菲律宾的外贸活动完全依赖美国市场，国内生产活动开工不足、效率低下，许多领域的生产水平还没有达到战前的平均水平，经济状况也没有得到根本改善。

一 战后初期的救济工作

据美国国会记载：根据官方报道的资料，留存的摄影资料，还有亲眼目睹战争破坏的人们的言论一致认为，在所有受战争破坏的地区，从仍然保存完整的多功能建筑和遭受破坏的多功能建筑的比率，战争破坏对国家经济和公共设施的影响和战争破坏对国家重建和复兴能力的影响三方面来看，菲律宾是受破坏最严重的国家。[1] 所有的矿井和榨油厂，2/3的制糖厂，3/4 的烟草工厂都不能开工生产，电力设备损失40%以上，铁路运输陷于瘫痪，农业设备损失30%，牲口损失65%，大部分农庄被破坏。1945 年大米产量只及战前的22%。菲律宾的经济生活陷于一片混乱，粮食和日常必需品异常缺乏，饥饿和失业现象十分严重。[2] 在整个日本占领期间，菲律宾的国民经济遭到极其严重的破坏，损失的价值高达110 多亿比索。

面对菲律宾国内局势，1944 年10 月跟随美国军队回来的奥斯敏纳自治政府把菲律宾的复兴希望寄托于美国政府的救济和援助上，企图以此来恢复生产和复苏经济。美国重新占领菲律宾后，主要关心的是军事目标，但是也不能忽视菲律宾严峻的国内形势，尤其是菲律宾国内 1800 万人民急需食物、住房、衣服、药品，更何况这也是菲律宾政府主要关心的问题，所以无论对美国还是菲律宾政府来说，最为紧急的问题是解决

---

① Shirley Jenkins, *American Economic Policy toward the Philippines*, Stanford：Stanford University Press，1954，p. 42.

② 广东省第一汽车制配厂工人理论小组、中山大学历史系东南亚研究室编：《菲律宾史稿》，商务印书馆1977 年版，第 131 页。

百万无家可归的、饥饿的人民的救济问题。

重新占领该岛时，美国的救济工作主要在军队民政项目（The Army Civil Affairs Program）的配合下进行。紧急救援工作主要以美元支出和实物的形式，实物包括食物、药品、衣服、种子和其他商品。除此之外，大宗运输设备移交给菲律宾政府和私人企业。在军队民政项目的配合下，除分发救济物资外，美国还在受破坏地区建立学校和医院。1945 年 8 月 8 日据菲律宾自治政府报道，截至 1945 年 7 月 31 日，美国共发放 2 亿英磅的食物，其中一部分食物直接发放给难民，但大部分是通过商店卖给菲律宾人。① 由于大量物资没有直接发放给难民，而是通过中间商转卖所以黑市交易猖獗，甚至驻菲美军也参与救济商品的投机生意，他们把商品卖给投机商，投机商再以高价转卖给难民，这就使救济工作的性质发生了变化，由原来的救助性质变为投机倒把的勾当，而真正需要救援的难民却没有在第一时间获得应有的援助。

1945 年 2 月，菲律宾自治政府重建以后，美国军队就把救济工作移交给联合国善后救济署。菲律宾共和国政府重建后的第二天，奥斯敏纳总统给联合国善后救济署（以下简称联总）署长雷曼（Herbert H. Lehman）发电报称："在这座被摧毁的首都城市中，我们发现自己面对的是难以置信的情景，成千上万的家庭得不到庇护，衣衫褴褛，忍冻挨饿。"联总于 1945 年 3 月 30 日向菲律宾受灾特别严重的地区调拨 100 万美元的紧急救济物资，这批物资包括食物、药品、捐赠的衣服，菲律宾政府于 5 月 12 日接受了联总的这项救济计划。1945 年 9 月 14 日即自治政府成立后的第七个月，联总的第一批物资运抵马尼拉港；第二批物资于 9 月底运达，截至 1945 年 9 月 30 日联总共运往菲律宾大约 5500 吨的救济物资，其中 400 万英磅是旧衣服。从 1945 年 11 月至 1946 年 3 月联总又授权救济菲律宾的三个项目共 1000 万美元。② 在救济物资中，超过一半的配给

---

① Shirley Jenkins, *American Economic Policy toward the Philippines*, Stanford: Stanford University Press, 1954, p. 44.

② Shirley Jenkins, *American Economic Policy toward the Philippines*, Stanford: Stanford University Press, 1954, p. 44.

是食物，其他的还有衣服、种子、农场器械、药品和运输工具。

　　除救济工作外，联总与菲律宾农业部合作，对菲律宾的农业状况开展了一项调查，调查结果显示菲律宾的农业前景惴忧。据菲律宾政府估计，鉴于国内的严峻形势，实现复兴起码需要 1 亿美元的援助，但无论是美国还是联总提供的救助都十分有限，远远不能满足菲律宾的需求，而美国把主要精力放在了重新占领该岛的政治和军事建设上，尤其是军事方面，所以对菲律宾的援助也仅局限于与美国经济利益密切相关的贸易领域，对菲律宾本身的经济恢复和重建工作漠然视之。而联合国善后救济署不可能把所有的精力都投入到菲律宾，毕竟联总的资源是有限的，并且它救济资金的分配不仅取决于该地区需要救济的迫切程度，还取决于谁为救济买单。联总在提供救济时，首先会对该国的财政状况进行调查，以此来确定被救助的国家是否有能力支付援助的救济物资。就菲律宾当时的情况而言，根据联总下属委员会对菲律宾财政状况做过的调查，认为菲律宾的支付平衡情况和国内外的财产来看，有能力通过外汇支付重要救济和援助的进口物资。但是由于菲律宾的半殖民性质，使得大量的外汇被束缚在美国的货币储备中，而美国则不会出于救济目的给菲律宾，菲律宾政府没有能力改变与美元紧紧联系在一起的货币比率。除战争的破坏外，菲律宾在日本统治期间经济遭受掠夺式开采，受创严重，所以从联总获得的援助对于缓和菲律宾的困难局面而言可谓杯水车薪。

二　菲律宾复兴法案

　　早在战争还未结束时，菲律宾战后重建、复兴问题便被美国提上日程。1943 年 6 月，美国国会通过一项联合决议，修订《泰丁斯—麦克杜菲法案》，建议就复兴问题成立一个美菲联合委员会，由 9 名美国人和 9 名菲律宾人组成。根据国会的决议，这个委员会负责"调查影响战后菲律宾经济、贸易、财政、经济稳定的因素和菲律宾复兴的有关问题"，并就以后美菲贸易问题提出相应建议。菲律宾解放后，美国便把注意力从应急性的救济工作转移到长期的复兴和重建问题上。为了更好地掌握菲律宾国内情况，美国派遣了官方使团前往菲律宾，就菲律宾国内状况展开调查。毫无疑问，对美国而言，对菲政策将关系战后美菲关系的走向，菲律宾的复兴和重建问题，美、日、菲三者利益平衡问题是美国政府在战后亚洲问题上必须解决的关键问题，相对于日本问题，菲律宾问题似乎更加棘手，美国政府无法视而不见。

1945 年 6 月，美国复兴财政局所属的战灾局派遣了一个特别调查小组前往菲律宾，其主要任务是评估菲律宾的战争损失。从 6—9 月，该调查团详细走访了马尼拉、宿务、巴克洛德、伊洛伊洛、三宝颜，大体调查了碧瑶、圣费尔南多、达古潘、打拉、邦板牙、林加延和马洛洛斯的情况。

根据此次调查估计，战争给私人、公共、教堂造成的损失大约为 8 亿美元（根据 1939 年的价值计算），其中马尼拉市 50% 被毁，具体数据如下：

公共财产 ·· 195347595 美元；

天主教财产 ·· 1.25 亿美元；

其他教堂财产 ··· 1400 万美元；

私人财产损失（包括汽车）·························· 4.6442 亿美元。[1]

但是菲律宾人口普查办公室提供的数字远远超过该小组的估计，政府（公共）财产损失 3.05 亿美元，私人财产损失 9.9 亿美元，合计 12.95 亿美元。[2]

美国国会曾多次讨论菲律宾的战争损失赔偿问题和复兴重建问题，1945 年 10 月，参议员泰丁斯向参议院提交关于菲律宾战争赔偿的 S.1488 号提案即《泰丁斯法案》，该提案最初提议给菲律宾的赔偿为 1 亿美元。

---

[1] *Survey of War Damages in the Philippines*, Report of the Special Investigation Mission sent to the Philippines in June 1945, by the War Damage Corporation and completed in September 1945, 79 th Cong., 1 st sess, Washington, 1945, p. 3. 转引自 Shirley Jenkins, *American Economic Policy Toward the Philippines*, Stanford: Stanford University Press, 1954, p. 47.

[2] Jose Apostol, *Some Effects of the War on the Philippines*, *Philippine Paoer No. 2*, *Institute of Public Relations*, Tenth Conference (1947), p. 18. 转引自 Shirley Jenkins, *American Economic Policy Toward the Philippines*, Stanford: Stanford University Press, 1954, p. 47.

1945 年 10 月 22，日领土和岛屿事务 (Territories and Insular Affairs) 就菲律宾赔偿问题进行讨论。战争损失公司①（War Damage Corporation）董事会主席约翰·古德洛（John D. Goodloe）认为，战争损失公司承担的责任非常有限，美国政府和战争损失公司从法律上讲没有义务赔偿菲律宾的战争损失。由于美国内部对菲律宾赔偿问题意见不一，因此赔偿问题在联邦法院被搁置下来，悬而未决。

从道义上讲，美国对菲律宾的战争损失具有不可推卸的责任，美国纠结的主要是赔偿时间的长短和具体赔偿数额的确定。美国最初决定赔偿从战争爆发到 1942 年 7 月 1 日该岛的战争损失，数额不超过 1 亿美元。② 但是在举行的听证会上美菲双方各执己见、莫衷一是，对菲律宾的战争损失赔偿从 7 亿美元到 10 亿美元不等，但是之前提出的 1 亿美元遭到批评，尤其是受到菲律宾代表的强烈抨击。双方主要在两个问题上存在争议：一是赔偿的时间段的确定；二是赔偿的对象。其中第一个问题提案建议赔偿自 1941 年 12 月 7 日至 1942 年 7 月 1 日期间菲律宾的战争损失，但是从技术上来说很难划定在此之前或之后的界限；就赔偿的对象而言提案坚持对"自然人"遭受的战争损失予以赔偿，不包括公共财产损失。在菲律宾政府代表的强烈要求下，复兴法案经过五次修改，最终决定无论公共财产损失还是私人财产损失都应该得到赔偿，具体支付方式以长期持续的形式进行。其中给小财产所有者的赔偿支付不超过 1000 美元，后来经过修改，最终确定对个人的支付不超过 500 美元，赔偿总额为 10 亿美元。

1946 年 4 月 30 日，菲律宾赔偿法案即《菲律宾复兴法案》，在美国参、众两院获得通过，同时成立"菲律宾战争损失委员会"（Philippine

---

① 它是复兴银行公司（Reconstruction Finance Corporation，FRC）的子公司，复兴银行公司是在胡佛总统当政期间成立的国营公司，目的是提高国家的信心，恢复银行的正常功能，为国家和地方政府提供财政支持，并为银行、铁矿和其他商业提供贷款。二战期间 FRC 进一步扩大，建立了金属储备公司、橡胶储备公司、国防工厂公司、国防供应公司、战争公司、美国商业公司、橡胶开发公司和石油储备公司 8 个分公司。

② *Philippine Rehabilitation Act of* 1946, Hearings before the Committee on Territories and Insular Affairs, U. S. Senate, 79 th Cong., 1 st sess., on S. 1488, October 22, 23, 24, 29, and 30, 1945 (Washington, 1945), pp. 10 - 20.

War Damage Commission)，由总统指派三名人员组成，其中一名为菲律宾人。该委员被授权赔偿自 1941 年 12 月 7 日至 1945 年 10 月 1 日菲律宾的战争损失。[①] 其中 4 亿美元指定用于私人财产的赔偿；1.2 亿美元用于恢复公共财产和主要的政府机构；其余的 1 亿美元，作为重建援助，将战争期间的剩余物资移交给菲律宾政府。[②] 复兴法案的其他条款包括采取措施改进道路、港口设施，公共财产和健康，岛屿之间的贸易、航空、天气信息、渔业以及海岸线的测量和调查，美国还提供对菲律宾人的技术培训。最后，美国特别授权 500 万美元用于恢复美国在菲律宾的财产。

据估计，索赔初期超过 300 万菲律宾家庭（大约占总人口的 1/3）遭到战争损失，10 万个公司和大约 1000 个政府部门和组织申请赔偿。1946 年 12 月，罗哈斯总统收到美国支付的第一笔赔偿，这笔赔偿主要针对战争期间政府部门的损失，个人财产赔偿直到 1947 年 3 月 1 日才开始受理。到 1947 年年底大约支付了 8% 的公共财产赔偿，而个人赔偿仅占 3%。[③] 到 1948 年 2 月 29 日即个人索赔的最后一天，共受理 1256602 项赔偿，支付 1215055684 美元，其中 80% 为 500 美元或更少的赔偿。[④]

值得一提的是，对菲律宾的赔偿数额虽然比较可观，但是美国却把对菲律宾的赔偿支付和贝尔贸易法案联系在一起，并在此法案的第 6 条款下插入以下内容：超过 500 美元的赔偿将暂不予支付，直到美国政府和菲律宾政府就贸易问题达成一致。即如果菲律宾不接受贸易法案，那么就无法获得美国的赔偿，这一条款延迟了菲律宾的复兴和重建工作。直到 1947 年 3 月菲律宾接受《贝尔贸易法案》之后，美国国会才通过了处理菲律宾战争损失赔偿的《菲律宾复兴法案》即《泰丁斯法案》。

---

① *Philippine Rehabilitation Act of* 1946（Public Law No. 370，79 th Cong.，2 d sess.），p. 2.

② Shirley Jenkins, *American Economic Policy toward the Philippines*，Stanford：Stanford University Press，1954，p. 49.

③ *Manila Bulletin*，December 13，1947.

④ John Snure，Jr.，*Paying the War Damage Claims*，Philippines Commerce（Manila），December 1948，pp. 15 – 16.

　　赔偿委员会在国会设定的截止日期1951年4月30日之前就结束了工作，大约有1248901项索赔得到了赔偿，支付总额超过3.88亿美元。[①]其中公共财产损失赔偿大约为5530万美元，主要用于公共设施的重建，例如医院、市政供水系统、学校和政府建筑物。由于赔偿数额超出预先的估算，杜鲁门总统于1949年1月向国会提交了一份要求在1950财年增加对菲赔偿2000万美元的提案。[②]此提案得到美国对外贸易协会、美菲商会以及其他商业团体的支持，但遭到贝尔调查团的反对，调查团认为无论何种形式的拨款应用于对菲律宾的援助项目，而不是个人或公司的赔偿，最终此提案无疾而终。截至1949年12月31日，在《菲律宾复兴法案》之下，美国向低于500美元的索赔申请者支付约1.27亿美元，向超过500美元的近1000个索赔者进行了赔偿，其数额约占应赔偿75%数额的52.5%，但余下的24.5%约7300万美元美国一直没有支付。虽然菲律宾多次与美国交涉此问题，但美国总是置若罔闻并以各种借口推辞，战争赔偿问题一直未能彻底解决，成为影响美菲关系的遗留问题，一直到肯尼迪、约翰逊时期才得以彻底解决。

　　菲律宾复兴项目的另一个阶段是把战争的剩余物资转交给菲律宾政府，而菲律宾政府则通过变卖剩余物资筹得建设资金。1948年5月，菲律宾政府通过变卖物资总共赚得大约3600万美元，此外，菲剩余财产委员会负责处理估计价值为6.3亿美元的可移动物资（商品）和价值为500万美元的固定装置（采购成本）和1亿美元的贬值费用。

　　如果处置得当，菲律宾政府可以利用处理剩余物资的机会为菲律宾筹得一定建设基金，但实际上剩余物资处理的进程却进展缓慢，一方面原因是当地市场已达到饱和状态，没有能力吸收进口商品；另一方面原因是在美国移交给菲律宾政府的剩余物资中，大部分属于重型设备，这对饱受战争破坏的菲律宾而言并不是急需的。所以菲律宾政府必须在其他地方出售这些剩余物资，令人讽刺的是，部分物资又回到了它原始的

---

　　① Shirley Jenkins, *American Economic Policy toward the Philippines*, Stanford: Stanford University Press, 1954, p. 51.

　　② House of Representatives, 81 st Congress 1 st Session, Document No. 48.

提供者——美国手中。剩余财产委员会主席鲁兹（Arsenio N. Luz）说："目前唯一能够吸收大多数剩余物资的国家是美国。"[1]

由于剩余物资很大部分是战略物资，所以它对菲律宾的经济恢复工作意义不大。而政府对剩余物资监管的缺失和不到位又严重损耗了其价值。抢劫、黑市交易活动猖獗，在很大程度上削弱了转交给菲律宾政府的剩余物资的总体价值。更有甚者，政府官员利用职权在处理剩余物资时贪污、腐败，不同政党之间利用这个问题相互攻击，对剩余物资的处理成为当时菲律宾国内的丑闻之一。1947 年 8 月，罗哈斯总统下令对剩余物资的处理情况进行调查，结果显示：在已移交给菲律宾的价值约4.35 亿美元的物资中，大约有 3 亿美元由于偷窃、抢劫等活动在过去的两年中丢失，菲律宾剩余财产委员会（The Surplus Property Commission）认为损失的现金价值比率高达 70%。[2] 这部分消失的物资给菲律宾的经济发展带来很大影响，因为这意味着剩余物资没有像预想的那样，为菲律宾重建或工业发展起到促进作用。

战后初期美国对菲律宾的援助主要在《菲律宾复兴法案》下进行，从法案的提出及通过过程来看，美国的主要目的是谋取在菲律宾的经济利益，尤其是通过规定两国不平等的贸易关系，继续握有对菲律宾的经济控制权，并非帮助菲律宾重建战后经济。而菲律宾由于战争的破坏和固有的经济顽疾，没能很好地把美援用于经济复苏和重建工作。但是菲律宾国内残败和急需救援的局势是美国无法回避的问题，美国要想实现在菲目标，就必须继续对菲律宾提供援助。

第四节 美国对菲律宾援助效果

战后初期美国虽然综合评估了菲律宾的重要地位，认为"菲律宾防御对美国而言至关重要"，但在朝鲜战争爆发之前，美国在菲律宾所要实

---

[1] Arsenio N. Luz, *The Problem of Surplus Disposal*, Philippines Commerce（Manila），May 1948, p. 9.

[2] *New York Times*, April 30, 1947.

现的目标和实际行动之间严重脱节。虽然菲律宾把复兴的希望完全寄托
在美国身上，美国却没有采取切实有效的援助措施帮助菲律宾实现战后
重建。美国主要看重的是在菲律宾的经济利益，千方百计尽快恢复与菲
律宾贸易，解决美国国内对菲律宾产品的需求。

　　战后菲律宾最先得到美国援助的领域是贸易，因为美国国内急需菲
律宾的椰干和马尼拉麻，所以美国首先考虑的是如何尽快恢复与菲律宾
的贸易，以便解决国内需求问题。美军在 1945 年 2 月进驻马尼拉，一个
月之后即 3 月 5 日菲律宾的第一批货物抵达美国的旧金山。[①] 同时美国商
业公司提出一项 6000 万美元的项目，计划向菲律宾运输 50 万吨的货物，
这批货物主要包括食物、衣服、五金器具、药品、化学制品和种子，由
美军分 6 个月发放给菲律宾人。1945 年 3 月 27 日，美国驻马尼拉总领事
馆开放。5 月，它宣布美国商业公司和椰干出口管理公司[②]就收购菲律宾
椰干事宜签订合同。此外，美国也尽快恢复了对菲律宾的出口贸易，美
国的第一艘商业船于同年 8 月抵达菲律宾。1945 年美国对菲律宾的出口
额为 4000 万美元，包括 1600 万美元的食物、400 万美元的纺织品和 400
万美元的化学品（包括麻醉制剂和普通药品）。[③] 到 1946 年菲律宾总出口
额达到 106 百万比索，其中出口到美国的超过 7000 万比索（大约占菲律
宾总出口额的 75%）。据同期商业附加数据显示，在 1.1 亿比索的出口货
物中，运往美国的超过 7800 万比索（大约占 80%），排在首位的出口商
品是椰干。[④] 美国借助与菲律宾恢复贸易的机会，独占了菲律宾的进出口
市场，使菲律宾经济更加依赖美国市场。

　　相比快速复苏的贸易，菲律宾的经济复兴活动显得很乏力，没有明
显起色。国内通货膨胀严重、生活指数高、黑市猖獗。由于进口的扩大
的生活费用有所下降，但是进口商品和国内商品的最高限额没有得到有

---

① Christian Science Monitor, March 7, 1945.

② 椰干出口管理公司（The Copra Export Management Company）是战前由参与椰干出口贸易
的 5 个公司成立的一个菲律宾公司，此公司主要负责为美国商业公司采购椰干。

③ Foreign Commerce Weekly, Februry 23, 1946, p. 44.

④ Report of J. Bartlett Richards, commercial attache, on "Philippine Foreign Trade", April 15,
1947, based on figures from the Philippine Bureau of Census and Statistics.

效控制，生活费用的绝对值仍居高不下。[①] 1946 年，普通工人家庭的生活指数从 3 月的 560 上升到 7 月的 752。1945 年年底，食物价格是 1941 年的 8.5 倍，衣服是 10 倍。马尼拉熟练工人的平均日工资从 1941 年 2.3 比索上涨到 1945 年 5.3 比索，但工资的增长远远慢于通货膨胀的增长率。

　　农业发展缓慢，尤其是粮食作物的种植面积大大缩减。1946 年菲律宾的"国情报告"中，据菲律宾人口普查办公室负责人冈萨雷斯（Dr. Leon Ma. Gonzales）描述"尽管有所改进，但从总体上看，农业的恢复速度缓慢，并且没有制定未来农业发展的规划"[②]。他指出庄稼种植面积大不如前，1946 年前半年大米种植面积仅有 150 万公顷，同期玉米的产量是战前的 60%，家禽和牲畜的养殖率几乎为零。工业方面的重建工作除去与美国军队需求有直接关系的活动外，其他工业活动没有明显起色。以锯木厂为例，1945 年年底仅有 37% 的小型锯木厂处于营业中，并且这些营业的工厂都直接服务于美国军队。铁路和国内交通运输业的建设基本停滞，远远不能满足国内需求。建筑物资缺乏，建筑费用是战前的四倍。总体而言，从 1945 年战争结束到 1946 年，无论是菲律宾的农业还是工业都处于十分低速的状态，经济恢复工作进展得十分缓慢。

　　1946 年菲律宾复兴法案通过后，美国以向菲律宾提供援助的方式为菲律宾流通领域注入大量资金，但是菲律宾的经济状况却没有得到明显改善，究其原因有以下几点：首先，美国的援助资金基本以赠款的形式提供给菲律宾政府，而菲政府吸收、利用这批资金的能力有限，并且有相当数额的资金仍处于闲置中，没有投入到经济发展领域。菲律宾战争损失委员会主席佛莱德·华林（Frank Waring）发表评论说："不幸的是菲律宾政府没有能力利用委员会赔偿的资金，委员会批准了 1000 多个项目，遗憾的是启用的不足 50%，这意味着这些资金没有得到应有的使用，

---

① J. Bartlett Richards, *Philippine Independence Faces Crippled Agriculture*, *Industry*, Bataan, July 1946, pp. 22 – 27.

② Dr. Leon Ma. Gonzales, *Statistical Report on the "State of the Nation"*, 1946, released by the Philippine Embassy, Washington, D. C.

将近 6000 万比索正等待着政府采取行动，为人民提供就业机会。"①

其次，美国的援助是有选择性的，菲律宾国民经济的基础产业——工农业并没有成为美国援助的重点，美国重点援助的是快速得到回报的行业；例如为美国军需服务的行业，或与美国市场关系密切或是与美国急需商品有关的行业，例如贸易；这在很大程度上阻碍了菲律宾经济的恢复和发展，并使菲律宾形成严重依赖美国市场的经济格局。美国记者罗伯特·马丁（Robert P. Martin）报道说："美国资本想要快速和利润丰厚的回报，他们投资的目标是制糖中心、椰子油提炼厂、矿厂而不是肥料厂、加工工业和纺织厂。"② 他认为菲律宾不缺美元，但是在制糖业和工业领域却面临严重的失业问题，并且随着美军缩减，失业数量将继续上涨，"官方就复兴和工业化方面公布的经济繁荣是靠不住的……就数据所显示的未来几年就业问题的关键在于美国人所花费的美元的数量，然而多数美元用于奢侈品的购买，去年仅有 10% 的进口是资本货物……"③ 除此之外，菲律宾国内富人阶层投资的是消费领域而不是工农业领域，而作为政府资金主要来源的大量个人储备用于发展了国外借贷，并没有投资在生产领域。

最后，美菲两国就贸易问题进行了持久的谈判，在法案通过之前，美国拒绝通过援助菲律宾和补偿战争损失的《菲律宾复兴法案》，延误了菲律宾发展经济的步伐，使菲律宾在急需救援的时候没有得到美国的有效救助。同时《贝尔贸易法》的签订给菲律宾经济带来十分不利的后果，它使菲律宾继续成为美国掠夺原料和倾销商品的场所。由于两国经济实力差别悬殊，在"自由贸易"的幌子下，菲律宾出现巨额贸易逆差，外汇收入锐减。据菲律宾报纸透露，1946—1959 年，菲律宾外贸入超总数为 37 亿比索。④ 巨额对外贸易逆差造成菲律宾财政赤字不断扩大，债台高筑。在两国对外贸易的限额方面，美菲两国明显处于不对等的地位。

---

① Frank A. Waring, *Pro and Con of Protectionism, an American View*, Philippines Commerce (Manila), December 1948, p. 9.

② *New York Post*, December 12, 1947.

③ *New York Post*, December 12, 1947.

④ 金应熙：《菲律宾史》，河南大学出版社 1990 年版，第 641 页。

美国输往菲律宾的商品是没有数额限制的，而菲律宾输往美国的农产品却受到种种限制，甚者菲律宾承诺不征收出口税，因此仅关税方面，菲律宾平均每年损失近 3 亿比索。美国输入菲律宾的货物平均每年获得豁免的关税约 3.64 亿比索；而菲律宾输往美国的农产品，获得豁免的关税平均每年仅为 6900 万比索。[①] 此外，菲律宾输往美国的商品只占美国总输入的 2%—3%，而美国输往菲律宾的商品却占菲律宾总输入的 80%，由此可见，在《贝尔贸易法》下菲律宾的关税损失是何其严重。

到战争结束后的第五年即 1950 年，菲律宾的人均生产和平均生活水平虽有些许改善，但仍在很多方面低于战前水平。大米的产量从 1947—1948 年的 2335 万吨增加到 1948—1949 年的 2401 万吨，但生产效率低下每年仍需大量进口。谷物产量有小幅度的提高，木材的生产在 1948 年达到战前水平，烟草和糖的产量仍低于战前的平均产量。工业方面，纺织业、卷烟业、造鞋业、刺绣业仍开工不足。与低生产率相伴随的便是高失业率，1948 年劳工数量达到 8984 万人，其中 148.68 万人是学生，剩余的有 122.94 万人处于失业状态，这给经济造成沉重的负担。[②] 工人的实际工资不仅没有提高，反而比战前降低了 33.3%。农业工人的日平均工资是 1.7 比索，吕宋榨糖厂工人的日平均工资在 2—4 比索，马尼拉熟练工人的日平均工资为 7.6 比索，非熟练工人为 4.9 比索，根据"菲律宾劳工组织大会"主席阿马多·V. 赫尔南德斯（Amado V. Hernandes）所说，马尼拉一个 4 口之家的日平均最低开支是 6 比索，而他的平均收入只有 4 比索。[③] 低生产率、高物价、高失业率，它们相互影响、纠缠，工人要求提高工资的呼声不断高涨，社会动荡不安，仅 1948 年就有 212 起罢工事件。

严峻经济形势的主要根源仍然是进出口贸易的极度不平衡、生产水平低下和税收的不足。1946 年的《贝尔贸易法》为美国和菲律宾建立了

---

① 金应熙：《菲律宾史》，河南大学出版社 1990 年版，第 640 页。

② *Journal of Philippine Statistics*，1948，p. 84.

③ Shirley Jenkins, *American Economic Policy toward the Philippines*, Stanford：Stanford University Press, 1954, pp. 129 – 132.

一种新的经济模型，菲律宾的经济复苏依赖与美国的贸易，而美菲之间
贸易的发展使美国资本大量涌入菲律宾国内，导致美国资本在很多领域
形成对菲律宾经济的垄断之势。美国资本垄断了进出口公司，向菲律宾
倾销工业品和消费品，人为地压低菲律宾原料的收购价格，使菲律宾的
对外贸易每年有巨额的入超。1946—1949 年菲律宾对外贸易逆差总额达
21 亿多比索。① 国民对政府信用下降，大量资本外流，外汇储备迅速枯
竭。为了挽救经济危机，菲律宾政府于 1949 年 1 月成立菲律宾中央银行，
并对 120 种奢侈品和非必需品实行进口限额，后于 12 月 9 日实行外汇管
制，将所有黄金、外汇交易置于中央银行的控制下，没有中央银行的许
可不得用外汇支付及向国外银行借贷。实行外汇管制和进口管制在一定
程度上遏制了美国商品的进口狂潮，1949 年菲律宾进口额为 11.37 亿比
索，到 1950 年降为 7.12 亿比索，下降了 42%，其中消费品的输入减少
了 55%，这期间入超额从 6.29 亿比索降为 0.59 亿比索，进出口额接近
平衡，外汇储备到 1950 年年底也回升到 3.56 亿美元，经济危机有所
缓和。②

　　菲律宾经济管制政策的实施在一定程度上遏制了美国商品的疯狂涌
入，也使美国资本家不能随意将在菲律宾赚得的利润汇回本国，这让美
国大为不满。当时正值中华人民共和国成立之际，东亚局势变动，菲律
宾成为美国远东太平洋地区沿海防御岛链的重要一环，美国出于政治上
的考虑，深知如果菲律宾经济崩溃，则后果不堪设想，所以对菲律宾政
府的管制政策予以默许。

　　战后初期美国对菲律宾的援助主要是救济性的，具有临时、应急的
特点，缺少稳定和长期的援助计划和原则，援助形式也主要以实物为主。
由于很多援助没有直接发放到难民手中而是通过中间商转卖，甚至驻菲
美军也直接参与救济商品的投机生意，他们把商品卖给投机商，投机商
再以高价转卖给难民，严重影响了救济工作的进展。菲律宾独立后美国

---

① 尤波辉：《菲律宾》，世界知识出版社 1957 年版，第 49 页。

② F. H. Golay, *The Philippines: Public Policy and National Economic Development*, Ithaca, New York: Cornell University Press, 1961, pp. 165 – 167.

就把救济工作交由联合国善后救济署负责,且美国援助也主要集中于与美国关系密切的贸易领域,对菲律宾国内的农、工业等生产领域的援助十分有限,而且就贸易问题陷入与菲律宾的僵持谈判中,并以援助为筹码迫使菲律宾接受美国为其安排的贸易法案,使菲律宾的重建和复兴工作重重受阻。纵观这一时期美菲关系,虽然美国准许菲律宾独立,并给予菲律宾一定援助,但在自由贸易的幌子下,比索与美元固定比率的枷锁使美菲的经济关系仍然维持一种半殖民性质。

由于两国不平等的贸易关系,加之战争的创伤,菲律宾经济不断恶化,政局动荡,胡克运动愈演愈烈,为了改善菲律宾不断恶化的经济和政治局势,美国于1950年6月派出以丹尼尔·贝尔为首的经济调查团入菲展开调查,希望帮助菲律宾找到解决经济困境的方法和途径。

第 三 章

朝鲜战争爆发后美国对菲律宾援助
（1951—1960）

　　进入 20 世纪 50 年代，冷战格局已经初步形成。1950 年 6 月 25 日朝鲜战争爆发，这场具有半岛内战性质的战争最终由于美国组织的"联合国军"和中国人民志愿军的参战升级，引发了世界局势的又一次剧烈变动。作为美国的追随者，菲律宾不顾国内经济的残败形势向韩国派遣部队支持美国的朝鲜政策。同时，朝鲜战争的升级使美苏两个超级大国不得不将战略视野从欧洲转向亚洲地区，东亚问题成为美苏两国进行世界角逐的焦点。为了尽快稳定美国在亚洲区域的局势，美国加速了解决日本问题的进程，形成了有利于日本的媾和方案，但方案因为没有充分保障菲律宾在赔偿和安全问题上的利益和要求，遭到菲律宾的反对。鉴于菲律宾在远东太平洋地区重要的战略位置，出于形势的严峻和战略上的考虑，美国提出"劳务赔偿"，并与菲律宾签订共同防御条约。这些举措使菲律宾接受了美国的对日媾和方案，后就赔偿问题与日本博弈周旋，最终于 1956 年与日本签订赔偿协定。

　　受美苏冷战的影响，20 世纪 50 年代美国对外援助政策强调防务安全的重要性，对外援助主要是以安全为中心的防务援助，经济援助作为军事援助的补充，没有受到重视。美国对菲律宾援助也在美国外援政策的指导下进行，由于战后菲律宾经济恢复进度缓慢，生产率低下，很多方面都没有恢复到战前水平，再加上不平等的美菲贸易关系使菲律宾贸易逆差严重，财政赤字不断扩大，外汇枯竭，并且美国对菲律宾提供的经济援助主要服务于军事援助，种种因素都使菲律宾经济状况堪忧。如果菲律宾的经济继续恶化，很有可能会影响政局的稳定，为了帮助菲律宾解决这些问题，以便稳定菲律宾政局，美国派出了贝尔调查团，希望能够帮助菲律宾走出国内困境。同时由于冷战的紧张局势，美国确定了对菲援助的 NSC5413/1 文件，加大了对菲律宾的军事援助，但是无论是经济援助还是军事援助都受到美国的严格监控，菲律宾政府没有使用援助的自主权，再加上菲律宾本身经济的顽疾，20 世纪 50 年代菲律宾经济状况并没有得到根本改观。

第一节　菲律宾对美国东亚政策的反应及美菲关系的再次调试

日本投降后，美苏两国支持的朝鲜半岛最终以三八线为界实现了分而自治，但由于南北双方所属阵营不同，在实现半岛统一方面都坚持各自的立场，矛盾尖锐不可调和，最终导致各自建立不同的政权。但是政权的建立并没有换来半岛的和平，双方都坚持己方在朝鲜半岛的正统地位，甚至企图以武力实现统一。自 1950 年起双方军队沿三八线附近频发武装冲突，规模也不断升级，最终导致 1950 年 6 月 25 日朝鲜战争爆发。

一　菲律宾对美国朝鲜政策的支持

美国政府对朝鲜战争的爆发高度重视，认为这不是局部现象而是苏联推行全球战略的第一步。为防止社会主义阵营的扩大，防范朝鲜战争引发的局势动荡，美国政府在战争爆发当天即召开一系列紧急会议商讨应对之策。经过论证和讨论，美国政府决定：一方面出面直接干预战争，指出"凡是为了应付这次侵略行为所必须的，就必须做"[1]；另一方面通过它控制的联合国安理会赋予正义形象，把朝鲜问题公开化、国际化，打着联合国的名义公开干涉朝鲜战争，通过操纵联合国举行一系列有关

---

① ［美］哈里·杜鲁门：《杜鲁门回忆录（第 2 卷）》，生活·读书·新知三联书店 1974 年版，第 396 页。

远东局势和世界和平问题的会议，制定出针对远东和世界和平相关的重大决策。1950 年 6 月 25 日，美国操控安理会在没有苏联方面参与的情况下，把朝鲜定义为朝鲜战争的"侵略者"，指责朝鲜的政治野心和对远东局势的威胁，并力主联合国采取相关措施援助韩国，制止朝鲜的侵略行径。与此同时，杜鲁门政府命令美国第七舰队进驻台湾海峡，"阻止对台湾的任何进攻"和支持国民党对大陆的一切海空行动，阻止了中国人民解放军解放台湾的步伐，声称："台湾未来地位的决定必须等待太平洋安全的恢复、对日和约的签订或经由联合国考虑"①。

外交上唯美国马首是瞻的菲律宾，对朝鲜战争的爆发及时做出回应，声称支持安理会通过的一系列针对朝鲜问题的决议，愿意参加联合国援助韩国的活动，同时，对美国要求加强在菲律宾军事力量的决议表示欢迎和支持。但早在朝鲜战争爆发之前，菲律宾还在权衡实行中立主义（即不结盟）的可能性，菲律宾考虑中立主义主要是为了能够自由处理与美国、苏联，以及于 1949 年刚刚成立的中华人民共和国的关系。朝鲜战争爆发的前三天，菲律宾外交部长仍在询问美国实行中立主义的有效性，并解释说美国的民主并不适用于亚洲的每个地方，宣称并不是所有的民族主义运动都被标榜为共产主义。②

但是战争爆发后季里诺总统抛弃了原来的立场和打算，一边倒向美国，并向联合国积极表达自己的立场："菲律宾在制止侵略行动上，不会置身事外，如果需要的话，将提供粮油、疫苗和服务等援助参与到这次战争中"。菲律宾虽支持美国的朝鲜政策，但仅限于提供援助的基础上，并没有公开表示派遣军队进入朝鲜，因为对当时的菲律宾而言派军入朝是心有余而力不足的。国内经济堪忧，外汇储备枯竭，政府财政频临破产，菲律宾政府根本无力承担一支远征军的庞大费用。再者，国内胡克运动猖獗，规模不断扩大，活动范围不仅遍布整个吕宋岛，而且扩大到班乃、宿务等地。据菲律宾武装部队总司令称，当时菲律宾的武装力量

① 《中美关系资料汇编（第二辑）》（上册），世界知识出版社 1960 年版，第 90 页。
② Claude A. Buss, *The United States and the Philippines*, Washington, D. C.：American Enterprise Institute for Public Policy Research, 1977, p. 23.

是相当薄弱的，军队结构中有陆军 2.58 万人，海军 2000 人，空军 2800 人，算上后备部队 4400 人，总共才 3.7 万人，如果把这些兵力全部投入到剿灭胡克运动中，能否成功尚且不论，又何来多余的兵力奔赴朝鲜呢？所以鉴于本国严峻的形势，针对 7 月 15 日联合国秘书长赖伊（Trygve Lie）要求会员国派兵援助韩国的呼吁，季里诺总统在广播中声明："除参加美国军队的志愿军外，菲律宾不再向朝鲜派遣军队。"为了让声明更具合法性，4 天后季里诺总统再次发表声明强调，"菲律宾宪法禁止政府派遣军事力量到别国领土上作战，除非菲律宾自身被直接牵涉在内"。但是菲律宾追随美国的外交政策和急需美援的困境，都使它的外交僵硬且欠缺灵活性，不能根据本国的国家利益来制定和调整。在得知泰国决定派遣 4000 人的武装部队援朝之后，季里诺总统随即改变了最初的立场，在出席国会致开幕词时说道："如果战争对于保持自由和民主是必须的话，那么菲律宾必须参战"。最终在这种亲美姿态下，菲律宾打着援助韩国和承担联合国责任的名义派出一支约 1200 人的武装部队，以此来表明菲律宾对美国的支持。

1951 年 8 月 30 日，美菲两国就进一步加强军事合作签订了《共同防御条约》，该条约宣称美菲两国作为利益共同体"在遭受外来武装进攻和威胁时，双方有责任和义务分别或共同采取措施应对"，这种进攻具体包括："对缔约国任何一方的本土，或对它管辖下的太平洋岛屿领土，或对它在太平洋的军队、公共船只、飞机的武装进攻"。[①] 美菲两国军事同盟关系正式确立。

1953 年 2 月，为了增强朝鲜战争的军事力量，美国政府要求菲律宾政府组建一支 1.5 万人的军队加入联合国军。对美国政府的这一要求，菲律宾参议员米正表示强烈反对，他声称在美国和苏联的战争中，菲律宾应该站在美国一边，但是他不认为菲律宾应忽视本国民族安全，实行"乞丐式"的外交政策。而外交部长卡洛斯·罗慕洛则批判米正把政府比喻为乞丐的言论，认为"独立的外交政策"有很多含义，他宣称与美国

---

① 《现代国家关系史参考资料（1950—1953）》，高等教育出版社 1960 年版，第 1082—1084 页。

合作是保护菲律宾民族利益甚至生存的唯一出路。他说："当巨人在打架的时候，我们作为矮人不能站在一边。美国巨人不会威胁我们，而苏联和中国会，美国巨人是唯一能够保护我们安全的……在充斥着军队的世界中，我们想带有尊严和勇气地拥有自己的空间，对自由的本能不能因为对安全的焦虑而终止。"[①]

无论是米正把菲律宾的外交比喻为"乞丐"外交还是罗慕洛认为菲律宾外交出发点是"独立外交"，都无法掩饰菲律宾唯美国马首是瞻的外交取向，这在战后初期表现得尤为明显，无论是美国的朝鲜政策还是对印度尼西亚的政策，抑或是后来的越南政策，菲律宾都积极回应支持美国的外交政策。究其原因是因为菲律宾经济缺少自主性，战后经济的恢复和重建都依赖美国的援助，希望利用援助来解决经济上存在的顽疾。经济上对美国的依赖使菲律宾在政治及外交政策上不得不追随美国，菲律宾这种僵硬的外交政策使它在处理国际事务时缺少变通的余地，也缺少可选择的余地。

二　美国援助菲律宾镇压国内胡克运动

由于朝鲜战争的爆发，美国对菲律宾国内的"胡克分子"更加忌惮，督促菲律宾政府尽快解决此问题。

"胡克"，泰加洛语为 Hukbong Bayan Laban Sa Hapon，中文译为"人民抗日军"，成立于 1942 年 3 月 29 日，是菲律宾共产党为了团结全国各地的抗日力量，把游散于各地的民间游击队整合而成。二战期间，"胡克"对日军起到了重要的牵制作用，痛击了侵菲日军，为菲律宾战场的转折、美军登陆和菲律宾的最终解放创造了条件。"据统计，到 1945 年 2月，菲律宾共产党领导的胡克游击队共参加过 1200 起战斗，击杀日军侵略军和投敌分子 2 万 5000 名。"[②] 战后他们主要分布在吕宋的内陆地区和沿马尼拉的高速公路地区，因此吕宋地区和马尼拉外围是他们的主要活

① Carlos P. Romulo, *Commencement Address*, University of the East, delivered April 28, 1951, printed and circulated by the University of the Philippines, Manila.
② 邹志明：《战后美菲同盟的形成与演变研究》，博士学位论文，华中师范大学，2013 年。

动范围。"胡克"在共产党领导下，宣称驱逐资本主义、封建地主和商业买办，主要活动于乡村地区。[1] 虽然在二战期间美军曾和"胡克"共同抗击过日军，但是美国官方却一直对"胡克"的动机和长期目标持怀疑态度，这种怀疑随着战争的结束而加剧。麦克阿瑟曾这样分析"胡克"，"他们宣称个人财产在战后的政府中将得到保护，提倡演讲、出版、集会、居住的自由。直到今天尽管他们仍信守他们的诺言，但仍有迹象表明它们的政策是有共产主义倾向的，他们的计划包括战后以俄国的模式在菲律宾建立共产主义政府"[2]。

　　战后初期胡克领导者曾尝试与菲律宾政府谈判，但是菲律宾政府对他们充满了不信任，双方在缴械问题上没有达成一致，并且菲律宾政府也从来没有停止对"胡克"的镇压，所以双方的和谈被迫搁浅。罗哈斯统治初期把"胡克"看成一般的起义者，并没有过分重视。但随着胡克运动的发展，罗哈斯逐渐改变对"胡克"的态度，认为他们的存在是对"菲律宾国家安全的威胁"，宣布他们是违法的，并强调"胡克运动，已经成为民族独立统一的严重阻碍，他们不仅是菲律宾共产党领导下的武装力量，而且要以自己的原则推翻政府和精英们，建立新体制，对国家安全造成极大威胁"[3]，"他们反政府，反美国，企图取消与美国的贸易协定，宣扬把民众从美国资本主义控制的困境解放出来。'胡克'还要求美国的军事力量应撤出菲律宾，并公然与马尼拉、缅甸、越南和中国的共产党建立联系"[4]。因此，罗哈斯建议必须剿灭"胡克"。为了获得美国的援助，罗哈斯宣称菲律宾国内的胡克运动是世界共产主义运动的一部分，受到国际共产主义的支持。把胡克运动看成国际共产主义的一部分是菲律宾获取美国援助的一个很有利的借口，在冷战的背景下，也使美

---

　　[1]　Claude A. Buss, *The United States and the Philippines*, Washington, D. C. : American Enterprise Institute for Public Policy Research, 1977, p. 23.

　　[2]　Eduardo Lachica, *The Huks*, New York: Praeger Publishers, 1971, pp. 113–114.

　　[3]　Shirley Jenkins, *American Economic Policy toward the Philippines*, Stanford: Stanford University Press, 1954, p. 70.

　　[4]　Claude A. Buss, *The United States and the Philippines*, Washington, D. C. : American Enterprise Institute for Public Policy Research, 1977, p. 24.

菲两国关系在此问题的牵引下更加密切。[1]

菲律宾政府对"胡克"的态度，美国官方是支持的。曾在二战期间服务于美国陆军情报中心的爱德华·兰斯戴尔（Edward Lansdale）战后仍留在菲律宾，专门负责研究菲律宾的"胡克"问题。1948 年年底曾被调离但不久就返回菲律宾，奉杜鲁门总统的命令"尽一切努力帮助菲律宾政府阻止'胡克'以武力夺取国家政权[2]。虽然美国镇压"胡克"的态度是坚决的，但是在朝鲜战争之前，鲜有实际行动。

菲律宾政府为了稳定政局，对"胡克"分子实行镇压政策。到了季里诺统治时期为了更有效地对付"胡克"，主要采取军事镇压和诱降相结合的方式。一方面利用军队围剿"胡克"；另一方面对"胡克"进行劝降，宣称只要人民解放军交出武器，并进行登记，就对他们实行"大赦"。1948 年 6 月，菲律宾政府与人民解放军的头领路易斯·塔鲁克就此达成秘密协定，但是在缴械的最后期限截止时，季里诺政府妄图逮捕路易斯·塔鲁克，由于事先得到情报，路易斯提前离开马尼拉，季里诺的计划彻底破产，此后菲律宾又恢复对"胡克"的剿灭活动。

政府对"胡克"的剿灭造成很多滥杀无辜现象的发生，再加上菲律宾国内严峻的经济形势，使支持和同情胡克运动的人数激增。菲律宾政府军卡利斯托·杜克准将（Calixto Duque）说："如果有 800 名'胡克'战士被消灭，那么就会有 800 人代替他们的位置。"[3] 而为了打破政府的围剿，人民解放军也发动了一系列反击，仅 1950 年人民解放军就进行了三次大规模的进攻，1950 年 12 月的反围剿进攻，人民解放军一举歼灭政府军 400 人，并在马尼拉城周围建立起了范围达 30 里的武装基地，胡克运动发展迅猛，到 1951 年菲律宾共和国人民解放军的活动范围已由 5 个省发展到 27 个省。[4]

---

[1] Claude A. Buss, *The United States and the Philippines*, Washington, D. C.: American Enterprise Institute for Public Policy Research, 1977, p. 25.

[2] Edward Geary Lansdale, *In The Midst of Wars*, New York: Harper and Row, 1972, p. 2.

[3] Shirley Jenkins, *American Economic Policy toward the Philippines*, Stanford: Stanford University Press, 1954, p. 137.

[4] 金应熙:《菲律宾史》，河南大学出版社 1990 年版，第 655 页。

中华人民共和国成立后，菲律宾政府迎合美国的外交立场，声称"我们的意识形态和立场与美国是一致的"，反对中国共产党取代美国所支持的台湾蒋介石政权。为了获取更多的美国援助，季里诺总统访问华盛顿时说，"我们的首要问题是安全问题，因为我们正处于两大阵营交锋的风头浪尖上。除非有勇气和见识在亚洲铸造一个类似于欧洲的民主防御体系。……只有瞎子才会说对菲律宾的威胁不会威胁到美国，因为美国的伟大民主无论何时何地都关注濒临危险的自由世界的人们的生存"[1]。朝鲜战争的爆发使本来就对共产主义严加防范的美国更加恐惧。针对菲律宾国内的"胡克"问题，1950年美国国家安全委员会通过了NSC84/2号文件，强调菲律宾的内部安全主要受到"胡克"领导下的游击队的威胁，"他们的活动以及壮大反映了菲律宾政府的低效和严峻的经济、政治形势"[2]。美国政府开始集中力量帮助季里诺对抗"胡克"。艾奇逊向杜鲁门总统建议，美国必须"快速行动"。菲律宾外交官也强调说，朝鲜的入侵确认了他们之前所说的，"胡克"叛乱并不是马尼拉的管理不善造成的，而是"有预谋的叛乱"。[3] 华盛顿强调菲律宾是"美国和亚洲的桥梁""菲律宾防御对美国安全至关重要"，认为当前"胡克"问题一直没有解决的关键是菲律宾投入的军事力量不足造成的。1950年3月美国军事顾问团发出警告："'胡克'将很快占领吕宋部分地区"，"将来如果'胡克分子'继续采取攻势，那么当地便会陷入一片混乱中"，"吕宋局势将完全失控"。[4] 1950年夏天美国军事顾问团参谋长利兰·霍布斯将军（Leland Hobbs）直截了当地警告季里诺，"马尼拉必须采取强硬措施"，并"不用担心会引起华盛顿的不满"，因为"你和你的人民处于社会主义和资本主义的交锋地带，应该采取比美国更加紧急的

---

① Embassy of the Republic of the Philippines, *Address of President Quirino to United States Senate*, Washington, D. C. , August 9, 1949.

② *FRUS*, 1950, Vol. Ⅵ, p. 1517.

③ Romulo to Quirino, 9/18/50, Quirino papers. 转引自 H. W. Brands, *Bound to the Empire*：*The United States and the Philippines*, Oxford University Press, 1992, p. 241.

④ H. W. Brands, *Bound to the Empire*：*The United States and the Philippines*, New York：Oxford University Press, 1992, p. 241.

措施"①。

菲律宾国内人民武装力量的强大攻势一度使季里诺政府几乎无力应对，为了帮助菲律宾政府对付"胡克"，1950 年 9 月美国军援使团团长约翰·F. 梅尔拜（J. F. Melby）和美国大使迈伦·考恩（Myron Cowen）与季里诺总统在马尼拉举行会谈，双方商定美国资助菲律宾改造、重组 28 个营陆军，除了配备精良武器外，对部队进行有针对性的反颠覆训练。② 此外，美菲联合军事顾问团还改组了菲律宾国防部，任命拉蒙·马格赛赛为新的国防部长。

马格赛赛在美国军事当局的支持下出任国防部长以后，对人民解放军采取两种截然不同又互为补充的政策：一方面推行残酷的武力镇压政策；另一方面实行收买、诱降的政策。此外美国派中情局专家爱德华·兰斯戴尔中校（Colonel Edward Lansdale）到菲律宾，担任马格赛赛的私人顾问，以便更好地镇压胡克运动，爱德华很快与马格赛赛（Ramon Magsaysay）结为密友。在爱德华的建议下，马格赛赛对菲律宾政府武装进行了全面的革新：一方面重组了政府武装力量结构，撤销保安军，统一组建成新的菲律宾政府陆军，同时新组建的军队承担起对胡克运动的作战任务，重新编成 31 个战斗营，每营兵力为 1170 名，大大增加了菲律宾军队的作战实力。③ 到 1952 年后期菲律宾武装部队共有 5.6 万人。另一方面严肃军纪，美军当局施加压力迫使季里诺总统将任免军官的大权（原属参谋长）移交给马格赛赛，这样在美军的压力之下，马格赛赛就掌握了军队的人事任免大权。在他任职的半年内，马格赛赛撤换和处决了大约 300 名有犯罪记录或不称职的军官，有效地规范了军队纪律，对官兵存在的敲诈、勒索等肆意妄为的行为起到了很好的约束作用。④

---

① H. W. Brands, *Bound to the Empire*: *The United States and the Philippines*, New York: Oxford University Press, 1992, p. 242.

② 金应熙：《菲律宾史》，河南大学出版社 1990 年版，第 656 页。

③ Kathleen Nadeau, *The History of the Philippines*, Connecticut London: Greenwood Press Westport, 2008, p. 71.

④ Mamerto S. Ventura, "U. S. – Philippines Cooperation and Cross-Purposes: Philippine Post-War Recovery and Reform", *International Affairs*, Vol. 52, No. 1, Janu 1976, p. 166.

菲律宾政府利用经济开发兵团（Economic Development Corps）对"胡克分子"进行宣传、诱降，并安置投降的"胡克分子"。马格赛赛认为，"胡克问题"不仅仅是一个社会治安问题，更多的是一个社会经济问题。[①] 他认为"胡克分子"一直与政府作对的根源在于他们对房子和土地的渴望，这也是很多农民支持"胡克"的原因所在。为了彻底割断农民和"胡克"之间的联系，他提出一个解决农民土地问题的方案，即建立经济开发兵团，把尚未开发的土地分配给投降的"胡克分子"，并对他们进行监督，彻底切断土地与"胡克分子"的联系。马格赛赛于 1951 年 2 月建立了第一个经济开发兵团，计划把 600 公顷土地分给自耕农、投降或被捕的"胡克分子"，平均每个家庭可以得到 6—8 公顷耕地。所需土地主要来自对棉兰老岛土地的开发，这些新开发的土地分配给自耕农和投降的"胡克分子"，并利用军事力量对他们进行监督。尽管因这种形式的土地分配而受惠的家庭不足 1000 户，但是在媒体的宣传下，很多贫困家庭在没有任何财政援助的条件下，移民到棉兰岛，并建立农场。[②] 到 1960 年，共有 100 多万的人自发和在没有政府支持的情况下移民到棉兰岛，依靠农场来维持生计。[③]

除此之外，1951 年 3 月兰斯戴尔成立了心理作战处，还利用心理战术瓦解人民解放军的斗志。具体做法是派遣一队心理作战队进入一个地区，利用人们对黑夜的恐怖散布谣言，宣称这个地区有吸血鬼出没，然后伏击一名游击队巡逻员，利用特殊的装置模仿吸血鬼的牙齿在他的脖子上戳两个洞，并把尸体倒挂让血流干，等其他队员发现他时，就好像被吸血鬼咬过一样。此外他还发动了"上帝之眼"的行动，利用飞机上的测位仪，通过鸣音器播放通过告密者泄露的"胡克分子"的信息，来离间民众与胡克部队的关系，破坏"胡克"部队的内部团结。从 1951 年

[①]　Shirley Jenkins, *American Economic Policy toward the Philippines*, Stanford：Stanford University Press，1954，p. 182.

[②]　Kathleen Nadeau, *The History of the Philippines*, Connecticut London：Greenwood Press Westport，2008，p. 71.

[③]　Patricio Abinales and Donna Amoroso, *State and Society in the Philippines*, Washington：Rowman & Littlefied Publishers，2005，p. 175.

起在兰斯戴尔的指导下马格赛赛发动了一系列对"胡克"的围剿行动。1951 年 1 月,政府军发动了一次称为"马刀计划"的作战行动,对邦板牙的阿拉雅特山区的人民解放军根据地进行围剿,迫使他们放弃这个根据地。1951 年 7 月,在内湖省进行了一次称为"大理石行动"的围剿。1952 年夏,马格赛赛又组织发动了一次名为"四朵玫瑰"(主要针对在吕宋活动的四个人民解放军的领导人:路易斯·塔鲁克、赫劳斯·拉瓦、绍洛和迪马萨朗)的作战行动,这一次在海军、空军的配合下,政府军对菲律宾人民解放军造成了沉重打击,破坏了菲律宾共产党的政治局。人民解放军伤亡惨重,他们失去了军事上的主动性,被迫四处流蹿,战争开始发生根本性变化。

在兰斯戴尔和马格赛赛的武力镇压和收买的软硬兼施政策下,人民解放军遭受重创,到 1953 年马格赛赛辞去国防部长职务时,已基本销声匿迹。

在冷战的格局下,马尼拉和华盛顿一样,坚定地站在反共产主义一边。① 所以在面对朝鲜战争和菲律宾国内的"胡克"问题时,美菲两国表现出惊人的一致。菲律宾僵硬的外交政策和对美援的渴求,都使它在外交上唯美国马首是瞻。而另一方面随着冷战的扩大,美苏在世界范围的争夺力度加大,在美国的亚洲政策中,菲律宾战略地位的重要性不断攀升,一旦美国丧失对菲律宾的控制,就意味着美国的沿海岛链防御出现缺口。菲律宾作为美国在亚洲"民主橱窗"的代表,一旦所谓的民主制度出现动摇,美国担心将会在亚洲其他国家引起一系列的"多米诺"反应。美国决不能放任这样的结果发生,所以菲律宾共产党领导的胡克运动成为美国的"眼中钉""肉中刺",这也是美国坚决帮助菲律宾消灭胡克运动的原因。而菲律宾正是利用美国对共产主义的戒备,把国内"胡克分子"的活动与国际共产主义运动联系在一起,声称"胡克"是国际共产主义运动的一部分,以此来最大限度地争取美援,然后利用美援来镇压国内"胡克"叛乱和维持社会经济政治秩序。归根结底,美菲两国

---

① Claude A. Buss, *The United States and the Philippines*, Washington, D. C. : American Enterprise Institute for Public Policy Research, 1977, p. 25.

同盟是一种以利益关系为基础的相互妥协的产物，一旦各自的利益发生变动，两国关系便会出现动荡，进入调试、周旋时期。

三　NSC84/2 号文件

东亚局势的改变使菲律宾在美国战略防御中的地位上升，尤其朝鲜战争的爆发令美国对共产主义更加忌惮，于是美国政府重新综合考虑和评估美国在菲律宾经济和政治中的地位和作用。在杜鲁门总统的授权下，国务院就菲律宾问题起草文件，该文件在 1950 年 6 月提交国家安全委员会，基于国务院的草稿和参谋长联席会议的意见，同时又参考了派往菲律宾的经济调查团的调查结果，国安会在 10 月份出台了对菲政策及美国在菲律宾的地位的文件即 NSC84/1 号文件，后又经修改最终形成 NSC84/2 号文件。

首先，该文件强调了美国在菲律宾的目标：1. 一个有效工作的、能加强菲律宾亲美方向的政府。鼓励菲律宾政府实施政治、财政、经济、农业改革，加强国家的政治、经济稳定性；2. 能维持内部安全的军事力量。鉴于菲律宾国内的反美情绪，美国强调"提供的军事指导和援助应具有建议性，能被菲律宾政府所接受"，继续"保护该岛的外部安全，如果需要，时刻准备使用武力防止共产党控制菲律宾"；[1] 3. 稳定和自给自足的经济。在美国的监督和控制下，扩大对菲律宾的经济援助，为菲律宾内部稳定创造必要条件。此后美国和菲律宾就援助的具体问题签订了《季里诺—福斯特协定》，美国期望通过对菲律宾援助来稳定菲律宾政局，使菲律宾成为稳定、反共、亲美的代表和亚洲地区民主国家的"模型"，以菲律宾为"橱窗"展现美国"民主制度"的优越性，抵消共产主义的影响，增强东南亚地区的非共产主义倾向。文件中所确立的目标是冷战中美国在菲律宾的总体目标，美国的外交政策和活动都紧紧围绕这个目标进行。

其次，文件论述了维护菲律宾政局稳定的重要性和紧迫性。文件强

---

[1]　*FRUS*，1950，Vol. Ⅵ，p. 1520.

调由于苏联在亚洲太平洋地区的活动和影响，菲律宾已成为亚洲岛链上至关重要的部分，在美国的东南亚政策中占有重要战略位置。朝鲜战争的爆发，使菲律宾的安全问题成为美国的重点关注问题，美国"既要保证菲律宾的外部防御，也要防止内部的颠覆，鉴于菲律宾战略地位的重要性，美国甚至不惜动用武力来保证它的安全"①。这一点在 NSC84/1 号文件中并没有体现，此项内容是由参谋长联席会提出，经国家安全委员会同意后，加到文件中的。美国之所以如此看重菲律宾主要是基于防御苏联的考虑，它认为苏联要想控制东亚，菲律宾是关键；一旦苏联掌握该岛的控制权，"将打破东南亚的反共防御体系"，所以鉴于美国对西太平洋和东亚地区的军事安全考虑，"菲律宾问题已不能看成是局部问题"，应加强对菲律宾的军事干涉。同时文件又声称，"对菲律宾的外部威胁相对比较遥远，所以外部入侵的可能性很小……应把菲律宾大部分的军事力量用于保卫内部安全方面"②。此处所强调的加强菲律宾的内部安全主要是针对菲律宾国内的胡克运动而言。为此文件建议美国联合军事顾问团应增强在菲律宾的军事力量，强化对菲律宾军队的训练，并为菲律宾军队配备足够的装备和提供财政支持，唯有如此菲律宾才有能力在"一年的时间内消灭'胡克'"。

再次，文件还分析了当前菲律宾的经济状况，认为战后菲律宾政府没有能够采取有效措施来解决经济困境，致使菲律宾的经济状况严重衰退，造成这种状况最基本的问题是生产率低下和人民的收入水平低。文件认为尽管独立后菲律宾的生产力有所恢复，但农业和工业的人均产出仍低于战前水平，政府财政恶化，国际收支能力严重失衡，这些问题又因菲律宾政府的投资不当和消费品的过度进口而加剧。美国派往菲律宾的经济调查团建议菲律宾政府应进行改革，改进生产方法，调整工农业结构，增加税收，加强国家的稳定性。为了帮助菲律宾改善国内局势和更好地实施调查团提出的改革建议，美国决定在它监督之下，通过贷款和拨款的方式对菲律宾提供大量的财政援助。

---

① *FRUS*, 1950, Vol. VI, p. 1516.
② *FRUS*, 1950, Vol. VI, p. 1517.

美苏冷战竞争的升级，促使菲律宾战略地位的重要性凸显，由于美菲两国在历史上渊源颇深，菲律宾的稳定和独立对美国的国际声望有着重大影响。再者菲律宾作为美国沿海防御岛链的关键一环，在"多米诺"理论的预测下，一旦菲律宾陷落，东南亚和印尼便陷于危险境地。所以无论从亚太地区战略布局考虑还是美国展示民主优越性的立场出发，菲律宾在美国外交中都占有十分重要的位置，并且随着美国对日政策的转变，美国需要一个国家来配合它的对日政策，以改变日本外交上的孤立状态，并且菲日两国关系的发展为太平洋地区的稳定提供一个安全保障，而要想实现菲日关系正常化，关键是解决两国间的战争赔偿问题。

四　美菲之间贸易、军事基地问题的重新调整

菲律宾是东南亚国家中受战争破坏最为严重的国家之一，为了恢复受战争破坏的经济，菲律宾急需美国援助，而美国却利用菲律宾急需救援的困境，逼迫与其签订《贝尔贸易法案》，使菲律宾一度沦为美国的原料产地和产品的倾销市场。除了经济上的控制，军事上美国还迫使菲律宾在 1947 年签订了《美菲军事基地协定》和《美国对菲律宾军事援助协定》两个军事援助文件。根据《美菲军事基地协定》，美国政府由此获得了加强在菲军事力量的特权，包括继续使用 23 处美国军事基地，使用期限为 99 年；同时享有这些基地的全部司法权，并进一步强调美方可以根据军事需要扩大、改换基地地点或增加新的军事基地。协定还规定，"美国有权招募菲律宾公民志愿加入美国武装部队服役一个固定年限"，菲律宾政府要为基地内的美国军队提供种种便利，如运输、航行、测量地形、移民，免纳税款和使用公用事业设施的优惠待遇。① 通过签订一系列不平等条约，美国在菲律宾独立后仍享有各种特权，菲律宾并没有获得政治和经济上完全彻底的独立，菲律宾与美国在战后很长一段时间内仍维持一种"特殊关系"。

美菲之间的这种关系严重侵犯了菲律宾主权，菲律宾要求改变美菲

---

① 《国际条约集（1945—1947）》，世界知识出版社 1959 年版，第 442—457 页。

之间这种"特殊关系"的斗争从来没有停止过,且随着美国对菲律宾内政的干涉和菲律宾民族国家意识的增强愈演愈烈,最终迫使美国修改美菲之间不平等的经济、军事、政治关系。1946 年美菲之间贸易协定即《贝尔贸易法案》签订后,遭到广大菲律宾人的反对。20 世纪 50 年代初菲律宾的国内经济并没有出现明显起色,反而有恶化的趋势:政府财政赤字严重,国库空虚,人民失业问题严重,主要消费品价格上涨,人民生活成本居高不下。面对每况愈下的经济,菲律宾人民的反美情绪更加高涨,废除美菲间不平等条约的呼声越来越强烈。迫于经济和舆论压力,1954 年 9 月马格赛赛总统派出了以参议员劳雷尔为首的高级代表前往华盛顿,就调整美菲关系和修改"1946 年贸易协定"与美国进行了长达三个月的艰苦谈判。经过讨价还价,1954 年 12 月双方最终签署了贸易协定修正案即《劳雷尔—兰格雷协定》,新的协定于 1956 年起生效,该法案主要在贸易条件、关税比率和同等权利方面做出相应调整。新协定规定菲律宾有权决定比索和美元的兑换比率;菲律宾取消了外汇税;同等权利条款修改为美菲双方"互惠"的权利,并把这种"互惠"权利扩大到商业活动。① 此外协定还规定菲律宾对输往美国的货物拥有征出口税的权利。最后菲律宾要求美国国会增加输往美国的糖的数额。美国在新贸易协定中做出一些让步,改变了《贝尔贸易法案》中明显的不公之处,满足了菲律宾作为独立国家的自尊心,缓解了菲律宾人的反美情绪。美国国会菲律宾常驻专员罗慕洛认为:新协定"解除了菲律宾的经济枷锁"使美菲之间的贸易"从相互免税贸易转变为正常的国家贸易",菲律宾最终实现了管理本国"政治、社会和经济事务的自由"。②

新协定虽然对美菲贸易之间的明显不公之处做了些许修改,让菲律宾挽回了作为独立国家的尊严,但并没有从根本上改变美菲之间不平等的贸易关系。比如新协定中规定菲律宾有权决定本国货币的兑换比率,

---

① George E. Taylor, *The Philippines and the United States*: *Problems of Partnership*, New York: Frederick A. Praeger, 1964, p. 209.

② George E. Taylor, *The Philippines and the United States*: *Problems of Partnership*, New York: Frederick A. Praeger, 1964, p. 209.

但相应地菲律宾政府也取消了外汇税，这有利于美国资本家把在菲律宾所获利润汇回美国；新协定中的"互惠"权利，规定菲律宾和美国公民一样，拥有开发美国资源的权利，但是由于菲律宾在资本和技术方面都无法与美国竞争，使这一条款对菲律宾人而言相当于空谈。正如菲律宾参议员雷克托所言："美国对菲律宾的让步是空洞的，大肆宣扬的'互惠'也只是一种幻境而已。"① 但不可否认的是，新协定中的条款有利于菲律宾增加关税收益，帮助菲律宾实现经济多样化，而经济状况的改变为菲律宾真正实现政治上的独立提供了条件。

　　美国在菲律宾的军事基地问题可追溯到 1934 年的《泰丁斯—麦克杜菲法》，该军事协定规定了在菲律宾十年自治的过渡期内，美国继续享有菲律宾的军事基地，过渡期满后，美国把陆军基地归还菲律宾，海军基地依然归属美方，未来再由两国政府商讨决定这些基地的去留问题。1944 年 6 月 29 日，美国国会两院经过讨论出台了该法案的修订版，新修订的法令规定美国总统只有在获得菲律宾的授权后，才能继续维持和使用在菲律宾的军事基地。② 这一修订最明显的变化体现在美国要想继续保留在菲律宾的军事基地，必须首先获得菲律宾政府的同意。二战后美国重返菲律宾，于 1947 年 3 月与菲律宾政府签订了《美菲军事基地协定》，该协定主要内容包括：美国政府拥有保持、使用在菲律宾的 23 处军事基地的权力，并且可以根据军事需要来扩大基地、改换基地地点或增加新的军事基地；美国享有对基地上所有美方人员以及基地外执行公务中的美方人员违法行为的全部司法管辖权，菲律宾则拥有对基地内菲律宾人之间的违法行为和基地外非执行公务时美方军事人员违法行为的司法管辖权；菲律宾武装部队可以在美军基地上服务，美国武装部队也可以在菲律宾军事部门服务；基地免费租借 99 年等。③

---

① 金应熙：《菲律宾史》，河南大学出版社 1990 年版，第 696 页。
② Memorandum by Lockhart, the Chief of the Division of Philippine Affairs, to Stettinius, April 18, 1945, *FRUS*, The British Commonwealth, The Far East, 1945, Vol. VI, pp. 1203 – 1204.
③ 《国际条约集（1945—1947）》，世界知识出版社 1959 年版，第 442—457 页。

在《美菲军事基地协定》之下美国在菲律宾的军事基地俨然是一个"国中之国",美国用对待本国领土的方式和权力来管理这些基地。以苏比克湾基地为例,美国海军直接管理奥隆阿波城市①和辖区 2 万户居民。1956 年,克拉克空军基地的美国官方剥夺了菲律宾打拉省卡帕斯市菲律宾矿工开采、挖掘和运输锰矿石的权利,并宣称此矿石是美军事保留的一部分,菲律宾人要想去矿场必须经过美国检查站,此事件引起菲律宾人的强烈不满,媒体也高度关注此事件。这一事情与之前的基地司法权问题使美国在菲律宾的军事基地问题再次成为美菲交涉的焦点。1956 年 1 月,一个美国水手因驾驶问题致使菲律宾人受伤而被起诉,但是根据 1947 年军事基地协定菲律宾官方应把肇事者交给美国海军官方处理,美国海军官方把肇事者遣返回美国没有给予相应的指控和惩罚,此次事件引起菲律宾外交部的强烈不满,控诉"美国的军事人员已经不是第一次因犯罪而被菲律宾法院起诉,美国军事官方把犯罪人员转送到其他地方而逃避惩罚"②。此外,据菲律宾媒体报道在过去 10 年中,大约有 20 名菲律宾人在清除美国飞机投掷的炮弹中死亡。由美菲军事基础问题而引发的一系列事件,以及民众舆论的影响,促使菲律宾政府迫切地想要改变美菲之间的军事基地协定。

在菲律宾的强烈要求下,美菲两国从 1956 年 8 月开始就修改 1947 年《美菲军事基地协定》进行谈判。菲方以副总统加西亚为代表提出:归还未使用的基地用地;成立一个菲律宾—美国国防委员会;菲律宾拥有完全的司法权即菲律宾法律适用于基地内所有人员;为防止菲律宾遭到报复袭击希望美国给予更加明确的安全保障。③ 美方以大使艾伯特·纽弗(Albert Nufer)为代表。在谈判过程中菲方坚持把司法权扩大到包括基地内美国军方个人的违法行为,而美方则坚持 1947 年军事协定中的规定,双方的坚持使谈判陷入停滞状态。由于两国谈判是在公开的基础上进行,

① 菲律宾中央吕宋三描礼士省的一个港口城市,位于吕宋岛苏比克湾沿岸。

② O. D. Corpuz, *U. S. Military Bases and Philippine-American Relations*, Progress Magazine, 1957, p. 30.

③ George E. Taylor, *The Philippines and the United States: Problems of Partnership*, New York: Frederick A. Praeger, 1964, p. 237.

并不是秘密的外交谈判，各媒体跟踪报道，在这种情况下双方都不愿做出妥协，以免被外界理解为是一种"示弱"行为。再加上加西亚上台后菲律宾提出"菲律宾第一"的口号，美菲之间矛盾增多，使军事基地的谈判在1956年12月彻底中止。

20世纪50年代末菲律宾经济再次陷入危机中，作为顽疾的政府腐败问题如蝇附肉般驱之不去，农民生活贫困，贫富差距不断扩大，重要加工产品的生产仍低于战前水平。为了缓解菲律宾面临的严峻经济形势，菲律宾离不开美国的援助。而美国则因菲律宾重要的战略位置和越南局势的发展需要得到菲律宾的支持，双方在1959年重启谈判，经过讨论双方在以下问题上达成一致：1. 减少了大约117962公顷的基地用地；2. 租用期限从99年减少到25年；3. 重新定义军事基地的计量器和界限，把马尼拉港地区保留地的司法权和控制权交给菲律宾，同时把奥隆阿波市移交给菲律宾政府。除此之外，美国还同意成立一个共同防御董事会和任命基地内菲律宾联络官；就重新安置导弹发射场和出于共同防御目的使用基地等问题与菲律宾政府进行协商。虽然基地的司法权问题并没有得到根本解决，但这次协商极大提升了菲律宾的独立性，使美国不能再随心所欲地使用菲律宾军事基地。美国大使查尔斯·波伦（Charles Bohlen）就美菲关系发表评论说，"如果说菲律宾政府曾经屈从于别的国家或个人的压力（尤其是美国或它的官员们），现在这种压力和影响基本不存在了"①。菲律宾外长塞利安诺强调，"美菲关系进入一个至关重要的时期……我们的目标是建立被人尊重的独立，帮助我们的民族发现民族精神的根基和灵魂……'菲律宾第一'将继续成为民族主义的口号，是引领菲律宾赢得显要地位的手段"②。

20世纪50年代菲律宾民族主义发展，国内经济也没有在美国的援助下好转起来，人民的生活状况恶化，以上种种使民众反对美菲不平等关系的呼声此起彼伏。为了稳定菲律宾政局，美国不得不同菲律宾政府

---

① Teodoro M. Locsin, "Respectable Independence", *Free Press*, December 12, 1959, p. 160.

② *Department of Foreign Affairs*, Editorial Trends, no. 1, January 4, 1960（Manila: Division of International Information）, pp. 1 – 2.

重新商定原有协定，转移菲律宾国内民众视线，在贸易和基地问题上制定新的相处原则来平息菲律宾的反美浪潮。美菲修订的协定只是迫于形势对美菲关系的局部调适，并没有从根本上改变两国不平等的关系，但这种调整却开启了美菲关系的新时代，为菲律宾最终实现经济、政治独立打下基础。但是鉴于菲律宾国内严峻的经济形势和政治、安全依赖美国的特殊性，菲律宾要想彻底实现民族独立的道路还很漫长，这不仅需要菲律宾实现政治、外交独立，更要实现经济自立、自足。

菲律宾要实现外交独立，必须改变唯美国马首是瞻的外交政策，这也是加西亚上台后提出"菲律宾第一"口号的原因。随着美国对日政策的变化，为了改变日本外交上的孤立状态，美国需要菲日关系实现正常化，为太平洋地区的稳定提供一个安全保障，所以美国积极倡导菲日关系正常化，这为菲律宾改变僵硬的亲美外交政策提供了一个很好的契机。而要想实现菲日关系正常化，两国间战争赔偿问题的解决是关键。

第二节　美国菲律宾就菲日战争
赔偿问题的周旋

20 世纪 40 年代末 50 年代初，美苏之间的冷战蔓延到亚洲地区，1949 年中华人民共和国成立，中国被美国排除出它们设定的冷战战略布局，朝鲜战争的爆发使中美关系进一步恶化，遏制中国成为美国亚洲冷战战略中的重要组成部分。而在日本问题上，美国由限制、打压转为扶植政策，重新接纳日本为亚洲战略布局的重要国家，旨在把日本打造成东亚地区的特殊代言人和战略基地；扶持日本，建设成美国的"亚洲工厂"；同时协调日本与赔偿国的关系，尤其积极促使日本和菲律宾两国就赔偿问题达成和解，使两国能够相互配合，支持美国的亚洲政策，并成为亚洲地区资本主义阵营的坚强防线。

对菲律宾而言，要想恢复遭受重创的经济，除寄希望于美国的援助外，获取日本的战争赔款对经济的恢复与发展也至关重要。然而，对日问题的处理，菲律宾并不占主导地位，菲律宾对日赔偿目标的实现与否取决于美国对日政策。随着亚洲局势的变动，美国对日政策也由最初的制裁变为扶植政策，这种变化意味着菲律宾获取战争赔偿可能是竹篮打水，抑或是赔款的数额会大打折扣。但菲律宾并没有放弃争取其权利的努力，利用它重要的战略位置与美国周旋，争取最大化地实现赔偿目标。

一　美国对日政策的转变及菲律宾的反应

1946年10月，美国政府任命国务院远东司副司长彭菲尔德（Penfied）起草对日和约，经过多方论证和修改，彭菲尔德于次年3月提出了对日和约草案，即"博顿草案"。草案要求对日和约签订后，撤销原有的远东委员会、盟总和对日理事会等机构，设立大使会议由盟国成员对日进行监督、管制，监督管制期为25年，此后可视情况延长惩罚政策。总体而言，"博顿草案"在有关赔偿、非军事化和领土等问题上的规定基本符合开罗宣言、雅尔塔会议以及波茨坦公告等国际协定的精神。但随着亚洲地区美苏冷战的发展和中国国民党政权的节节失利，打破了美国在东亚地区的战略布局，日本的战略地位凸显，美国不得不改变对日政策，由最初的限制、打压转向扶植、复兴日本，所以"博顿草案"最终被束之高阁。面对美国对日态度的变化，菲律宾总统罗哈斯抱怨美日之间萌发的友好现象……而他的民族还在战争的创伤中挣扎，认为美国在和日和解方面走得太远、太快，他希望严惩日本战犯，在正式的和平协定签订之前就支付战争赔偿。[①]

20世纪，在共产国际的领导下，国际共产主义运动扩展至亚洲乃至全世界，日本国内反对美国占领的呼声高涨，美国认为如果任由这一局势发展，将会对美国及自由世界造成极大冲击，国际局势促使美国政府立即调整东亚政策，认为日本对美国的安全至关重要，绝不能失去。时任国务院政策设计司的乔治·凯南曾这样描述中国和日本对美国的重

---

① Claude A. Buss, *The United States and the Philippines*, Washington, D. C.：American Enterprise Institute for Public Policy Research, 1977, p. 26.

要性："一个真正友好的日本和名义上敌对的中国，我们感到十分安全，这种组合不会对我们有威胁；但真正敌对的日本和名义上友好的中国，将会对我们构成巨大的威胁，这种危险在太平洋战争中已经得到证明；更糟糕的是一个敌对的中国和敌对的日本。"① 为了维护美国在远东的利益，凯南建议把中国和日本在美国外交中的位置对调，将日本拉入自由主义的阵营，变成坚守资本主义阵营的桥头堡。随后美国政府决定暂停日本支付战争赔偿，把对日媾和提上日程。1949 年 9 月 14 日美国撇开苏联召开美、英、法三国外长会议，经过协商三国就对日和约达成一致：同意不经过苏联参与由三国展开对日媾和；美国通过对日和约，可与日本签订双边协定来确保美国在西太平洋的利益；同意美国中止日本支付战争赔偿的方案。② 美国对日政策的这一变化，对马尼拉来说是一场噩梦，由于菲律宾曾被日本占领过，所以季里诺总统始终有这样的恐惧："美国支持日本，会再次把菲律宾置于日本的奴役下，成为它的奴隶国家，在神庙中崇拜日本的上帝——光照大神，并向日本的天皇敬礼"。③

然而菲律宾对日本的恐惧丝毫没能阻止时局的变化。中华人民共和国成立后，美国国务卿艾奇逊于 1950 年 1 月在全国新闻俱乐部声明美国在太平洋地区的"防御边界"，它北起阿留申，南至菲律宾，中间穿过日本，并强调说日本构成了美国防御的重要组成部分，处于"防御阵线的前沿"④。美国的这一声明，重新界定了日本在美国战略防御中的重要地位，也为美国对日政策的转变埋下伏笔。

朝鲜战争的爆发像是一剂催化剂，加速了美国对日媾和的步伐。1950 年 9 月 14 日，杜勒斯向联合国提交了美国对日媾和方案，即"媾和

---

① Takushi Ohno, *War Reparations and Peace Settlement: Philippines-Japan Relations* 1945 – 1956, Manila: Solidaridad Publishing House, 1986, p. 21.

② Memorandum of Conversation, by Mr. Marshall Green of the Division of Northeast Asian AFFAIRS, September 1949, *FRUS*, The Far East and Australia, Vol. VII, Part 2, 1949, p. 854.

③ Townsend Hoopes, *The Devil and John Foster Dulles*, Boston: Little Brown, 1973, p. 106.

④ 艾奇逊讲话的完整内容见 M. Carlyle（ed.）, *Documents on International Affairs*, 1949 – 1950, Royal Institute Affairs, London: Oxford University Press, 1953, pp. 96 – 108.

七原则",① 这一方案遭到众多国家的反对，尤以菲律宾的反对最为激烈，认为此方案没有涉及限制日本重整军备的条款，也没有体现出对日本进行惩罚的决心，反而隐含着对日本的妥协和扶植意图。并且方案忽视了菲律宾国家安全和迫使菲律宾放弃赔偿，这让遭受日本侵略蒙受巨大战争创伤的菲律宾人民愤怒至极，无法接受。对此美国的解释是，"鉴于日本在战略、军事及经济上的重要性，如果日本被吸纳进社会主义阵营，将极大地增强中、苏阵营的力量，改变亚太地区的力量平衡，并对自由世界的所有国家造成严重威胁"②。从美国炮制的"媾和七原则"可以看出，美国亚洲政策制定的主要出发点是本国国家利益，即便是对它的盟友菲律宾，也罔顾菲律宾的利益，不顾菲律宾的诉求和民族情绪，单方面改变对日政策。

美国炮制的对日媾和方案，菲律宾等国并不接受。为了表明菲律宾坚持民族大义、维护国家利益的坚定立场，1951年2月，菲律宾参、众两院外交委员会经过研究商讨，联合发表了关于对日和约的国会公告，该公告坚持要求对战争罪犯进行严惩，不认同美国所谓的对日媾和方案，尤其对菲律宾的国家安全和战争赔偿必须给予坚决的维护，要求日本必须无条件支付80亿美元的战争赔偿，考虑到日本战后的情况，菲方可以考虑同意以现金、生产资料和技术劳务等一切等价的赔偿方式支付。从菲律宾参、众两院的联合公告中，可以看出，菲律宾对国家安全的保障和日本必须支付战争赔偿两个问题，态度非常坚决。作为曾经遭受日本侵略的菲律宾，害怕日本军国主义的再次崛起，所以对本国安全格外看

---

① United States Memorandum to the Government on the Far Eastern Commission, R. I. I. A., Documents on International Affairs, 1949 – 1950, pp. 615 – 616. 转引自 Takushi Ohno, *War Reparations and Peace Settlement: Philippines-Japan Relations 1945 – 1956*, Manila: Solidaridad Publishing House, 1986, p. 37. 具体包括：1. 参加国：任何或全部愿意对日讲和的作战国；2. 联合国：日本的联合国席位将予以考虑；3. 领土：日本承认朝鲜独立，同意由联合国托管琉球和小笠原群岛……4. 安全；5. 政治与商业安排；6. 索赔：所有缔约国将放弃1945年9月2日之前因战争行动而产生的赔偿要求；7. 争端：有关索赔要求的争端将由特别中立法庭裁决。

② J. F. Dulles, *Laying the Foundations for a Pacific Peace*, U. S. A., Department of State, DSB, Vol. 24, No. 610, March 12, 1951, p. 403. 转引自 Takushi Ohno, *War Reparations and Peace Settlement: Philippines-Japan Relations 1945 – 1956*, Manila: Solidaridad Publishing House, 1986, p. 37.

重；并且菲律宾遭受严重的战争创伤，作为独立的主权国家也应该得到赔偿。在这两点上，如果美国不能给菲律宾一定的保证，那么对日问题的解决也将阻碍重重。

面对菲律宾政府的诉求和民众的强烈反对，无论是从稳定战后亚洲的战略布局，还是菲律宾赔偿问题可能引发的连锁反应考虑，美国都不能置之不理，毕竟对日和约问题关系着美国亚洲遏制战略的布局和东南亚地区的稳定。1951 年 8 月 15 日，经过与盟国的几度协商，最终确定了由英美联合草拟的和约修订草案，其中关于赔偿条款（第 14 条）规定："兹承认，日本应对其在战争中所引起的损害及痛苦给盟国以赔偿。但必须承认，如果日本想维持基本的经济发展的话，目前日本的资源不足以全部赔偿战争损害，并同时履行其他义务"，因此"日本愿尽快与那些领土曾被日军占领并曾遭受损害的盟国进行谈判，日本人民会提供在制造、打捞及其他工作上的服务，供各盟国使用，作为赔偿各国所受战争损害的费用"。[1] 该草案在内容上比美国之前的媾和方案有了明显的改进，特别是对赔偿问题的表述较以前明显考虑到了受侵国的诉求，它承认了索赔国向日本索取赔偿的合法权利。1951 年 8 月 16 日，美菲两国签订《美菲共同防御条约》，菲律宾的国土安全得到美国的保障。这样在得到美国的安全保障之后菲律宾在《旧金山和约》上签字。

《旧金山和约》的签订是美国把日本拉入资本主义阵营的第一步，鉴于当时日本国内的经济形势和它在亚洲太平洋地区的防御前线地位，美国要想使日本快速崛起必须依仗东南亚市场，美国认为东南亚不仅为日本的发展提供巨大潜能，并且通过发展日本与东南亚各国的经济关系可以有效预防此地区的共产主义影响。[2] 同时发展日本与东南亚各国的经济关系也是美国重新塑造日本"友好"形象的一种策略。

对菲律宾而言，在旧金山会议上签字是非常矛盾的，从民族利益出发菲律宾希望最大限度地削弱日本和让日本支付巨额战争赔偿；但鉴于

---

① 《国际条约集（1950—1952）》，世界知识出版社 1961 年版，第 333—342 页。

② C. Buss, "US Policy on the Japanese Treaty", *Far Eastern Survey*, Vol. XX, No. 12, June 13, 1951, pp. 113 – 118.

集体安全，尤其是亚洲局势的发展和美国亚洲政策的变化，外交政策上一直追随美国的菲律宾，可选择的余地很小。但是保障本国安全和获取日本的战争赔偿是菲律宾所坚持的底线，最终在与美国签订共同防御条约和有关战争赔偿问题的条款有所变动的前提下，签订《旧金山和约》。《旧金山和约》的签订，也为解决菲日战争赔偿问题提供了前提。

二　美国以援助相要挟迫使菲律宾降低赔偿要求

旧金山会议刚刚结束，时任菲律宾众议院外交事务委员会主席的马卡帕加尔抵达东京，就日本对菲律宾赔偿问题与日本进行协商。1952 年 1 月，日本政府任命外务省顾问津岛寿一（Tsushima Juichi）组成对菲赔偿问题的代表团，与以菲外长埃利萨德（Joaquin M. Elizalde）为首的菲律宾代表团在马尼拉举行会谈。1 月 28 日双方举行第一次会谈，菲律宾向日本代表团呈交了索赔要求：1. 日本政府应赔偿从 1941 年 12 月 8 日至 1945 年 9 月 2 日期间给菲律宾造成的战争损失，共 80 亿美元或 160 亿比索；2. 赔偿的支付期限为 10—15 年；3. 在菲律宾政府批准对日和约的赔偿协定之前，日本政府要先支付协定中的一部分。另外，菲律宾还坚持作为受日本侵略的国家，理应拥有对《旧金山和约》中第 14 条款关于赔偿部分的自由解释权，日本虽然战败后经济颓败，但必须通过现金、实物或技术劳务等方式赔偿遭受侵略损失的国家。[1] 但日方认为根据《旧金山和约》赔偿形式仅限于劳务赔偿，并强调 80 亿美元的赔偿"远远超过日本的支付能力"，宣称目前还不能确定赔偿的具体金额，在作出赔偿之前需要"对索赔国家进行查证"才能确定最后的赔偿金额。

获悉日本的要求后，菲律宾对赔偿问题再次进行协商并于 2 月 10 日提出新的赔偿方案：1. 日本政府应赔偿菲律宾遭受的战争损失总数为 80 亿美元；2. 在菲律宾政府批准和约前，日本政府应采取愿意履行赔偿义务的措施，在菲律宾商品生产、沉船打捞和其他与菲律宾社会经济重建工作中，尽可能提供与此有关的劳务；3. 前期所提供的这些劳务在价值

---

[1]　Secretary sets to press three main PI points, *The Manila Times*, January 24, 1952, p. 1.

上应占到赔偿额 80 亿美元的 10%；4. 后期菲律宾赔偿额的结算和支付年限，要在双方合约生效后和日本确定与其他国家的赔偿协议后一年内，再由菲日两方商讨决定。①

菲律宾提出的新的赔偿方案并没有获得日本认可，双方就赔偿问题没有达成一致，这让急于要把日本融入东南亚国家的美国如坐针毡。1952 年 10 月，美国政府派遣国务院远东事务助理国务卿约翰·阿利森带着"友善"的使命来到马尼拉，他强调美国乐意看到菲日双方尽快在赔偿问题上达成一致，并强调菲律宾在对日问题上的"强硬立场"和索赔要求已经超出了日本的承受限度，会让日本陷入危机中，这是美方不愿看到的。如果菲律宾愿意在赔偿方案上降低要求，兼顾各方利益，那么美国乐意为菲律宾的战后重建，尤其在经济和军事方面提供必要的援助。否则，美国将降低美菲两国的合作力度并减少援助。② 此外，阿利森随即飞抵日本，对日本政府的做法同样提出不满，他指责日本政府未能认识到重建与亚洲利益相关国家"友好关系"的重要性，在谈判态度和方式上存在"拖沓"和"不作为"，要求日本政府必须审视自己的问题，加快谈判进程。

对于美国的指责，双方政府都有所行动。1952 年 12 月，日本派出外务省亚洲局局长倭岛英二抵达马尼拉，代表日本政府表达了在赔偿问题上的"诚意"，并提交了日本在劳务赔偿方面的清单，通过清单日本政府愿意向菲律宾提供沉船打捞、材料加工等行业需要的"劳务和技术"赔偿。对于日本的这一方案，菲律宾很多议员表示反对，他们认为日本虽然同意了菲方的部分赔偿要求，但在态度上依然是"傲慢的"，并没有体现出倭岛英二所说的"诚意"。尽管如此，迫于美国的压力，双方经过妥协最终于 1953 年 3 月签订了《关于沉船打捞的中间赔偿协定》。根据此协定，共有 269 艘沉船，其中 124 艘在马尼拉湾，其他的 145 艘分散在菲律宾的不同地区，日本认为该协定的签订是日菲双方最终解决赔偿问题的第一步。

---

① *Elizalde's Memo*, January 13, 1953, DFA Treaty Series, Vol. II. No. 1, op. cit, pp. 99 – 100.

② Alison Acts New US View, *The Manila Times*, October 4, 1952, pp. 1 – 2.

　　在解决菲日战争赔偿问题上，美国故伎重演，再次以援助相要挟，迫使菲律宾不断修改日本赔偿的具体问题和条款。而菲律宾由于依靠美国的援助实现战后重建和发展国内经济，注定它在外交政策上的僵硬和不灵活性。

三　《菲日赔偿协定》的最终签订

　　日本为了尽快实现与东南亚各国关系正常化，恢复与东南亚国家的贸易以便促进日本经济发展，冈崎外相于 1953 年 9 月访问东南亚各国，并提出了对东南亚三国赔偿的"4∶2∶1"方案：即菲律宾 2.5 亿美元、印尼 1.25 亿美元、缅甸 0.6 亿美元；支付期限为 10—20 年；赔偿方式包括资本、货物和劳务技术等。[①] 对于日本的这一方案，菲律宾十分不满，认为日本是在行使一种"特权"而非"应承担的责任"，把菲律宾和其他东南亚国家看作它工业发展提供原材料的场所，导致双方谈判破裂。时值菲律宾国内总统竞选，马格赛赛取代季里诺成为新总统，他在赔偿问题上的立场更加灵活，表示赔偿支付应以各种形式的"资本货物"，包括各类工厂的设备、设施和机械。马格赛赛主张必须要有现金赔偿，在支付方式上不必呆板固化，如果日本政府接受菲律宾的赔偿方案，那么菲方可以把 80 亿美元的战争赔偿削减到 20 亿美元，甚至更少。[②]

　　对马格赛赛的这一赔偿提议，日本政府迅速做出回应，1954 年 1 月日本政府命令马尼拉驻外事务所公使大野和菲方进行交涉。双方于 4 月 15 日达成《大野—加西亚预备协定》：为了促进菲律宾经济发展，日本政府支付 4 亿美元的现金赔偿，并以提供多种劳务的形式，为菲律宾在生产加工、打捞沉船等社会建设方面提供服务；赔偿期限为 10 年，并可根据具体情况要求延长 10 年；通过日本的劳务输出菲律宾将获得不低于 10 亿美元的经济利益。日本认为与菲律宾协议的签订，可以加

---

　　① Takushi Ohno, *War Reparations and Peace Settlement*: *Philippines-Japan Relations* 1945 – 1956, Manila: Solidaridad Publishing House, 1986, p. 88.

　　② Takushi Ohno, *War Reparations and Peace Settlement*: *Philippines-Japan Relations* 1945 – 1956, Manila: Solidaridad Publishing House, 1986, pp. 90 – 91.

速解决与其他索赔国的赔偿问题。但是此协定在菲律宾国会中遭到多数议员的坚决反对，参议员中的自由党认为4亿美元的赔偿少得"极度荒谬可笑"；众议院发言人佩雷斯（Eugenio Perez）认为在提出80亿美元的赔偿后，又接受4亿美元的赔偿对菲律宾政府而言是"十分丢脸的"；反对之声一度指责马格赛赛政府在赔偿问题上的"软姿态"。批评之声最为激烈的要数参议员米正（Recto），他认为此协定以赔偿的名义"明目张胆地愚弄菲律宾人"接受日本人的投资和技术援助，并指出日本的赔偿实际上是把菲律宾变成"日本工厂的经济奴隶"。[1] 在激烈的批评声下，马格赛赛的这一提议并未实施，当日本政府派遣村田为首席全权代表就赔偿问题准备与菲律宾签署最后协定时，菲律宾政府以协定中所确定的4亿美元仅仅是正式赔偿的起点为借口否定了临时协定，而日方则坚持认为4亿美元是当前日本所能支付的最大限额，因此《大野—加西亚预备协定》流产。

在受到国内诸多的反对之后，马格赛赛总统认为有必要认真研究日本的支付能力，以便评估出比较可信的赔偿数额。于是，1954年4月马格赛赛总统派出以财长赫尔南德斯（Jaime Hernandez）为首的事实调查团赴日，主要任务是"调查和评估日本当前和未来的经济情况，并就日本可支付的战争赔偿总额做出估算"[2]。调查团在日本逗留5周时间，归国后赫尔南德斯向马格赛赛提交了一份长达200页的报告，报告分析了日本当前的经济形势，认为在此基础上日本有足够能力支付高于4亿美元的赔偿，并提出赔偿的方式应主要从菲律宾国家发展计划出发，优先偿付那些最能促进菲律宾经济发展的项目，而不应仅关注日本能够提供或生产的赔偿形势和种类。[3] 马格赛赛对这份日本国情报告表示满意，主张采纳调查团的建议，但参议员莱克托认为10亿美元是日本赔偿菲律宾战争损失的"最低限度"，如果日本不接受，那么菲律宾应切断与日本的所有

---

① Senators now oppose Japanese proposal, *The Manila Times*, April 20, 1954, pp. 1–2.

② President Magsaysay's Letter Sent to the Philippine Committee to Japan, through Finance Secretary Jaime Hernandez, April 29, 1954, RP Official Gazette, Vol. 50, No. 4, April 1965, p. 1956.

③ *RP Congressional Record*, Senate, Vol. III, No. 16, July 16, 1956, p. 538–A.

关系包括贸易。

1955 年日本鸠山一郎上台后，在赔偿问题上表现积极，表示"尽最大努力"解决长期存在的战争赔偿问题。作为对日本新政府态度的回应，菲律宾政府经过酝酿再次提出了"复兴和经济发展"的赔偿清单，并于 1955 年 3 月派出由 11 人组成的技术谈判小组赴日进行深入商谈。① 5 月，菲律宾方面做出赔偿方案的最后说明，派出总统顾问奈里作为全权代表赴日，就赔偿问题进行交涉，这份最后说明具体内容包括：实物赔偿 5 亿美元，现金 2000 万美元，劳务费用 3000 万美元，长期经济贷款 2.5 亿美元。在此期间，总统马格赛赛向日本新首相鸠山一郎就具体赔偿提出私人说明："日本纯赔偿 5.5 亿美元，包括 2000 万美元现金和 3000 万美元的劳务赔偿；2.5 亿美元赔偿支付期为 10 年，另外 3 亿在 10 年后偿还；此外日方还需提供 2.5 亿美元的长期开发贷款。"② 对于这一提案日本加以修正：纯粹赔偿 5.5 亿美元，支付期限为 20 年；由日本私人企业在商业基础上提供经济发展贷款 2.5 亿美元，然而对于这点日本政府不予保证，并与 5.5 亿美元的赔偿分别支付；2000 万现金通过日本在菲律宾以现货销售的方式兑现；对菲律宾政府方案中提出的 5 亿美元的实物赔偿和 3000 万美元的劳务赔偿表示尊重。③

至此菲日双方就赔偿问题基本达成一致，为了显示日本解决赔偿问题的诚意，1956 年 3 月，日本派遣特使商工会议所会长藤山一郎再次前往菲律宾，代表日方向菲律宾提出了"经济发展贷款协定"方案：规定在日本政府的监督和督促下，日方在 20 年的有效期内向菲律宾提供 2.5 亿美元的贷款。经过多方斡旋，尤其是美国政府的介入施压，菲日两国终于就赔偿问题基本达成一致，5 月 9 日双方在马尼拉签署《菲日赔偿协

---

① 该清单包括三大类：第一类是资本货物、机械、设备、备件、原料和物资；第二类是完全运营企业或菲律宾原有企业扩建所需的机械、设备、工具、备件、原料和物资（不含第一类已有的项目）；第三类是各种特殊工程和劳务，包括一些涉及日本可能向菲赔偿的附加方式和方法的建议。

② Takushi Ohno, *War Reparations and Peace Settlement: Philippines-Japan Relations* 1945 – 1956, Manila: Solidaridad Publishing House, 1986, p. 112.

③ Takushi Ohno, *War Reparations and Peace Settlement: Philippines-Japan Relations* 1945 – 1956, Manila: Solidaridad Publishing House, 1986, p. 113.

定》和《关于经济开发借款的换文》，《菲日赔偿协定》的主要内容包括：1. 日本对菲律宾的战争赔偿总额为 1980 亿日元，折合 5.5 亿美元的劳务和实物（主要为装备和物资）；2. 赔偿由 5 亿美元的生产品和 5000 万美元的劳务赔偿构成，其中 2000 万美元的现金赔偿用来料加工方式支付，另 3000 万美元为纯粹的劳务赔偿；3. 所赔偿的劳务和产品应由菲律宾政府提出，并经两国政府同意；4. 赔偿期限为 20 年；5. 赔偿根据年度计划执行；6. 赔偿以日元支付。[①] 关于贷款问题，《关于经济开发借款的换文》规定日本向菲律宾提供 2.5 亿美元的长期贷款。菲律宾国会于 7 月 16 日先后讨论并通过了《菲日赔偿协定》和《旧金山和约》，经过漫长的谈判和讨价还价，菲日两国的战争赔偿问题得以最终解决。

《菲日赔偿协定》显然是在有利于日本的前提下签订的，赔偿的数额从最初的 80 亿美元缩减为 5 亿美元，无怪乎参议院米正讯讽说是"明目张胆地愚弄菲律宾人"。纵观交涉的整个过程，赔偿问题受到三方面因素的影响：第一个方面是美国，美国在菲日赔偿问题上占有主动权。随着冷战加剧，美国对日本的政策从原来的打压调整为扶植政策，并把日本纳入到亚洲防御链中，这就使日本在远东战略中的重要性上升，所以美国不愿看到一个因支付战争赔偿而过度削弱的日本，这也是美国给菲律宾施压，让它降低赔偿条件的主要原因。第二个方面是日本，战后日本作为战败国，处于被处置、支付战争赔偿的地位。但是由于冷战局势的发展，美国对日政策调整，并大力扶植日本复兴，这增加了日本在赔偿谈判中讨价还价的能力，也是日本能把赔款数额大幅度降低的主要原因。第三个方面是菲律宾，菲律宾作为战败国，理应获得日本的战争赔偿。但是由于唯美国马首是瞻的外交政策和复兴国内经济对美援的严重依赖，决定了它的政治诉求最终要服从于美国亚洲战略的需要。当然鉴于菲律宾在美国战略中的地位，菲律宾对赔偿的诉求也不能完全被忽视，所以菲律宾在争取到一定的民族尊严和利益补偿后，最终还是无奈地接受了这一近乎吝啬的赔偿方案。

---

① 《国际条约集（1956—1957）》，世界知识出版社 1962 年版，第 43—53 页。

纵观菲日战争赔偿交涉的整个过程，赔偿协定之所以能够签订是一个多方协调、相互妥协的产物。在整个过程中，美国占有主动权，而菲律宾则处于十分被动的地位，日本则是得利方。美国积极促使赔偿协定的达成，并不惜以援助为要挟，迫使菲律宾放弃或降低赔偿要求，它最终是为了维护在亚洲的战略利益，扩大资本主义的防御阵营。而菲律宾虽然是获取赔偿的国家，却始终在美国的阴影下与日本交涉，最终吞下这颗苦药丸。尽管如此，经过抗争之后的局面，对菲律宾而言也并非完全不可接受，日本提供的设备、产品以及贷款有利于菲律宾经济的恢复与发展，而且随着菲日关系正常化，赔偿协定在一定时期内加强了两国的经济联系，在一定程度上减少了菲律宾对美国的依赖，在处理外交事务上较以前更加灵活、务实。

第三节　美国对菲律宾援助的政策导向

随着冷战在东亚地区由冷战变成"热战"，美国对共产主义的敏感程度也随战争上升，东南亚不仅地理位置重要，而且也是世界重要的原材料如橡胶和锡的产地，同时也是石油等战略物资的产地。在美国看来，东南亚的安全不仅关乎美国在远东的安全利益，而且关乎日本和中东地区的安全，认为"东南亚任何国家的颠覆都会导致其他国家的沦丧……从长远看，中东地区（巴基斯坦和土耳其）都可能沦丧，如此世界范围的颠覆将最终危及欧洲的安全和稳定"[①]。如何利用援助来稳定东南亚国家政局成为美国外交重点考虑问题之一，为此美国先后出台了 NSC124/1 号和 NSC5429/2 号文件，确定把东南亚防御纳入美国的全球防御中，并详细分析了东南亚各国不同的国情，制定具有针对性的援助政策。作为美国外交"楔子"的菲律宾是美国的援助重点，为了使援助效果最大化，美国详细研究和制定了对菲律宾援助的项目和数量，并制定了对菲律宾援助的 NSC5413/1 号文件，以此来帮助菲律宾解决国内问题，稳定菲律宾

---

① *FRUS*, 1952–1954, Vol. XII, Part I, p. 127.

经济和政治局势。

一 从 NSC124/1 号文件到 NSC5429/2 号文件

朝鲜战争爆发后，美国最终确定了对东南亚的政策，把东南亚纳入美国战略防御体系之中。1952 年朝鲜战争进入关键阶段，美国进一步提出了在东南亚的目标和行动计划，即 NSC124/1 号文件。[①] 文件再一次强调美国在东南亚的目标是防止东南亚国家发生政权更迭，坚持从内部和外部发展非共产主义倾向，加强自由世界的力量。文件把东南亚地区的安全和美国的国家安全利益挂钩，认为"无论何种形式的共产主义对此地区的统治，都会在短期或长期损害美国的安全利益"，并且"共产主义对东南亚的影响将会使美国在太平洋沿岸岛链处于危险之中，甚至会严重损害美国在远东地区的利益"。美国之所以重视东南亚地位，除了东南亚重要的战略位置外，还因为东南亚是世界重要的原材料的产地。在东南亚各国中，马来西亚和印度尼西亚是世界橡胶、锡和石油等重要战略物资的产地，缅甸和泰国是重要的大米出口国，且中国香港和台湾地区与日本经济联系密切，对日本的经济发展有重大影响。在美苏两极格局中一旦东南亚加入社会主义阵营，首先受影响的是日本经济，所以在美国看来"对东京的成功防御是防止东南亚受共产主义影响的关键"，这种互为条件的连环关系使美国绝不容任何一方有失。

为此，美国认为文化上，应加强在此地区的宣传工作，增强资本主义世界人民的联盟，成立一些反共组织，在东南亚形成抵御共产主义的精神力量。经济上，鼓励和扩大东南亚国家之间、东南亚国家和资本主义世界国家之间的贸易关系，使东南亚地区的原料运往资本主义世界。政治上，寻求与英、法等国达成一致协议，共同防御共产主义对东南亚的影响和对中国实行海上封锁。

文件认为美国将继续实施对该地区的经济和技术援助，以加强该地区政府的执政能力，并鼓励东南亚国家之间保持和扩大彼此间的贸易和

① *FRUS*, 1952 – 1954, Vol. XII, Part I, pp. 127 – 134.

合作。为了更好地应对东南亚提供援助和解决远东援助中的问题，使援助效果达到最大化，美国制定了 NSC5429/2 号文件，在该文件中美国详细研究了各国、各地区不同国情和特点，根据各国经济和政治的不同特点把远东和南亚国家、地区分为了四类。①

　　第一类包括朝鲜、中国台湾地区、印度支那，对这些国家和地区的援助主要采取提供拨款的形式，援助主要用于防御工作。第二类是日本。美国认为日本是远东和南亚地区唯一的工业化国家，战后通过对自身资源的利用和从军事开支中积累了大量资本，经济已取得明显进步。但是在建立现代化的工厂和拓展海外市场方面欠缺，所以对日援助主要以贷款的形式，着重改善私人投资的环境，建立相应的机构，进行外部融资。额外的援助（主要指农产品的销售）主要在 480 号公法下进行。第三类为菲律宾。由于美菲之间的贸易关系，美国在对菲律宾贸易中受惠极大，美国认为菲律宾私人投资的环境相对较好，并且菲律宾政府坚定地实行西方的政治制度和亲美的外交政策，所以美国援助的目标主要是在美国监督和指导下，通过提供技术援助和资金促进菲律宾的经济发展。第四类是南亚和东南亚，具体包括阿富汗、巴基斯坦、印度、斯里兰卡、缅甸、马来西亚、印度尼西亚。美国政府认为这些国家的生活水平、储蓄利率和资本投资普遍偏低。大部分国家生产率的增长不及人口增长的速度，甚至有些地区的生活水平低于 1939 年的水平。所以这些国家利用外部经济援助来促进发展的能力有限，并且这些国家或地区，政府效率低下，发展商业和技术创新能力有限，加上其中很多是新建国家，民族主义情绪高涨，对美国的疑心重，不愿意接受引进私人投资的政策。美国在这些国家主要关心的是如何防止这些国家和地区受共产主义的影响，而在美国看来，在当时的条件下无论援助的规模多大，要想利用援助达到此目的无异于痴人说梦。所以美国认为要想改变这种状况，需要优先发展教育，从内部提高他们的生活水平、发展储蓄和投资，待这些国家或地区的基础问题解决后，外部援助才能真正发挥作用，国际银行和进

---

①　*FRUS*, 1952–1954, Vol. XII, Part I, pp. 1026–1028.

出口银行的技术援助和贷款也才能真正成为有用的工具，最终刺激本地资源得到更加有效地利用。

从 1950—1954 年，援外事务管理署（FOA）对这些国家和地区的经济援助共 770 万美元。在此期间世界银行和进出口银行共支出 1.3 亿美元。到 1954 年 6 月底 FOA 已经保证给此地区但未支出的资金共 2.09 亿美元，到 9 月 30 日两个银行是 1.65 亿美元（以上数据包括对菲律宾的支出）。但美国财政部则认为对这些国家和地区的援助效果不佳，也没有提高这些国家和地区对自然资源的利用率，所以建议减少直接援助，增加国际银行、进出口银行、国际金融公司在这个地区的活动。

二　NSC5413/1 号文件

从 NSC5429/2 号文件中可以看出，在美国援助的远东国家中把日本和菲律宾单独作为一类，足以说明它们在美国享有的独特地位。冷战爆发后，美国不止一次宣称菲律宾是"远东防卫的重要岛链"。更由于菲律宾在地理位置上邻近中国、日本、印尼、印度支那，作为美国在亚洲宣扬"自由民主"的代表国家和努力培养的"民主橱窗"，菲律宾的独立和进步对美国来说不仅仅是防御共产主义的手段，更是向亚洲各国展示美国民主的平台和窗口。为了充分发挥菲律宾的"民主橱窗"作用，也为了使美国对菲律宾的援助更加有效地进行，美国在 1954 年 4 月制定了全面的对菲政策即 NSC5413/1 号文件。[①]

文件重申了美国在菲律宾的总体目标：保持菲律宾的亲美和民主方向，使菲律宾成为"东亚地区西方制度的代表和解决亚洲问题的枢纽"；扩大和发展菲律宾的经济多样化，进一步加强国内稳定，提高菲律宾在世界市场上的竞争力；建立能够提供内部安全的军事能力，以便有助于加固资本主义世界的防御体系；在保持传统的亲美外交政策基础上，进一步增强菲律宾的非共产主义倾向，并扩大菲律宾的影响力。

从 NSC5413/1 号文件可以看出美国想通过菲律宾达到的目标很多，

---

① 文件的具体内容见：*FRUS*, 1952 – 1954, Vol. XII, Part 2, pp. 591 – 600.

但是菲律宾国内政治、经济形势，很难让美国达成所愿。菲律宾经济的发展速度远远不及人口增长的速度，农业生产方式落后，生产力低下；工业投资不足，工人素质普遍低下；政府财政收入不足，无法进行改善经济和提高公共服务的工作。① 马格赛赛总统虽然采取了一些改革措施但收效甚微，文件强调马格赛赛总统应致力于"促进与东南亚国家的亲密关系，通过改善与亚洲国家的外交关系，发展与这些地区的经济和文化合作，提高菲律宾的区域领导力"。虽然美国承认，菲律宾完成这些目标的能力有限，但仍强调菲律宾作为美国反共联盟力量存在的重要性。为达到此目标，美国从菲律宾最为严峻的经济着手，鼓励菲律宾政府进行社会经济改革，并对菲律宾提供经济、技术援助，具体包括农业、健康、公共卫生、教育、运输、矿产开发和公共行政等方面。目的是通过援助增加菲律宾的农业产量，改变农业落后状况；鼓励私人投资，促进轻工业发展；促进社会公平，缓解菲律宾贫富分化的两极现象。

1954 年，经济和技术援助总额为 2200 万美元，具体包括：1. 农业援助项目。帮助菲律宾增加粮食产量，改善乡村条件和培训农业负责人。2. 健康和公共卫生项目。帮助菲律宾控制疟疾传播，建立地区卫生单位，增加公共建设和进行健康培训。3. 教育项目。援助菲律宾建立职业化、专业化的教师培训。4. 交通项目。援建道路、港口，并进行广泛综合的交通勘测。5. 矿产资源项目。援助菲律宾开发本国的矿产资源，并给投资者和政府官员提供技术指导。6. 公共行政项目。提高政府办事效率，为预算、会计调查和政府系统的工资提供预案，并由政府的公共管理学院成立了劳动管理关系中心。② 1955 年经济和技术援助总额大约为 2000 万美元，主要用于以上项目领域的发展和提高。

此外，美国还在菲律宾实行了信息服务项目，成立了 4 个信息服务中心，并雇用了 13 名美国人和 111 名菲律宾当地人。这个项目的主要目的除提供信息咨询外，还担负着反共和宣传民主的任务，预计每年参与到这些中心的人数为 23 万人，其中 80% 是学生。1954 年由于缺乏资金，

---

① *FRUS*, 1952 - 1954, Vol. XII, Part 2, p. 592.
② *FRUS*, 1952 - 1954, Vol. XII, Part 2, p. 599.

美国计划减少40%的图书馆服务,导致两三个图书馆停用,并解雇了一些图书馆人员。信息服务项目下媒体材料的供应主要由122个报纸和杂志以日或周报/刊的形式供应,此外还包括18个广播电台和64名政府官员。[1] 1954年,同样由于资金问题减少了大约65%的服务,而在菲律宾生产的以反共和宣传民主为主题的、主要在商业电影院、移动设备和电视播放的电影,则减少了50%。

美国还在584公法〔《福布莱特法案》(Fulbright Act)〕和402公法〔《史密斯—蒙特法案》(Smith-Mundt)〕下和菲律宾实施了教育交换项目。[2] 总共有344名菲律宾人去了美国,81名美国人来菲律宾。584号公法还提供讲师、教师、学生和研究专家的交换,而402号公法则提供美国和菲律宾地方领导的交换,其中54名菲律宾市区和工业领导去美国,而美国有8名专家来菲律宾。在584号公法下的花费从与菲律宾协商的剩余财产中以本国货币的形式支出,在此条款下的花费总额最大为100万美元,总时长为20年。在402号法案下的花费由美国以美元拨款的形式支出。

军事援助方面,美国承诺将继续对菲律宾提供军事援助。文件认为鉴于菲律宾目前外部威胁相对遥远,和菲律宾经济发展项目的需要,美国暂不增加在菲律宾的军事力量,军事援助的重点放在训练菲律宾军队和为军队提供装备方面,通过提高菲律宾军队的效率来提高竞争力。在维持当前军事水平的前提下,美国想最大限度获取更大范围的土地来扩大军事基地,以便满足美国防御的需要。当前菲律宾的武装力量大约共有53000名办公人员和军人,具体包括:陆军3.90万人、海军3300人(不包括主作战舰艇)、空军3800人、警察6900人,空军大约有40辆F-51D战斗机、20辆运输机(大多是C-47s),大约100辆各种教练机;海军包括5艘护卫舰、19艘驱潜舰、3艘巡逻舰、7艘两栖作战舰、13艘辅助舰和勤务舰、1艘扫雷舰。[3]

① *FRUS*, 1952–1954, Vol. XII, Part 2, pp. 599–600.
② *FRUS*, 1952–1954, Vol. XII, Part 2, p. 600.
③ *FRUS*, 1952–1954, Vol. XII, Part 2, p. 598.

1952—1957 年美国对菲律宾援助实际费用和预计花费如下：

表 3 – 1　　　　1952—1957 年美国对菲律宾的各项援助总花费①　　单位：百万

	实际花费		预计花费				
	1952	1953	1954	1955	1956	1957	总数
军事援助	12.0	37.4	31.7	27.0	23.9	4.6	87.2
经济和技术援助	12.0	24.1	22.0	20.0	20.0	20.0	82.0
信息服务	1.9	2.2	1.4	1.3	1.1	1.1	4.9
教育交换	0.5	0.4	0.3	0.3	0.3	0.3	1.2
总数	26.4	64.1	55.4	48.6	45.3	26.0	175.3

（军事援助包括物料运输的价值，加上培训、打包、管理和装箱、运输的费用；经济和技术援助指作为单独统一项目已经授权和实施的，向菲律宾提供的经济和技术援助；这些数据不包括菲律宾参与的美国剩余农产品项目下的拨款）

从此表中可以看出 20 世纪 50 年代初期，美国对菲律宾提供的军事援助呈递增的趋势，到 1953 年达到顶峰，为 3740 万美元，之后不断减少，出现这种趋势的原因与国际局势的变动和美国外交政策的调整有直接关系。1950 年朝鲜战争爆发后，美国不断加大对菲律宾的军事援助，此后战争结束后呈减少趋势，到 50 年代末达到最低，这与美国外援政策的调整时间相一致。而经济援助则呈现相对稳定的趋势，1953 年后基本维持在 2000 万美元，这与 50 年代后期美国所提倡的减少军援加大经援的精神相一致，同时也说明了美国对菲律宾经济问题的重视和菲律宾经济问题的严重性，如果不加以重视那么最终会影响军事援助和美国在菲律宾目标的实现。

此外在 NSC5413/1 号文件中还特别强调务必保证对"胡克"的军事行动成功和美国不再向菲律宾提供战争赔偿，对"胡克"问题的重视说明美国把防御菲律宾的内部安全看成是防御共产主义的关键，这也印证了美对共产主义所持有的怀疑和遏制的态度。由于美国拒付剩余的菲律

① *FRUS*, 1952 – 1954, Vol. XII, Part, p. 597.

宾战争赔偿，致使战争赔偿问题成为美菲之间的遗留问题，直到约翰逊时期才得以最终解决。

20 世纪 50 年代美国外交战略的重点从欧洲逐渐转移到亚洲地区，而对日和对菲政策则成为美国亚洲政策的核心，所以美国加速对日媾和步伐，制定对菲援助政策以巩固菲律宾国内的政治、经济形势，更好地配合美国国际政策，把菲律宾打造成美苏冷战的前沿阵地。

第四节　美国对菲律宾的援助

美国对菲律宾援助政策确定以后，按照它所制定的基本原则逐步开展对菲律宾的援助。纵观 20 世纪 50 年代，美国对菲律宾的援助主要集中于经济援助和军事援助。20 世纪 50 年代初期，由于中华人民共和国成立和朝鲜战争的爆发，打破了美国既定的亚太安全防御战略，防止所谓的"共产主义扩散"成为这一时期杜鲁门政府及艾森豪威尔政府援助的最主要的目标。这一时期，美国的援助主要集中在军事方面，但由于菲律宾国内不断恶化的经济形势，削弱了菲律宾在太平洋地区防御链作用的发挥，为了稳定菲律宾局势和配合军事援助，美国派出了贝尔调查团对菲律宾国内经济情况展开具体调查，以便更加有针对性地提供经济援助。到了 20 世纪 50 年代中后期，随着东亚局势的稳定，美国在亚洲沿海岛屿防御链的初步稳固，加上过分强调军事援助对经济的忽视使菲律宾经济成为妨碍美国军事政策执行的一大阻碍，美国开始考虑加大对菲律宾的经济援助，援助方式也由以军事为主逐渐向军事和经济援助并重转变，由直接的资金供给转向以贷款或合作的方式。

一　美国派遣贝尔调查团入菲调查

朝鲜战争爆发后，美国对亚洲的战略部署进行调整，提高日本、菲律宾、印度支那在美国外交中的地位，菲律宾作为美国防御岛链上的重要一环成为美国的防御重点。到 20 世纪 50 年代初，菲律宾国内局势不容乐观，战后的恢复和重建工作进展缓慢。国内财政状况堪忧，政府腐败现象严重，人民生活水平没有得到切实的提高，美国在菲律宾一直追求的目标——高效的政府和自给自足的经济落空。

为了更好地指导对菲援助和帮助菲律宾改善经济和挽救政治不断恶化的局面，美国总统于 1950 年 6 月 10 日派出以丹尼尔·贝尔（Daniel W. Bell）——美国前副财政部长为首的经济调查团前往菲律宾，该调查团包括 5 名成员和 24 位助理，主要目标是对菲律宾的经济状况开展调查，试图帮助菲律宾政府建立一个"健康和运行平稳的经济"。贝尔调查团在菲律宾周游了三个月，于 10 月 9 日发表了一份长达 100 页的调查报告，称为"贝尔报告"（the Bell report）。[1] 该调查报告认为菲律宾主要存在以下问题：第一，生产不足和人均收入低是导致菲律宾经济问题的根本原因。经济恢复工作开始后，菲律宾工业和农业的生产率仍低于战前水平。虽然部分土地得以恢复，但在过去 10 年中，菲律宾人口增加了 25%，但政府却没有采取任何措施为新增人口开垦土地。农村，生产方式落后，农民和佃农的地位低下。第二，产业结构不合理，贸易严重依赖出口。战后生产率虽然恢复到战前水平，但企业并没有增加新的就业机会和促进经济进步的措施。外贸仍严重依赖几种基本农作物的出口——可可、糖、大麻。战后初期经济的增长主要集中在房地产和商业，农业和工业增长幅度不大，大多数外汇用于购买奢侈品，并没有投入到能够带动经济增长的领域。第三，政府财政状况堪忧，赤字不断增加，通货膨胀严重。由于缺少资金，政府停止了多个财政支持的公共项目，并且军队在与"胡克"的对抗中花掉了巨额资金，加剧了经济状况的恶化。到 1950 年夏，政府财政仍没有得到改善，10 月份菲律宾中央银行的行长，不得不去华盛顿向美国借 5000 万美元用于支付工人、教师、士兵的工资。政府财政危机加上在镇压"胡克"运动方面的花费，使菲律宾迫切需要财政援助。第四，收入极不平等，劳资之间、地主和佃农之间收入悬殊。大多数人的生活没有达到战前水平，商人和大地主的收入大幅增加，而工人、农民和佃农的收入却没有相应增加，反而由于通货膨胀，物价持续上

---

[1]　Report to the President of the United States by the Economic Mission to the Philippines, Washington, October, 1950, p. 1.

涨等问题，生活水平下降，真正的收入从穷人手中转移到了富人手里。①

鉴于以上菲律宾经济的困难局面，调查团认为要想改变菲律宾经济现状，重点是增加生产，提高生产效率，同时提高工资水平和农民收入，增加新的就业机会。为此，调查团建议应该对菲律宾进行改革：第一，进行财政改革，避免通货膨胀进一步加剧，措施有：1. 改变税收结构，建立有效的征税机制；2. 鼓励对生产企业进行投资；3. 协调政府的财政、信贷和投资政策，防止发生通货膨胀。第二，提高农业生产率，以便促进工业发展。利用现代技术增加农作物的产量，建立农业信贷机制，向缺乏资金的农民提供贷款。第三，大力发展经济，实现经济多样化。措施有：1. 在原有工业基础上，拓宽新型工业结构，加快硬件建设改善运输能力，为经济合理快速发展提供所需要的动力。2. 提升企业发展信心，向企业提供财政援助。3. 对非必需品进口实行管控，优先选用国内商品，对进口的非必需品额外征收 25% 的特别进口税，以此扶植国内企业发展，农业生产材料和粮食制品等特殊需求不受限制，逐渐改善菲律宾的国家支付地位。第四，进行社会改革，实行完善公共卫生和教育的计划。同时强化立法，改善人们的健康、教育、住房等条件。健全劳动市场制度，制定最低工资保障工人权益，逐步提高劳动者工作待遇，在法律上维护劳动者最基本的生活水平。第五，进行政府行政机构改革，提高政府工作人员的办事效率。

为了能够更好地推动菲律宾政府进行改革，调查团建议在美国政府的监管之下，向菲律宾提供 2.5 亿美元的经济援助，这些资金在十年时间内分批提供，用于帮助菲律宾发展经济和提供技术支持。②

虽然贝尔调查团建议向菲律宾提供援助，但是援助的条件却极为苛刻，以必须实施贝尔调查团提出的建议为前提。为了更好发挥援助的作用，调查团建议派遣特别技术顾问团具体指导援助的使用，报告中说

① George E. Taylor, *The Philippines and the United States: Problems of Partnership*, New York: Frederick A. Praeger, 1964, p. 135.

② U. S. Department of State, *Publication 4010*, *Far East Series*, No. 38, Report to the President of the United States by the Economic Mission to the Philippines (Washington, D. C. : 1950).

"技术顾问团不仅给菲律宾政府提供建议，而且帮助菲律宾官员制定具体的实施计划"。美国向菲律宾提供的资金，必须在美国的监督之下使用，菲律宾政府财政同样受到美国的监督；报告规定"技术小组的负责人授权分发资金，所有的花费应直接由美国政府决定"，① 此外用于社会和经济发展的资金必须与美国在菲律宾的利益相一致，也就是说所有援助的花费，必须有利于美国实现在菲律宾的利益。

为了实施贝尔经济调查团提出的建议，1950 年 11 月 14 日季里诺总统和菲律宾经济合作委员会主席威廉·C. 福斯特缔结了《经济和技术合作协定》，即《季里诺—福斯特协定》。由经济合作署（ECA）监督和指导援助的使用，美国认为菲律宾"没有能力把援助用于实际投资当中，或不能很好地用于政府选举方面"，所以，菲律宾在利用美国外援资金方面的主动性很小。《马尼拉日报》主编指出："福斯特称贝尔计划的实施是建立在两国合作的基础上，但这种合作就如同与拥有资金的'山姆大叔'合作一样，只停留在字面上……谁掌握资金谁就掌握话语权……我们必须接受因为我们没有选择。"② 1951 年 4 月，美国政府向菲律宾提供了第一笔赠款，指定用于发展农业和大众卫生，棉纺工业以及检查燃料与交通运输设备。

菲律宾为了体现在援助中的话语权，在美国成立贝尔调查团的同时，成立了一个成分复杂的委员会，这个委员会由菲律宾政府领导，成员大部分是菲律宾人，主要负责把建议送往 ECA，再由 ECA 提交华盛顿做最终决定。然而美国政府却并不承认此委员会，因为美国政府在援助中处于绝对的主动地位，并且在菲律宾成立的委员会几乎对华盛顿的决定没有影响。

贝尔报告是建立在对菲律宾社会深入调查和研究的基础上得出的报告，它包括广泛的社会经济目标，甚至可以说贝尔报告是菲律宾的革命，是一次想通过变革，利用经济杠杆，建立更加"民主"政治的尝试。贝

---

① *Report to the President of the United States by the Economic Mission to the Philippines*, Washington, October, 1950, p. 100.

② *Manila Chronicle*, Editorial, November 10, 1950.

尔报告不是第一个也不是最后一个针对菲律宾的经济进行的调查研究，但它却是第一个大范围、系统地对战后菲律宾经济进行调查的研究报告。它由高度专业化人员组成，历经长时间的调查，对菲律宾社会问题的分析和建议，直到今天，仍具有很高的借鉴意义。贝尔报告是美国第一次尝试以外援手段改变一个独立国家的政治经济政策，是美国对菲律宾政策的大规模实践。

当然贝尔调查报告中把菲律宾存在的经济问题都归于菲律宾自身，比如政府效率的低下，战后重建的迟缓等，却忽视了一个很重要的方面，那就是美国对菲律宾经济的影响。许多问题可追溯到殖民时期美国对菲律宾的统治，正是这种殖民统治导致菲律宾形成畸形的经济结构。菲律宾独立后与美国签订《贝尔贸易法案》，在"自由贸易"的幌子下，菲律宾外贸逆差严重，外汇储备严重枯竭，每年政府损失巨额关税，这些问题的解决都有待于改变美菲之间不平等的贸易关系。

在美国苛刻的援助条件下，美菲在援助方面仍能达成一致，首先，这与菲律宾严峻的政治经济形势密切相关，菲律宾当时的国内问题已经超过了自身能解决的范围，为了获得美国援助不得不放下民族自尊。其次，与美国的外交政策的调整有关。中华人民共和国的成立和朝鲜战争的爆发，使菲律宾在美国外交中的地位上升，美国急需通过援助来达到影响、控制菲律宾的目的。

二 以《季里诺—福斯特协议》为开始的美国对菲律宾经济援助

美国对菲律宾的经济援助项目正式开始于 1950 年的《季里诺—福斯特协议》，它是美国为实施贝尔报告中对菲律宾进行经济改革项目与菲律宾达成的协议。在此协定中，双方就援助的目标和形式达成一致，共同致力于帮助菲律宾解决战争所造成的社会和经济问题，促使菲律宾进入繁荣的新时代。[①] 在协定指导下，菲律宾政府发起了经济发展项目，并承诺"严肃并快速的考虑"报告中提出的主要建议。为了保证报告中的建

---

① *FRUS*, 1950, Vol. Ⅵ, p. 1521.

议得到有效实施，菲律宾政府决定通过立法为项目的实施提供法律保障，具体包括：关税立法，以此获得不少于5.65亿比索的收益；农业工人的最低工资立法；并在国会中就社会和经济改革措施的实施进行协商、达成一致。美国则同意对菲律宾提供技术援助，并修改当前的贸易法案，"鉴于菲律宾政府执行该主要项目的坚定和快速……美国总统建议国会提供2.5亿美元的资金"[1]。1951年春菲律宾国会就此协定形成统一意见，1951年3月，季里诺总统签发了600公法和601公法，增加企业所得税和向外汇销售征收特别关税。1951年4月14日，杜鲁门总统写给季里诺总统的信中表示美国将"积极快速地实施"两国达成协议的项目，[2]并向菲律宾提供1500万美元的资金作为该项目的中期援助。到6月底，该资金全部用于经济发展项目，包括购买肥料、灌溉水泵、农药和纺织厂的设备。此外援助进一步扩大到公共健康项目、家庭手工业的建设和调查煤炭储备情况和铁路需求情况。在《季里诺—福特斯协定》下的经济发展项目援助数额为：工业和矿业3890万美元，交通2570万美元，乡村和农业发展3300万美元，工业机器的进口500万美元。[3]

　　美国对菲律宾的经济援助除却《季里诺—福斯特协议》下的经济发展项目外，还在《共同安全法》下对菲律宾提供经济援助，从1951—1953年，经济援助扩大到7700万美元。[4]具体的援助活动包括：通过改善金融、公共健康、低消费的住房、扩大农业服务、控制疾病等方面的活动提高农民的生活水平；通过修建道路、开垦棉兰老岛的新土地、分发肥料、援建农业大学和建立灌溉系统等措施增加粮食产量。美国认为农业是国家稳定的根基，通过在菲律宾发展农业援助项目，提高农业生产率，实现主要农作物的增产增收。在美国的援助下，1952年菲律宾糖的产量超过了百万；1952—1953年大米产量达到了历史最高水平，基本

---

[1]　Shirley Jenkins, *American Economic Policy toward the Philippines*, Stanford: Stanford University Press, 1954, p. 160.

[2]　*Far East Trader*, May 2, 1951.

[3]　George E. Taylor, *The Philippines and the United States: Problems of Partnership*, New York: Frederick A. Praeger, 1964, p. 201.

[4]　*FRUS*, 1952 – 1954, Vol. XII, Part 2, p. 543.

实现了自足。

对菲律宾农业领域提供援助的同时，美国还援助菲律宾的工业。美国认为菲律宾是东南亚地区唯一一个可能走上工业化道路的国家，因此要想实现国家的富强必须促进菲律宾工业化的进程。而且美国认为菲律宾具备进行工业化的条件，美国的外交文件曾指出，菲律宾的优势就是国内经济主要掌握在私人企业的手中。1952年美国讨论菲律宾的工业化问题时指出：就菲律宾目前的经济状况，什么样的工业化道路才是切实可行的；美国是否应该扩大在共同安全法下的援助规模，以帮助菲律宾实现工业化。[①] 美国认为菲律宾的工业化有利于缓解菲律宾的经济不景气状态，促进菲律宾烟草、糖、木材、大米和矿产资源的加工工业的发展，加速工业体系的建立。起初美国对菲律宾的工业援助主要集中在菲律宾的加工工业，菲律宾的经济作物主要是椰子、蔗糖、马尼拉麻和橡胶，所以菲律宾的加工工业主要是针对这些经济作物的加工。后来随着经济的进一步发展，单一的加工业阻碍菲律宾经济的进步，于是美国对菲律宾的工业援助开始向多样化迈进。

二战后的第一个十年，美国对亚洲国家的援助共100亿美元，大多数用于战后重建和向受战争迫害的国家提供食物和其他必需品，也有出于军事目的和经济发展而提供的援助，其中超过23.5亿美元以直接或间接的方式给了菲律宾。具体支出包括[②]：在《菲律宾战争损失案》下的支出5.095亿美元；剩余财产转移的支出1亿美元；美国军队的民间救济4800万美元；联合国善后救济署在菲律宾的项目支出770万美元；ICA下的拨款1.271亿美元；各种各样的其他拨款共3670万美元；贷款共2.165亿美元（这其中包括在ECA下的贷款，和ICA下的贷款，还有复兴银行公司和进出口银行的贷款）；到1956年年底的退伍军人的福利和战争赔偿10.023亿美元；军事援助1.693亿美元。此外还有其他的小额支出。

---

① *FRUS*, 1952 – 1954, Vol. XII, Part 2, p. 499.

② George E. Taylor, *The Philippines and the United States: Problems of Partnership*, New York: Frederick A. Praeger, 1964, p. 201.

　　总体而言，美国对菲律宾经济援助基本遵循四个哲学原则[①]：第一，援助项目必须体现一种合作关系，具体是指美国提供资金和技术，菲律宾提供原材料和劳动力。美国对菲律宾实行严格的控制，菲律宾不能自由支配援助资金，援助活动必须有益于美国利益。第二，菲律宾的经济增长必须超过特定的基准。菲律宾政府通过经济合作署（ECA）获得的美国援助，应尽可能用于政府投资、资金投资和经济发展。第三，经济援助着重用于促进工业化，但工业的发展必须是渐进的，不是一蹴而就的。农业的生产率增长必须超过工业化。农业生产应该满足自身国民消费和出口，因为出口对保护风险投资和工业发展的信用至关重要。此外，美国也致力于实现菲律宾的经济多样化。第四，经济援助用于改善经济，包括公共条件的改善，提高市民工资，控制财政，加大对社会福利项目的投入。虽然美国对菲律宾的援助是在促进菲律宾经济发展的口号和幌子下进行，但丝毫掩盖不了它利己的本质，这也是美国对菲律宾援助所奉行的首要原则。也正是因为美国对菲律宾援助的这种政治背景，使菲律宾政府对援助没有掌控权，不能根据本国需求来使用和安排援助资金，导致在解决菲律宾经济顽疾方面效果不佳。由于援助没有达到预期的效果，使两国在对待援助方面都有怨言：菲律宾抱怨美国援助给得太少；美国则抱怨菲律宾政府没有很好地利用援助。

三　追求安全利益下的美国对菲律宾军事援助

　　美国对菲律宾的军事援助正式开始于 1947 年 3 月 21 日美国与菲律宾签订的《美国对菲律宾军事援助协定》，通过双方协定，美国继续拥有在菲律宾设立军事基地的权利；美国派遣军事顾问为菲律宾训练军队，帮助菲律宾政府稳定国内政局，美国军事顾问的薪金则由菲律宾政府支付。这些军事基地对美国在西太平洋的战略利益具有重大的意义，是美国在亚洲战略体系的一个重要环节。[②] 美国对菲律宾军事援助的主要目的是维

[①]　George E. Taylor, *The Philippines and the United States: Problems of Partnership*, New York: Frederick A. Praeger, 1964, p. 202.

[②]　梁英明、梁志明编：《东南亚近现代史》（下册），昆仑出版社 2005 年版，第 524 页。

持两国在东南亚的军事防御关系，帮助菲律宾建立起稳定的内部防御和经济自立能力，从而强化地区联盟。

美菲军事援助协议实施的同时，美国于 1947 年 3 月在菲律宾成立了一个军事组织（团体）即美国联合军事顾问小组（JUSMAG），主要负责制定和管理美国对菲律宾军事援助项目。在顾问小组成立的第一个十年，JUSMAG 总共管理过 1.693 亿美元的资金，这些资金用途广泛，包括：培训克拉克基地飞行员；培训喷气式飞机、扫雷舰、弹药军火的运输；空军基地的改善；仓库、货栈和分培训地点的建设。① 此外，JUSMAG 也给菲律宾军队提供了各种各样的设备，这些设备对改善菲律宾军队的战斗力、流动性和通信能力起了很大作用。JUSMAG 是菲律宾建设现代化部队的主要影响因素，是菲律宾政府镇压国内胡克运动的辅助力量，也是支持马格赛赛竞选总统和实行社会改革的主导力量。除此之外，美国还接收了 1.10 万名菲律宾官员赴美培训，这些菲律宾人回国后，在政府部门、企业等担任重要职务。

进入 20 世纪 50 年代，由于冷战的不断升级，鉴于菲律宾国内外安全形势，美国对菲律宾开展援助的首要目标就是保障菲律宾的安全。美国政府认为，要想在菲律宾顺利达到防御外部共产主义的目的，关键是消灭菲律宾国内的胡克运动。为了实现在菲律宾的政治意图，扶植可靠的代理人非常关键，在美国中情局特工中将爱德华·兰斯代尔的极力推荐下，菲律宾国会议员马格赛赛成为美国最佳人选。最终，在美国的不断施压下，1950 年 9 月 1 日季里诺总统任命马格赛赛为菲律宾国防部长。②

就任国防部长后，马格赛赛按照美国军事顾问的建议，一方面继续加强对胡克运动的镇压，维护菲律宾亲美政权的稳定；另一方面对菲律宾的军队进行整顿，改革现有军队结构，将军队、警察和宪兵改组到新国防部，统一指挥、统一管辖。此外，他还注重改善政府军在民众中的

① George E. Taylor: *The Philippines and the United States: Problems of Partnership*, New York: Frederick A. Praeger, 1964, p. 149.

② Cecil B. Currcy, *Edward Lonsdale: The Unquiet American*, Boston: Houghton Mifflin, 1988, p. 90.

形象，提升民众对军队的信心。这一时期，马格赛赛军事改革最显著的特点是实施心理战，该战术来源于兰斯代尔的建议，国防部成立"民事事务部"，专门负责研究民众心理需求和心理战术。为了融入民众，改善军队以往流痞形象，国防部还专门挑选部分优秀军人到社会执行任务，让民众感受到军队的变化，从而改善军民关系。此项举措取得了比较好的效果，此外美国为马格赛赛设计了更有针对性的心理战计划，其中最为著名的是"上帝之眼"计划。"上帝之眼"是专门为消灭胡克运动设计的，通过损毁"胡克"部队的形象，破坏"胡克"内部团结，离间民众和"胡克"的关系。在广泛推行心理战的同时，马格赛赛加大对胡克运动的武装镇压，对胡克运动形成全面有效的打击。胡克运动的领导者被迫流亡，军队战斗力和民众形象一落千丈，难以对政权构成威胁。由于马格赛赛在军队改革和镇压胡克运动上都取得了骄人的成绩，获得美国政府的认可，有了美国政府的大力扶持，马格赛赛在菲律宾政坛的崛起已经是大势所趋。最终在美国的大力扶持下，马格赛赛在 1953 年菲律宾大选中获胜，成为菲律宾的新一届总统。[①]

有了稳定的亲美政府保障，美国对菲律宾的军事援助逐渐步入正轨，NSC84/2 号文件的补充文件出台后，美国对菲律宾进行了大规模的军事援助活动，主要以提供物质和财政援助的形式，第一批财政支持为 2.5 亿美元，以后在此数目的基础上有所增加。美国对菲律宾军队的援助每年大约增加 5000 万美元。

1951 年美国颁布了《共同安全法》，以通过向所谓的"友好国家"提供军事援助、经济和技术援助，来保证美国的安全和实现它的外交政策。同同期的共同防御条约是美国在朝鲜战争爆发后为维护在太平洋地区的安全利益所采取的措施，这个安全体系范围之广超过以往任何体系，包括日本、澳大利亚、新西兰等国家，以及中国台湾地区、SEATO。通过《共同安全法》和共同安全条约可以看出美国在外交政策上最显著的变化是加强了那些处于美苏冷战前沿的亚洲国家及愿意接受美国援助国

---

① 温荣刚：《杜鲁门政府时期美国的菲律宾政策》，《聊城大学学报》（社会科学版）2014年第 4 期。

家的军事力量。为了加强这些国家的军备活动，美国必须保证这些国家
有一个能够承担军事负担的经济和稳定的政治局势，所以美国给这些国
家提供的经济援助是为军事力量做后盾的。美国援助的目的有两个：一
是帮助他们建立一个稳定的经济、政治局势；二是帮助他们建立强大的
军事力量，以应对国内危机和国际上所谓的"共产主义渗透"。菲律宾作
为美国防御的前沿阵地，是美国重点援助的国家之一，1951 年 8 月朝鲜
战争爆发后第一年，日本和平协议实施将近一年时，美菲签订了共同防
御条约。此条约比以往两国签订的任何协定的约束性都大，菲律宾的安
全完全置于美国的保护之下。美国比以往任何时候都愿意"保护"菲律
宾，正如马格赛赛所说："美国这种写下来的承诺，仅在菲律宾的军事基
地中出现过。"美国加大对菲律宾的军事援助，主要目的是在菲律宾建立
起强大的军事防御能力。1950—1953 年间，美国在菲律宾用于共同防御
的援助项目达 1. 152 亿美元。[1]

1954 年开始，美国在 NSC5413/1 号文件的指导下，对菲律宾提供了
大量的军事援助，除维持目前美国在菲律宾的军事力量之外，通过加强
对菲律宾军队的培训和指导，提高军队竞争力，使军队成为维护菲律宾
国内安全的重要保障。1958 年 6 月，美国的 NSC5813/1 号文件[2]，进一
步强调菲律宾对美国的重要性，规定继续对菲律宾实施军事和经济援助。
军事方面，美国认为对菲律宾军事援助的主要目的是帮助菲律宾建立起
武装力量，使菲律宾有能力镇压国内的"胡克分子"运动和抵御外部入
侵。当时菲律宾的武装力量包括：陆军 2. 73 万人；海军 3660 人；32 艘
作战舰艇和 23 艘后备服务舰艇；空军 4840 人和 154 架飞机；警察 1 万
人。美国认为菲律宾目前的武装力量有能力维护国内的安全，巩固美国
西太平洋的防御。到 1957 年 6 月 1 日美国在菲律宾共有 9730 人的军事力
量，主要用于保护西太平洋的战略利益和美国在菲律宾的军事基地。[3]

20 世纪 50 年代，美国对菲律宾的援助基本是军事援助，其数量之大

---

① *FRUS*, 1952 – 1954, Vol. XII, Part 2, p. 543.

② *FRUS*, 1958 – 1960, Vol. XV, p. 858.

③ *FRUS*, 1958 – 1960, Vol. XV, pp. 865 – 866.

超出想象。1955—1960年五年间，美国总共向菲律宾提供2.19亿美元的军事援助，包括各种武器、交通工具、飞机、海军舰艇、各种供给和设备。[1] 经济援助一般会以"防御支持"的名义包括在军事援助中。1950年后，美国向菲律宾提供的军事援助，主要用于帮助菲律宾维护国内秩序，提高菲律宾的防御力量，维护菲律宾政权稳定。不仅如此，美国把菲律宾军队的人数扩大到5万人（包括军官和警察），由于军队数量的扩大和美国对菲律宾军事力量的重视，菲律宾政府对军事的拨款也与日俱增。1959年政府拨款1.9亿比索用于军事，同期相比政府用于教育的拨款为2.4亿比索，用于健康的仅为5400万比索；到1960年用于防御的拨款提高到2.11亿比索，同期相比用于教育的拨款为3.06亿比索，用于健康的6900万比索。[2] 由此可见，在美苏冷战下，菲律宾政府财政很大一部分用于军事方面，用于经济和公共事业的拨款较少，这对饱受战争破坏的菲律宾而言无疑是雪上加霜。

与亚洲其他国家和地区——柬埔寨、老挝、朝鲜、中国台湾地区、南越（越南共和国）相比，自1956年开始，美国给菲律宾的经济援助开始减少。1951—1956年经济援助资金不到2.5亿美元（此数量是贝尔报告里的数字），而一笔数目庞大的军事援助以设备、军火弹药、培训的形式提供给菲律宾，这笔军事援助的真实价值并没有公布于众。从战争结束到1955年，美国在菲律宾共花费10.39亿美元用于军事，主要用于美国在菲律宾的空军、陆军和海军基地，用于经济援助的数量与此相比微不足道。[3] 20世纪50年代，由于冷战范围的扩大，几乎全世界都笼罩在冷战的阴影下，作为美国亚洲战略基地的菲律宾，更是深受冷战影响，成为美国防御共产主义的桥头堡，接受了美国大量的军事援助，用以提高军事防御能力。

---

[1]　George E. Taylor, *The Philippines and the United States: Problems of Partnership*, New York: Frederick A. Praeger, 1964, p. 184.

[2]　George E. Taylor, *The Philippines and the United States: Problems of Partnership*, New York: Frederick A. Praeger, 1964, p. 182.

[3]　Amry Vandenbosch and Richard A. Butwell, *Southeast Asia among the World Powers*, Lexington: University of Kentucky Press, 1957, p. 105.

美国在诠释 1951 年的《共同安全法》时强调了三个重要的概念：第一，共产主义对所有国家的国际和国内安全构成威胁，尤其是新独立的国家，必须通过军事措施镇压国际上公开的反抗，通过政治和经济措施镇压国内叛乱。第二，防御共产主义是共同的责任，每个国家都应该分担，建立共同安全体系。第三，作为公共安全项目一部分的经济援助，应直接服务于美国经济。第一条揭示了美国冷战时期外交政策的根本出发点——遏制共产主义。不同时期美外交政策的表现形式和具体内容略有变动，但遏制共产主义这一原则却贯穿始终。为达到遏制的目的，加强军备则是必要的手段。美国对菲律宾的军事援助，正是在遏制政策的指导下进行的，通过加强菲律宾的军事力量，来防御共产主义的发展。而最后一条，国务卿杜勒斯在 1959 年议会委员会中是这样表述的："受援国对我国经济是至关重要的，随着贸易总量的增加，援助的成本将以超出成本的收益偿还；而通过援助则会促进美国生产量的提高和增加就业，因为 3/4 的钱花在了美国；援助的成本（除军事援助）很小，不到国民生产总值的百分之一。"① 通过援助可以解决美国农业和工业大约 60 万人的就业问题。换句话说，经济援助直接与美国经济增长相联系，它并不是一种慈善活动，也不仅仅是一种救济手段，而是一种与美国利益切身相关，并且希望能引起受援国社会变革的一种工具。

这三个概念，从总体上概括了美国对菲律宾提供的军事援助与经济援助的关系：军事援助是主体，经济援助是辅助，经济援助服务于军事援助。也可以解释为，提供经济援助是为了更好地实施军事援助。美国对菲律宾提供的经济援助和军事援助的关系，是美苏全球争夺的缩影和印证。

四 美国对菲律宾以军事为主的援助

1947 年杜鲁门主义出台以后，美国以"遏制共产主义"作为国家对外政策的指导思想，并在全球范围内展开同苏联的对抗，尤其在亚洲太

---

① George E. Taylor, *The Philippines and the United States: Problems of Partnership*, New York: Frederick A. Praeger, 1964, p. 182.

平洋地区专门部署保障美国国家安全的防御链。《美菲军事基地协定》《美国对菲律宾军事援助协定》《美菲共同防御条约》的签订，建立起了美菲两国的军事同盟关系。朝鲜战争的爆发更是刺激了美国敏感的神经，为了强化菲律宾沿海防御岛链的作用，美国加强了对菲律宾的军事援助，以期把菲律宾武装为对外防御共产主义的前沿阵地，对内镇压"胡克"的强有力政府。所以这一阶段，美国对菲律宾的援助明显带有冷战和遏制的色彩。

（一）从援助数量来看，美国对菲律宾的军事援助数量庞大

1947 年美国在菲律宾成立美国联合军事顾问小组（JUSMAG），在它成立的第一个十年，总共管理过 1.693 亿美元的援助资金，这些资金被广泛地用于武装菲律宾的军事力量。在 NSC84/2 号文件的指导下，第一批财政支持为 2.5 亿美元，这个数目以后还有所增加。1950—1953 年间，美国在菲律宾用于共同防御的援助项目达 1.152 亿美元。[①] 1955—1960 年五年间，美国总共向菲律宾提供 2.19 亿美元的军事援助，包括各种武器、交通工具、飞机、海军舰艇、各种供给和设备。此外从 1951—1956 年间有一笔数量庞大的军事援助以设备、军火弹药、培训的形式提供给菲律宾，而这笔军事援助的具体数额并未公布于众。从二战结束一直到 1955 年间，美国用于菲律宾的军事援助总额达 10.39 亿美元。除此之外，美国对菲律宾军队的援助以每年 5000 万美元的数额持续递增。

20 世纪 50 年代由于美苏冷战的范围扩展到全球范围，作为美国亚洲战略防御前沿的菲律宾更是首当其冲，成为美国防御共产主义的桥头堡。美国对菲律宾实施如此大规模的军事援助的目的主要有两个：一是从外部保障菲律宾的安全，通过军事援助，美国不断强化菲律宾的军事力量，增强菲律宾防御共产主义的能力，使菲律宾成为东南亚地区资本主义阵营的"忠实成员"，以此达到影响其他国家的目的，不断扩大资本主义阵营。二是从内部增强菲律宾政权的稳定性，尤其是帮助菲律宾政府镇压国内的胡克运动。在美国的军事援助下，菲律宾政府不仅改善了军队和

---

① *FRUS*, 1952 – 1954, Vol. XII, Part 2, p. 543.

政府的形象，更是对胡克运动形成全面有效的打击，胡克运动的规模大大缩小，它的领导者也被迫流亡。

（二）从援助范围来看，名目繁多，范围广泛

1. 派遣军事顾问，为菲律宾军队提供具体而富有针对性的指导和训练。为了更有效地镇压菲律宾国内的胡克运动，美国接受中情局特工爱德华·兰斯代尔的建议任命马格赛赛为菲律宾国防部长，在马格赛赛出任菲律宾国防部长后，更是直接听从了爱德华·兰斯代尔对胡克运动实施心理战术的建议，设计出了专门针对胡克运动的心理作战计划，这一计划使胡克运动遭受重创。

2. 提供战略物资，直接武装菲律宾军队。美国对菲律宾的军事援助，很大一部分以军事设备、军火弹药以及各种战略物资的形式提供给菲律宾。美国认为要想从外部保障菲律宾的安全，内部稳固政权，菲律宾必须有强大的军队和装备精良的武器设备，所以从战后到20世纪50年代中期，美国通过向菲律宾提供军事援助的方式，武装菲律宾的空军、陆军和海军基地。在美国的援助下，菲律宾当时的军事力量包括：陆军2.73万人；海军3660人；32艘作战舰艇和23艘后备服务舰艇；空军4840人和154架飞机；警察1万人。这样的军事力量，美国认为菲律宾有能力维护国内安全和保护美国在西太平洋的战略利益。

3. 派遣菲律宾官员赴美学习、培训。为了提高菲律宾官员的执政水平和执政能力，美国多次提供菲律宾官员赴美培训的机会，希望通过美国专业而有针对性的培训，提高菲律宾官员的执政水平，增强他们面对共产主义的应对能力和反应能力。这些人回国后，大部分在菲律宾政府、军队以及重要企业担任重要职务。

美国在诠释共同安全法时强调的一个重要概念就是共产主义对所有国家的国际和国内安全构成威胁，必须通过军事措施镇压国际上公开的反抗。这也是美国对菲律宾大量提供军事援助的理论基础和出发点，也是这一时期美国对菲律宾援助的显著特点。

虽然美国在20世纪50年代初期派遣贝尔调查团，调查菲律宾的经济问题，但是无论从美国对菲律宾经济援助的数额还是重视程度来看，这

一时期的经济援助都是军事援助的陪衬，而之所以提供经济援助则是为
了更好地发挥美国军事援助的作用，巩固菲律宾的战略防御能力。这种
只注重军事援助的美国对外援助，在20世纪50年代菲律宾加强武装力量
方面确实发挥了作用，但是由于菲律宾自身的经济顽疾，农业落后，工
业开工不足，国内失业问题严重，财政赤字等问题，势必会影响美国军
事援助效果的发挥，这也成为美国对外援助转变的关键因素之一。

第 四 章

肯尼迪、约翰逊时期美国对菲律宾援助
（1961—1968）

　　20 世纪 60 年代美苏冷战的范围向更加广泛的地区扩散，肯尼迪上台后在外交政策上提出"灵活反应"和"和平"的外交战略，在亚洲继续奉行敌视中国的政策并扩大了侵越战争。随着日本、西欧经济的崛起，美国开始丧失国际上经济压倒性优势，不断兴起的发展中国家在国际局势中扮演越来越重要的角色，他们选择什么样的发展道路成为美苏关注的重点，苏联扩大了与这些国家之间的贸易，并向他们输入大量援助。美国则以发展中国家的发展问题为研究对象，兴起了查尔斯学派，他们十分推崇外援在促进经济发展中的作用，主张扩大对发展中国家的援助，尤其是扩大对外发展援助，希望通过促进这些国家的经济发展来抵消苏联的影响，并最终选择资本主义的发展道路。在苏联外援和美国查尔斯学派发展援助理论的共同影响下，美国政府的对外援助体系有了较大的调整，1961 年肯尼迪上台后制定《1961 年对外援助法》标志着外援政策以法律形式固定下来。援助形式上 20 世纪 60 年代经济发展援助取代 20世纪 50 年代的安全防务援助，成为美国对外援助的主要方式。《1961 年对外援助法》确立了美国外援政策的基本原则和法律基础，为美国制定外援政策提供了基本的框架，开启了美国对外援助的新时代。不久，肯尼迪成立了国际开发署专门负责对外援助事务，肯尼迪政府根据新外援法，对美国的外援计划做了重大修改，强调向欠发达国家和地区提供经济援助，削减军事援助预算。

　　美国对菲律宾的外交政策和外援政策顺应美国外交政策和外援政策的总体脉络，对菲律宾经济援助的关注度提高，强调通过援助改善菲律宾的经济问题，并向菲律宾派遣和平队具体指导经济发展项目。美国对菲律宾的经济援助，重点是援助菲律宾的乡村发展项目，通过发展农业项目，提高农业生产率，增加粮食产量。军事援助方面，两国政府主要围绕菲律宾出兵越南问题讨论对菲律宾的军事援助。考虑到美国大规模缩减军事援助的外援政策和菲律宾政府担心军队被冠以"美国雇佣军"的头衔，部分军事援助是以经济援助的形式来提供的。但美国深陷越南战争的泥潭不能自拔，国际和国内对越南政策的批评之声日盛，美国迫切需要亚洲其他国家的支持来改变自身的困境，而作为美国军事同盟的菲律宾的支持则是美国彰显它越南政策合法性和得到东南亚国家支持的旗帜。为了拉拢菲律宾对越南战争的支持，美国开始着手处理与菲律宾拖延了将近20年的战争赔偿问题，并最终支付菲律宾7300万美元的战争损失赔偿。

第一节　肯尼迪政府时的国际局势和美菲关系

　　1961年肯尼迪政府上台，根据冷战局势的发展，肯尼迪在外交战略上提出"灵活反应"和"和平"的口号。"灵活反应战略"的明显特点是：以能够应付全面战争的报复能力为基础，提高应变能力，对危及美国全球安全利益的危险，有效快速地实施"确保摧毁"的打击；提高美国军事机构的全面作战能力，利用核威慑，能同时应对在欧亚两大战场的作战能力，同时，为防范其他地区意外出现的小规模事件，配备充足的预备力量，这就是肯尼迪的"两个半战争"战略。[1] 同时，肯尼迪在他第一篇国情咨文中声称："在总统的盾形纹章上，美国之鹰的右爪抓着一根橄榄枝，左爪则抓着一束箭，我们准备对两者都给予同样的重视。"[2]

---

　　[1]　John M. Collins, *Grand Strategy: Principles and Practices*, Annapolis, Maryland: Naval Institute Press, 1977, p. 77.

　　[2]　*Public Papers of the Presidents of the United States: John F. Kennedy*, 1961, Document 11.

在外交策略上，肯尼迪继续追求美国全球争霸的目标，他宣称："我们准备付出任何代价，挑起任何重担，对付任何困难，支持任何朋友，反对任何敌人，以确保自由的存在和胜利。"[①]

一　亚洲局势

外交战略总框架确定后，肯尼迪政府继续完善东亚政策，以苏联和中国为假想敌继续奉行敌视中国的政策。1959 年 9 月，美国国家安全委员会通过了美国远东政策即 NSC5913/1 号文件，在此文件中美国仍把遏制共产主义作为它外交政策的基础，认为"远东的主要威胁来自共产主义中国的经济增长……这对非共产主义的亚洲国家影响很大"，要尽一切手段破坏中苏联盟。[②] 具体政策体现为：政治上，拒不承认中华人民共和国，坚决反对恢复中国在联合国的合法席位；军事上，对中国采取遏制、包围政策，并把中国看成亚洲共产主义的主要影响力量；经济上，对中国实施封锁和禁运，企图以压促变。[③] 总体来说20 世纪 60 年代美中关系紧张，尤其是台湾海峡危机和 1962 年的中印边界战争爆发后，美国对华政策一直奉行僵硬的遏制路线，这成为美国东亚政策调整的基本依据，中美关系始终是这一时期亚洲局势的焦点问题。

亚洲局势的发展不断超出美国的预料，促使美国不断调整亚洲政策。尤其是中国与苏联分道扬镳走上了独立发展道路，并且在 1964 年依靠自身力量首次实现核试爆成功，成为继美、苏、英、法之后世界第五个拥有核武器的国家。中国核武器实验的成功，使美苏两国的核威胁对中国不再有效，对美国和苏联的东亚政策都形成了巨大的冲击，对亚洲乃至世界格局的影响深远。美国对中国的遏制政策使美日关系更加密切，美国迫切需要日本在亚洲地区分担更多的责任。作为美国在亚洲最大的军事基地和战略伙伴，日本在美国的东亚战略中占据重要地位，美国认为

---

① ［美］西奥多·索伦森：《肯尼迪》中译本，上海译文出版社 1981 年版，第 116 页。

② *FRUS*, 1958 – 1960, Vol. XVI, p. 135.

③ David A. Mayers, *Cracking the Monolith*: *U. S. Policy against the Sino-Soviet Alliance*, Louisiana: Louisiana State University Press, 1986, p. 119.

日本和印度作为亚洲自由国家的潜在力量，能有效地防止"'北京政权势力'的增长，而且，两个国家的利益与'北京实力'的增长相冲突，能在最大程度上补充美国力量，建立远东地区的权力平衡……他们力量的增长符合美国的利益，通过加强亚洲边缘地区国家的实力，抵消共产主义的影响"[1]。肯尼迪执政后积极采取措施推动美日关系的改善，并任命日本事务专家赖肖尔为战后美国第四任驻日大使。1961 年 6 月，日本首相池田勇人访美，与肯尼迪发表日美联合声明，双方称"对亚洲局势的不稳定密切关注，一致同意日后举行进一步的协商，以便发现有助于该地区安全和为该地区谋福利的方法"。除此之外，两国首脑一致认为此次会谈标志着日美外交进入"伙伴关系时代"，即由原来的那种完全意义上的主从关系逐步发展为对等的伙伴关系。[2] 对肯尼迪政府而言，实现美日合作不仅能继续保持日本在东亚遏制战略前沿阵地中的地位，而且也能帮助美国分担东亚地区的责任与义务，尤其是能配合美国的菲律宾政策，分担美国对菲律宾援助的责任，帮助改善菲律宾的国内状况。

二　美国经济霸主地位的丧失

印度支那在肯尼迪政府的外交政策也是举足轻重的。肯尼迪一直把越南视为"自由世界在东南亚的柱石、拱顶石和堤防要害"，他强调绝不允许越南加入社会主义阵营，如果发生这种情况，后果将不堪设想，整个东南亚地区乃至印度、日本都会受到影响。[3] 1961 年肯尼迪刚刚就职便向政府高层表示，越南的形势已经发展到相当危险的地步，在南越进行"反叛乱"成为美国外交政策的当务之急。因此，在肯尼迪的大力推动下，美国对南越的援助力度逐步增加，1961 年美国在南越的军事顾问只有约 900 人，到肯尼迪遇刺身亡时已达 1.67 万人。[4] 继任者约翰逊进一

---

①　*FRUS*, 1958 – 1960, Vol. XVI, p. 136.

②　*Public Papesrs of the Presidents*, John F. Kennedy, 1961. in John Woolley & Gerhard Petesr ed.

③　John. F. Kennedy, *Anleriea's Stake in Vietnam*, *in Vital Speeches*, Vol. 22（Aug. 1, 1956），pp. 617 – 619.

④　［美］托马斯·帕特森等：《美国外交政策》（下），李庆余译，中国社会科学出版社1989 年版，第 743 页。

步继承和强化了越南政策，导致美国在越南冲突中越陷越深，除了向南越派遣军事顾问之外，美国还加大对越南的经济和军事援助力度。1965年3月美国正式参战，但约翰逊政府非但没有取胜，还使参战的美军规模越来越大，到1967年超过50万人，美国陷入侵越的泥潭中。美国不但没有实现预期的目标，反而因越南战争拖累了国内经济，并一度威胁到国内形势的稳定。

美国在东南亚陷入困境的同时，国际形势也发生了不利于美国的变化。1961年4月，苏联率先把第一艘载人飞船送上太空，证明了自身科技实力的强大；1968年在洲际弹道导弹和战略轰炸机数量上追上美国，使美国逐渐丧失了在核储备、战略空军和海军力量方面的相对优势。美国狂热地进行全球干涉和陷入侵越战争的同时，西欧和日本经济迅速发展，撼动了美国全球霸主的地位，尤其是日本，经济进入高速发展时期，仅1960—1965年间，日本GNP平均增长率达到10%。[1] 1955年日本出口贸易仅占世界出口贸易额的2.1%，到1970年年初则上升到7%；1960—1970年间日本重工业产品出口的平均增长率达到17.5%，是同期美国的两倍，英国的三倍。[2] 随着这些盟友国家的经济复兴，他们在政治上不愿再唯美国马首是瞻。日本国内，要求美军撤出日本，并废除《日美安全条约》的呼声越来越强烈。

此时美国国内的局势也不容乐观，通货膨胀日益加剧，工业生产力大幅度下降，庞大的军事负担和对外援助开支，使美国压倒性的经济优势丧失，社会各个阶层的反战运动高涨，影响到社会生活的各个方面。许多学者、政治家和各大报纸开始抨击政府的战争政策，对政府的外交政策形成强大压力。

三　菲律宾就出兵越南问题与美国的周旋

对美国而言，菲律宾作为东南亚非共产主义国家的代表和美国在亚

---

[1] John Wefilel, *An Empirre in Eclipse: Japan in the Postwar American Alliance System*, Atlantic Highlands, N. J.: Athlone Press, 1988, p. 171.

[2] John Wefilel, *An Empirre in Eclipse: Japan in the Postwar American Alliance System*, Atlantic Highlands, N. J.: Athlone Press, 1988, p. 171.

洲民主体制的"橱窗"，它的存在与发展无论对美国的声望还是西太平洋地区的稳定，都具有特殊重要的意义。但是两国关系在 20 世纪 50 年代陷入紧张。事件的起因是菲律宾总统马卡帕加尔为了刺激国内出口，取消了外汇交换的限制，比索贬值，而且为了增加国内烟草的销售量，扣押了大量美国运往菲律宾的烟草。这件事情，让美国十分恼火，国会威胁说要减少菲律宾输往美国的糖的份额，并废止了有关菲律宾剩余战争损失赔偿的提案。作为回应，菲律宾马卡帕加尔总统取消了对美国的访问，并宣布把菲律宾的独立纪念日从 7 月 4 日改为 6 月 12 日，即菲律宾从西班牙独立的日子。① 美菲两国的紧张局势，又因讨论军事基地的司法权问题而加剧。1946 年美军开枪射杀了一名闯入克拉克空军基地的菲律宾人，引发了菲律宾高涨的反美情绪，大量左翼分子在马尼拉举行示威游行，并高举写着"美国佬滚回家"字样的牌子，砸碎了美国驻菲大使的雕像。

在外交政策方面，马卡帕加尔总统注重加强菲律宾和自由世界的纽带，支持联合国的行动，增强菲律宾在亚洲的影响力。但对共产主义国家态度依然僵硬，马卡帕加尔政府拒绝改善与任何共产主义国家的关系尤其是中国，不允许菲律宾人去中国大陆旅游或中国共产党进入菲律宾，并拒绝了苏联文化交换的提议。1964 年中国第一颗原子弹爆炸成功，极大地震惊了菲律宾政府，这也成为美菲关系缓和的契机。

美菲两国对共产主义的防范态度和越南战争的影响，使两国关系恢复如初，就在美国进攻越南东京湾一个月后②，马卡帕加尔访美并在华盛顿与约翰逊举行会谈，两位总统一致认为，"支持南越人民争取自由民主

---

① Claude A. Buss, *The United States and the Philippines*, Washington: American Enterprise Institute for Public Research, 1977, p. 41.

② 1964 年 8 月 4 日，美国借口其驱逐舰"马多克斯"号在东京湾遭到北越鱼雷快艇的攻击，约翰逊政府发动了对北越的报复性轰炸。当晚，美国舰载战斗轰炸机直扑北越几个海军基地和荣市附近的油库，进行了多达 60 余架次的轰炸。同时他把早已拟好的决议草案提交国会，8 月 7 日，美国参、众两院以绝对多数的赞成票通过了所谓的"东京湾决议"，支持总统作为总司令"采取一切必要措施，击退对美国军队的任何武装攻击，阻止进一步的侵略"，并授权总统"采取一切必要之步骤，包括使用武装力量，援助求援的任何东南亚集体防务条约成员国或保护国。"

的斗争，这对自由世界人民具有重大的意义"，重申"坚定地站在南越一边，在东南亚条约下保卫东南亚国家的安全"，约翰逊总统还强调任何对菲律宾的攻击就是对美军的攻击，并同意继续实施在菲律宾的援助项目和根据时局的变化灵活增加。马卡帕加尔则声明两国前景光明，菲美关系是双方相互受惠的关系，对菲律宾而言在这种关系下"安全、经济发展和自由将会持续"。①

　　随着美国在越南战争的不断升级，美国国内认为越南与东南亚地区的其他国家利益息息相关，美国应让更多的亚洲国家参与到战争中，避免单独行动，防止国际舆论将越南战争指责为美国的侵略。这说明美国一方面想为侵越战争披上华美的外衣；另一方面也显示出美国对越南战争的力不从心。作为美国政策最坚定的追随者和支持者——菲律宾，自马卡帕加尔与约翰逊会晤回国后，积极鼓动国会派遣军队进入越南，作为回报约翰逊总统同意给予菲律宾大量援助用于安全和情报目的。越南战争早期菲律宾对美国政策是亦步亦趋的，1964 年 7 月到 1965 年 3 月，为了支援美国出兵越南，菲律宾政府陆续派遣了 100 多人的技术和医疗救护小组。但是，随着美国在越南战争越陷越深，军队的伤亡数量不断上升，美国要求菲律宾派出一定规模的军事力量加入战争一线中。为此约翰逊总统指示驻菲大使布莱尔（Tony Blair）加强在菲律宾的舆论宣传工作，并游说马卡帕加尔总统，加大对越南战争的支援力度。布莱尔向马卡帕加尔大谈加强合作的必要性，菲律宾的安全与越南战争的胜败息息相关，如果菲律宾不继续扩大对越南战争的贡献，美国将无法保证菲律宾的国家安全，菲美之间长期存在的友好关系也会蒙上阴影。马卡帕加尔极为重视布莱尔的游说，当时正值菲律宾经济困境和约翰逊争取总统连任时期，为了讨好约翰逊以便获取更多的援助，马卡帕加尔与莫罗·孟德兹（Mauro Mendez）等政府官员协商后，认为菲律宾可以组织一支约 2000 人的工兵部队派往越南。鉴于当时糟糕的国内经济和拮据的财政

---

① *U. S. Department of States*, Bulletin, November 2, 1964, pp. 632 – 634. 另见 Claude A. Buss, *The United States and the Philippines*, Washington, D. C.：American Enterprise Institute for Public Policy Research, p. 42.

状况，菲律宾无力担负派遣这支部队所需要的 3500 万比索的费用，马卡帕加尔认为美国政府应该为这笔费用买单，毕竟这笔费用对美国来说无关痛痒。马卡帕加尔的这一提议得到了布莱尔的认可，4 月 5 日在请示华盛顿后，美国政府答复愿意承担派遣这支菲律宾工兵部队需要的 3500 万比索开支。[①]

4 月 22 日，得到布莱尔的肯定答复后，马卡帕加尔将这份向越南派遣工兵部队计划提交国会讨论，引发了菲律宾众议院的激烈争论，支持者与反对者各执己见，分歧很大。赞成的议员们认为"菲律宾与越南形势联系紧密，此刻越南所为之奋斗的事业，也一直是菲律宾所追求的，作为邻国，我们不能对周边局势冷眼旁观，不能仅仅着眼于国内的稳定。所谓'防患于未然'，对我们而言，选择性忽视对自身的安全威胁而仅执着于国内问题，并不是明智之举。"他们举例说："当看到邻居家正在着火时，我们能做的是一起把火扑灭，而不是只想着事不关己高高挂起。"[②]持反对意见的议员则坚持认为，菲律宾自身问题已经自顾不暇，盲目参与越南战争不仅不会维护国家安全，反而会使国内局势雪上加霜。经过激烈的辩论，最终赞成者占据了上风，众议院通过了援越法案。但是在参议院，该法案受到了极大的阻力，以参议员议长马科斯为领导的反对派猛烈抨击了马卡帕加尔的越南政策，认为这是他迎合美国强权野心、以菲律宾士兵的生命满足个人极权主义的手段。[③]菲律宾参议院的反对让美国总统约翰逊对马卡帕加尔极为不满，而这无疑不利于马卡帕加尔的总统竞选。

1964 年 11 月的总统选举中马科斯击败马卡帕加尔成为菲律宾的新任总统，他上台后一改之前反对马卡帕加尔援助越南的政策，表示愿意出兵援助越南，"我希望越南战争问题能够通过政治途径解决，如果北越无

①　Julian C. Madison, Jr., *The United States and the Philippines*, 1961 – 1965: *Was There a "Special Relationship?"*, Ph. D'dissertation, University of Washington, 1996, p. 194.

②　Julian C. Madison, Jr., The United States and the Philippines, 1961 – 1965: Was There a "Special Relationship?", Ph. D'dissertation, University of Washington, 1996, pp. 191 – 192.

③　Claude A. Buss, The United States and the Philippines, Washington, D. C.: American Enterprise Institute for Public Policy Research, p. 43.

意谈判，我将乐意派遣菲律宾部队赴越助战"①。

1966 年 6 月，马科斯在前总统马卡帕加尔援越法案的基础上又拟定了一份紧急议案，同样是要求派遣一支 2000 人的工兵部队，并要求由菲律宾专门拨款 3500 万比索作为经费。紧急议案在国会也经过了激烈的讨论，不少议员质疑：以菲律宾目前的境况，为何还要听从美国政府的指令？为何要介入别国的战争？……对于种种疑问，马科斯和他的幕僚解释说，越南与菲律宾是唇亡齿寒的关系，越南对菲律宾的安全至关重要，并完全符合美菲两国的外交政策。"如果越南陷落，东南亚条约组织的防御链将断裂，不久的将来菲律宾将在自己的国土上与共产主义进行斗争。如果美国从东南亚撤出，毫无疑问共产主义中国将迅速占领这块大陆。通过保卫南越，美国展现了他领导'自由、民主世界'的能力，是亚洲所有志在追求自由、建设和平国家的可靠盟友，菲律宾是美国在东亚地区最为友好的伙伴，如果对美国在越南的军事行动冷眼旁观，将会损害菲律宾同该地区盟友之间的关系以及在美国领导者眼中的形象。"② 除此之外，菲律宾政府利用各种手段影响普通民众的观点，为出兵越南大造声势，提供民众基础，新闻媒体也大肆报道支持马科斯的言论："越南的形势已经迫在眉睫，如果共产主义赢得胜利，战乱将大范围蔓延，共产主义在整个东南亚地区（包括菲律宾）的颠覆和叛乱将更加猖獗"，"共产党通过侵略和战争，已经将触角不断伸向亚洲各国，昨天的朝鲜，今天的越南，明天的印度、中国西藏，以及东南亚其他国家……对此，我们无法独善其身、规避自保，必须要站出来抵抗侵略、维护亚洲和世界的安全"。"我们去越南不是为了杀戮和破坏，而是行使一种和平的使命。""我们帮助邻居和我们的朋友，本身也是在解救自己。"更何况"我们是一个利益整体，向越南派兵关乎整个集体的安全，关乎国家的荣誉、尊严和信仰；更不想被别人指责说对自由世界的事业漠不关心"。更为现实的是"我们不能无动于衷，因为某一天我们可能需要

---

① 金应熙主编：《菲律宾史》，河南大学出版社 1990 年版，第 754 页。

② Claude A. Buss, *The United States and the Philippines*, Washington, D. C.: American Enterprise Institute for Public Policy Research, p. 48.

美国的帮助"①。

最后一句话道出了菲律宾出兵越南的最根本原因，马科斯上台时是菲律宾国内面临危机的时期：腐败严重，国库枯竭，财政赤字，失业率攀升，重要商品和服务价格上涨，大米供应得不到保障。面对千疮百孔的国家经济马科斯表示，"我们已经到达绝望的边缘""我们宣扬和平但却不能保障国民的生活……我们的政府戴上了沉重的腐败手铐，财政贫瘠，资源浪费公共服务系统懒散，军队意志消沉，市政没有作为。"② 马科斯的首要任务就是拯救菲律宾陷入崩溃的经济，但是仅仅依靠菲律宾本身的能力是有限的，资金、技术的缺乏迫使马科斯将目光转向获取更多美国和日本等国的援助和支持上。因此，马科斯认识到加强菲美关系的必要性，于是他改变策略积极推动援越法案的通过，希望能借助美国援助解救国内危局。

但是马科斯的援越法案和言论受到了菲律宾民众和国会议员的强烈反对。他们怒斥美国政府不但把菲律宾的军事基地作为侵越战争的前哨阵地，而且以援助为条件迫使菲律宾政府出兵，反对援越的民众团体纷纷走上街头举行示威游行。反对援越的议员们认为，越南战争纯粹是美国政府的事，对菲律宾的经济恢复和国内安定毫无益处。如果菲律宾出兵援越助战，不但劳师动众、耗资巨大和于事无益，而且是不顾国格的行为，有损菲律宾在国际上的声誉，会被外界认为是美国的仆从，从而断送菲律宾民族的前途。况且，为了区区几千万美元的援助和贷款，就听命于美国政府出兵越南，无疑是出卖自己的同胞，和宰割菲律宾人肉体的做法没有什么两样。③ 对于民众和国会议员的指责，马科斯极力辩解，说菲律宾赴越是应南越的"请求"，是在承担"集体防御的义务"。但不管马科斯总统如何解释，参议员中仍有一半的议员反对派兵去越南，对此马科斯不得不施展各种政治手段：一方面利用行政手段要挟新

① Claude A. Buss, *The United States and the Philippines*, Washington, D. C.: American Enterprise Institute for Public Policy Research, p. 48.

② Claude A. Buss, *The United States and the Philippines*, Washington, D. C.: American Enterprise Institute for Public Policy Research, p. 46.

③ 金应熙主编：《菲律宾史》，河南大学出版社 1990 年版，第 754—755 页。

闻界等发表一些支持援越的言论；另一方面利用手中的权力和关系说服、利诱有影响力的议员，使他们支持自己。最终通过各种手段，1966年7月援越议案以 15 票赞成、8 票反对、1 票弃权获得通过，并获得2500 万比索的援越经费拨款。相应地菲律宾获得了美国援助，1 亿美元的贷款用于稳定比索，还有供应 7 个营的新式武器装备以及缉私用的炮舰。

但是随着美国在越南战场的失利，约翰逊于 1968 年初开始谋求与越南进行和谈，为此马科斯对越南战争的形势表现出越来越多的担忧。尼克松上台后大力推行越南化计划，马科斯更加担心菲律宾在越南的利益受损，害怕激起国内反对浪潮，最后不顾美国的压力，于 1969 年撤回了在越南的 2000 多名菲律宾军事人员。可以说菲律宾出兵越南是无奈的选择。一方面由于奉行亲美的外交政策，不论国内经济能否承担，都只能追随美国的越南政策；另一方面由于国内严峻的经济形势，菲律宾又不得不依靠美国的援助来渡过难关。在这种情势下，菲律宾只能利用出兵越南的机会，争取最大限度的援助。虽说就出兵越南而言，菲律宾没有选择的机会，但菲律宾也因越南战争，解决了美菲之间拖欠已久的战争赔偿问题。

第二节　美国菲律宾战争赔偿问题的解决

美菲之间的战争赔偿问题是两国的历史遗留问题，1950 年赔偿委员会终止履行职责后，美国仍有 7300 万美元的战争赔偿款项一直没有支付给菲律宾。虽然就战争赔款问题菲律宾与美国政府进行多次交涉，但一直没有得到美国的确切答复。但是形势的变化让深陷越南战争事务泥潭的美国不得不正视这一历史遗留问题。1954 年《日内瓦条约》签订之后，美国趁机大规模介入越南事务，企图增强在越南以及这一地区的控制力，但随着 20 世纪 60 年代美国在越南战争中越陷越深，国际社会和美国国内开始出现对美国越南政策的质疑与批评。为了寻求国际社会支持，以彰显美国越南政策的国际合法性，美国需要争取更多盟友的支持。在东南亚地区，美国与菲律宾的关系最为亲密和久远，菲律宾的利益诉求和发展情况，最能体现出美国政府对盟友的责任心和号召力，菲律宾对美国越南政策的支持也是证明美国拥有东南亚地区支持的最有力的证明。为了拉拢菲律宾对美国越南政策的支持，美国开始着手处理与菲律宾的战争赔偿问题。

一　对菲赔偿的 12078 号提案

战后美国在《菲律宾复兴法案》之下，向菲律宾进行战后的赔偿，截至 1949 年 12 月 31 日，美国政府对索赔申请者进行分类赔偿，500 美元以下共支付赔偿金约 1.27 亿美元，近 1000 位超过 500 美元的索赔者占了总赔偿数额的 75%，对于这部分索赔者美国政府仅支付了其中的 52.5%，余下的 24.5% 约 7300 万美元一直没有支付。此后菲律宾因赔偿问题多次与美交涉，但美国总以各种借口推脱。1950—1953 年朝鲜战争转移了美国的注意力，使赔偿问题始终悬而未决。直到 20 世纪 60 年代，美国在越南战场越陷越深，国际上迫切希望得到菲律宾的支持，而菲律宾也迫切需要美国的资金来应对严峻的国内经济形势。在这种情况下，应菲律宾多次要求，美国开始着手处理与菲律宾的战争赔偿问题，希望换取菲律宾对越南政策的支持。

对菲赔偿的草案最初是在美国第 86 届国会中提出的，即 12078 号提案，此提案建议美国政府应该向菲律宾共和国支付总数不超过 7300 万美元的战争损失赔偿，草案提到不足 7300 万的部分是菲律宾政府在 1950 年《罗慕斯—斯奈德协议》中拖欠美国的贷款，下属委员会建议总共抵销的款项大约为 2400 万美元。[1] 此外草案中提到在 1946 年的《菲律宾复兴法案》之下，已经支付了大约 3.89 亿美元的赔偿，还有大约 7300 万美元未支付，"这是在菲律宾复兴法案下的最后赔偿，不再支付任何新的赔偿"。草案还规定只有在原赔偿基础上的原索赔者才能获得赔偿，此项立法具体由对外索赔结算委员会（Foreign Claims Settlement

---

[1]　House of Representatives, 86 th Congrss, 2 nd Session, *Report* No. 2014.

Commission)① 执行。委员会的主要职责是接收索赔申请，检查申请者是否为最初的索赔者或其权益继承人，确定其索赔是否属于原赔偿，如果是在原赔偿基础上未支付的赔偿金额，由财政部长裁决最终赔偿的数额并以菲律宾货币比索支付；如果索赔者现不在菲律宾居住，但在此之前在菲律宾有与原赔偿数额相当或更多的投资，则以美元支付。②

众议员们对此提案的反对之声非常强烈，反对者认为 12078 号草案中有关菲律宾的赔偿至今已经有 10 多年之久，美国是否应该为这些损失赔偿还是个问题。他们还认为草案中用于支付日本攻占菲律宾期间和 1941—1945 年美菲反攻时造成的私人损失赔偿的 7300 万美元是毫无道理的，因为美国在 1946 年《菲律宾复兴法案》下已经支付了总额为 4 亿美元的赔偿，并且支付了 1200 万美元用于菲律宾公共财产和设施的赔偿，所以无须再支付战争赔偿。1959 年 8 月 5 日国务院写给委员会的信中提到，1950 年的贝尔调查团认为如果继续给菲律宾个人支付战争赔款对菲律宾经济发展毫无益处，美国应该为菲律宾的工业和农业发展项目提供援助，而不是给个人支付战争赔偿。1960 年 6 月 14 日，财政部写给委员会的信中提出另外一个支付菲律宾战争赔偿的方法，即用菲律宾曾欠美国的 2400 万美元的贷款抵消未支付给菲律宾的战争赔偿。此外反对者还强调草案中给菲律宾的战争赔偿与原立法的原则相悖，并进一步解释说，1946 年法案是《菲律宾复兴法案》，意在帮助菲律宾重建受战争破坏的经济，如今重建的任务已经完成，再支付 15—20 年之前的战争赔偿，无异于给菲律宾个人提供了"意外之财"，对菲律宾的经济发展不会起到任何好作用。③ 由于议员们在赔偿问题上分歧较大，美菲战争损失赔偿问题便搁置起来。

---

① 对外索赔结算委员会（FCSC）成立于 1954 年，主要承担之前的战争赔偿委员会（War Claim Commission）和国际索赔委员会（International Claim Commission）的职责，是一个独立的准司法机构，主要在美国司法部负责裁决美国公民对外国政府的要求，此委员会裁决支付的资金来自国会拨款、财政部国际理赔、司法部清算的美国外汇资产。

② House of Representatives, 86 th Congrss, 2 nd Session, *Report* No. 2014, p. 2.

③ House of Representatives, 86 th Congrss, 2 nd Session, *Report* No. 2014, pp. 24 – 25.

二　对菲赔偿的 8617 号提案

肯尼迪上台后，美国扩大了侵越战争，在国际上迫切需要菲律宾的支持。加西亚总统不失时机地对美国越南政策表示支持，他写信给肯尼迪总统说，"神圣不可侵犯的自由和民主始终根植于菲律宾人心中，如果需要他们愿意抗争到底，就像当初我们在巴丹和科雷希多的抗战一样"①。同时菲律宾政府向美国再次提及美国未支付的 7300 万的战争损失赔偿，对于菲律宾的要求，肯尼迪总统给予了肯定的答复，他说，"作为总统，我会延续前总统罗斯福制定的政策，支持对菲律宾的赔偿决定。我希望在下次国会（即第 87 届国会）上提出来并顺利通过立法"②。

1961 年 9 月，美国第 87 届国会召开，众议员奥古斯都·乔汉森（August E. Johansen）提出了意在解决菲律宾赔偿的 8617 号提案，此提案建议对遭受战争损害的菲律宾民众进行赔偿，如果金额在 500 美元以上的索赔者提交索赔申请，索赔结算委员会应该在两年内完成对索赔者的审查和赔偿，总赔偿金额为 7300 万美元。此提案遭到众议院其他议员的强烈反对，因此在 1961 年 9 月 6 日的投票中以 9 票反对、4 票赞成、1 票弃权的局面没有获得通过。于是议会委员会决定不再讨论 8617 号提案，决定推迟到下一年国会会议召开时再进一步讨论。这个结果引发了菲律宾方面的强烈不满，菲律宾驻美大使罗慕洛言辞激烈地批判了美国政府的不作为，菲律宾国内民众及新闻媒体对美国的这一做法反应激烈。为了缓和美菲间紧张的外交关系，平息罗慕洛及菲律宾人的怒火，9 月 8 日白宫宣称肯尼迪总统将继续支持对菲律宾战争赔偿的 8617 号提案。③

---

① H. W. Brands, *Bound to the Empire： The United States and the Philippines*, New York： Oxford University Press, 1992, p. 276. 二战期间，巴丹和科雷希多是重要的战场，1942 年美国和菲律宾的军队在两地坚持抗战六个月之久，沉重打击了日本，为美国和菲律宾军队的撤退争取了时间。为了纪念当年的战争，战后美国出资 123 万美元于 1968 年在科雷希多岛上修建了纪念馆、纪念碑和公墓。

② Public Papers of the Presidents of the United States： John F. Kennedy, 1961, John F. Kennedy Library, p. 933.

③ Public Papers of the Presidents of the United States： John F. Kennedy, 1961, John F. Kennedy Library, p. 933.

　　虽然肯尼迪总统支持菲律宾有关战争损失赔偿的诉求，但是由于美国国内反对之声强烈，美国一直对此问题避而不谈，直到 1962 年 2 月对菲赔偿问题才重新提上日程。副助理国务卿莱斯写给总统特别顾问费尔德曼的备忘录中，重申了美国政府支持对菲律宾进行战争赔偿的 8617 号提案，认为此举有助于赢得菲律宾在国际上对美国政策的支持，实现美国的外交目标，并且备忘录重申肯尼迪总统对此提案的支持，表达了总统希望能在今年的国会中通过的强烈意愿。① 但 1962 年 1 月发生的"烟草事件"阻碍了菲律宾战争损失赔偿草案的讨论进程。来自烟草生产区域的美国国会议员与加西亚政府达成协议，菲律宾进口美国 700 万英磅的烟草，但在 1962 年 1 月 17 日马卡帕加尔命令菲律宾海关扣押了这批烟草，并认定这批烟草不合法。美国出口商上诉到菲律宾高级法院，2 月 25 日美国助理国务卿和菲律宾驻美大使罗慕洛举行会谈，会谈中马卡帕加尔政府认为这批进口烟草虽然是非法的，但是鉴于主要用于消费，并没有其他不规的用途，所以同意释放扣押的烟草，且不允许再次进入菲律宾。作为补偿马卡帕加尔总统承诺就进口美国烟草问题与美达成新的协议。② "烟草问题"虽然最终得以解决，但它对即将进行的关于菲律宾战争损失赔偿问题草案的讨论带来了不利影响，间接导致国会否决了对菲律宾战争损失赔偿的提案。1962 年 5 月 9 日众议院以 201∶171 票再次否决了 8617 号提案，国务院认为国会否决该提案的原因在于提案中 325 项大型赔偿引起议员的不满，菲律宾已经接收了美国 1.7 亿美元的援助，所以 7300 万美元的赔偿对已经获得重建的菲律宾商业而言是一笔"意外之财"。提案被否决后引起菲律宾国内极大的愤懑，马卡帕加尔总统认为美国众议院的行为无视菲律宾对美国的情感，为此他取消了对美国的出访，并指出："战争损失赔偿提案的失败，在我国造成了对美国情感的幻灭和人民的愤慨，它是美国对它应承担的法律上和道德上的义务的否定，表明了美国人民日益增加的冷漠……我国人民的愤怒由于美国国会议员的言论与日俱增，正是这些议员的态度导致了提案的失败，在这样的情况

---

　① *FRUS*, 1961 - 1963, Vol. XXIII, p. 793.

　② *FRUS*, 1961 - 1963, Vol. XXIII, p. 811.

下，我国人民不能理解为何我还要去美国表达对美国人民的善意。"①

取消访美和公开谴责美国政府，让马卡帕加尔得到国内舆论界和政界的支持与赞扬。《马尼拉时报》指出，美国议会否定 8617 号提案"不仅沉重打击了政府所坚持的亲美立场，而且引发菲律宾人民对政府的失望，作为政府应当怎样扭转局势、赢得民众的支持？答案很简单，那就是顺应民意，总统的决定就是如此"②。不仅如此，菲律宾政界对马卡帕加尔的行为表示支持，多数议员认为美国对菲律宾人的效忠并不感激，他们通过国会拒绝承担对菲律宾应有的义务，并使菲律宾人蒙受羞辱。众议院安东尼奥·德克隆亥认为"美国与菲律宾之间并没有真正的友谊和'特殊关系'，两者合作的基础是国家利益"③。众议院多数党领袖蒙塔诺强调说是时候和美国"谈正经事"了，"美国对菲律宾太理所当然了，他给许多中立国家提供援助却不同意我们的战争赔偿"。④

三　对菲赔偿问题的最终解决

菲律宾国内因美国国会否决 8617 号提案而引起的反美情绪不断高涨，一度造成菲美关系紧张，这对急需菲律宾给予国际支持的肯尼迪政府而言是极为不利的。肯尼迪扩大了越南战争，国际上他迫切需要得到东南亚非共产主义国家的支持，来表明美国绝非"入侵者"，为越南战争打上"维护正义"的标签，这对美国赢得国际上的支持和声望至关重要。作为亚洲非共产主义国家代表的菲律宾的支持，显然对美国是不可缺少的。一方面因为美菲之间的特殊关系，在越南战争期间美国可以得到菲律宾道义和物质上的支持；另一方面菲律宾作为亚洲非共产主义国家的代表，他的支持可以直接或间接地影响东南亚其他国家，为美国的越南战争争取国际上的支持。但如今因为美国国会否决对菲战争损失赔偿的提案，使美菲关系陷入紧张局势，对美国的越南战争和东南亚局势都造成了不

---

① *FRUS*, 1961 – 1963, Vol. XXIII, p. 796.

② *The Manila Times*, May 11, 1962.

③ Tomas Confesor, "Antonio C. Decolongon in a Tetter to the Editor", *The Manila Times*, May 13, 1962.

④ *FRUS*, 1961 – 1963, Vol. XXIII, p. 772.

利影响。

在此情势之下，5 月 14 日美国众议员赞布罗基（Clement Zablocki）提出对菲赔偿的修订提案，即 11721 号提案，与 8617 号提案的不同之处在于，11721 号提案要求对超过 2.5 万比索的索赔申请进行重新审查，并且众议院法规委员会也同意了对这份新提案进行立法讨论。8 月 1 日，众议院就 11721 号提案进行表决，最终以 194∶35 的票数通过。12 日参议院对 11721 号提案举行听众会，该提案获得了多数与会人员的支持。参议院在 8 月 16 日的报告中建议通过 11721 号关于对菲战争赔偿的提案，并公布了由财政部统计的未支付的菲律宾战争损失赔偿的具体数量和数额。

表 4 – 1　　　　　　　菲律宾战争损失赔偿——未支付总数　单位：千美元、%①

赔偿金额	公司		个人		总数		金额	百分比
	数量	金额	数量	金额	数量	百分比		
>100000	83	21765.6			83	0.09	21765.6	32.1
50000—100000	55	3873.7	16	1031.9	71	0.08	4905.6	7.2
25000—50000	85	3011.5	48	1692.1	133	0.15	4703.6	6.9
小计	223	28650.8	64	2724.0	287	0.33	31374.8	46.2
其他					85952	99.6	36455.4	53.7
总计					86239	100.0	67830.2	100.0

（此表由笔者整理，以 1951 年菲律宾战争赔偿委员会终止时财政部的报告为基础）

从此表中可以看出有 287 项索赔在 1951 年菲律宾战争损失赔偿委员会撤销时没有获得赔偿。国会指出，为保证支付的顺利进行，须采取以下措施：（1）通过美国政府的一个部门在原立法的基础上把赔偿支付给个人；（2）采取最好的安全措施，支付与美菲战争损失委员会相符的赔偿；（3）减少重复支付，在清算所有赔偿之后，总额交予美国财政部；（4）减少错误；（5）通过支付长期存在的战争赔偿为美国赢得最

---

① Senate, 87 th, Congress, 2 d, Session, *Report* No. 1882, p. 3.

大的信誉；（6）通过清算赔偿将彻底消除美菲之间存在的危机。[①]

8月24日，参议院对11721号提案进行表决，获得一致通过，至此拖欠十余年的战争损失赔偿问题得以彻底解决。但是事情在1963年就赔款的支付问题再起变故。事情源于一些菲律宾富有阶层非法游说美国国会想获取7300万美元的个人战争损失赔偿的管理权，这引起国会中反对支付菲赔偿的议员们的反对，他们要求重新讨论赔偿支付问题。4月23日参议院议员威廉·福布赖特（J. W. Fulbright）向参议院提出对菲战争赔偿的87616提案，主张通过政府与政府之间支付战争赔偿来取代个人赔偿。[②] 菲律宾大使史蒂文森（William E. Stevenson）写给远东事务的助理国务卿希尔斯曼（Roger Hilsman）的信中表示对福布赖特提案的不满，他陈述说："1946年菲律宾战争损失赔偿法案的目的就是为战争中受到损失的个人提供赔偿，成千上万的人们在很多年之前就指望着这笔赔偿金"，并提到7300万的赔偿只是最保守的估计，大约还有1500万—2500万美元没有包括在其中，并表示此提案将会给美菲的友好关系造成很大障碍。"去年由于赔偿法案的否决使美国在菲律宾形象蒙受污点，随着时间流逝，污点渐渐淡化，如今的情况不仅重现污点还将可能增加污点。"[③]

1963年7月1日，美国参众两院就对菲战争损失赔偿的87616法案问题进行讨论，并最终达成一致：在87616法案下，对菲律宾个人支付不超过2.5万美元的战争损失赔偿，余下大约3000美元的赔偿作为特殊基金由美国财政部予以保存，用于两国教育交换和教育项目。[④] 并禁止任何前菲律宾战争损失委员会委员或雇员、任何与87616法案相关的委员或雇员接受任何与赔偿有关的报酬，并规定了相应的处罚措施，包括罚款和入狱。在此次赔偿结束后，据美国财政部的数据显示总共有2800万美元的"特殊教育基金"。[⑤] 1965年9月，这笔基金以"土地改革教育"的形

①　Senate, 87 th, Congress, 2 d, Session, *Report* No. 1882, p. 4.

②　*FRUS*, 1961 – 1963, Vol. XXIII, p. 818.

③　*FRUS*, 1961 – 1963, Vol. XXIII, pp. 819 – 820.

④　House of Representatives, 88 th Congrss, 1 st Session, *Report* No. 497, p. 5.

⑤　*FRUS*, 1964 – 1968, Vol. XXVI, p. 686.

式移交给菲律宾，至此美菲战争损失赔偿问题彻底清算，纠缠了将近20年的战争损失赔偿问题画上句号。

战争损失赔偿问题的解决对当时的菲律宾经济和菲美关系产生了重大影响。首先，7300万美元的赔偿金为当时的菲律宾经济注入一股新的资金，对改善菲律宾经济状况具有重要意义。单从数额上来看，7300万美元似乎不是一个很大的数字，但是对于当时国库空虚、财政濒临枯竭的菲律宾而言却如"清泉"般，为其注入新的生机，对于改善菲律宾经济状况起到推动作用。其次，在战争损失赔款问题上菲美之间的交涉以及提案数次被否决，使菲律宾国内反美情绪高涨，并开始重新评估美菲关系。负责菲律宾经济计划和处理与美关系的 NEC 主席蒙特里亚诺（Alfredo Montelibano）说："相信美国对菲政策是建立在友好基础上是极其错误的，美国对菲政策是自私和利己的。"为了证明自己的观点，他以美国对外援助为例，指出昔日战场的敌人得到的援助都比菲律宾多，并抱怨美国还没有支付给菲律宾的款项，包括：1933年，黄金贬值的2400万美元；战争损失索赔1.55亿美元；退伍军人未支付的8.6亿美元，并建议"我们的外交政策应有利于民族利益……任何外援都应该并且必须由菲律宾人自己管理"[1]。最后，美菲战争损失赔偿问题促使菲律宾开始改变原来唯美国马首是瞻的外交政策，开始向亚洲转向。菲律宾加强了与东南亚国家的贸易，并加强了与日本、西欧，以及拉美国家的经济联系，开拓了菲律宾对外关系的新局面。菲日关系也逐渐走向正规，1963年，日本皇太子明仁和皇妃正式访问菲律宾，在马尼拉受到菲律宾方面的热烈欢迎，自此以后两国在多层次领域展开对话、合作，双方政府或民间的互访和交流日益频繁。

总之，菲律宾战争损失赔偿问题的解决，使美菲之间的历史遗留问题得以彻底解决，对美菲关系产生深远影响。对菲律宾而言菲律宾开始重新评估两国关系，开启了美菲关系的新时代，就像菲律宾副外长萨尔瓦多·P. 洛佩兹所说，美菲之间并没有所谓真正的友谊和"特殊关系"，

---

[1] George E. Taylro, *The Philippines and the United States：Problems of Partnership*, New York：Frederick A. Praeger, 1964, p. 217.

各自的国家利益总是第一位的，菲律宾政府应该保持同美国的距离，保留宣称自己国家利益的权利。① 对美国而言由于美国国会对赔偿法案的几次否决，引发菲律宾反美情绪的高涨，并引发数百人的示威游行，美菲关系不再像过去那样亲密。而且美菲两国对战争损失赔偿问题的交涉也促使菲律宾外交开始向亚洲转向，改善与日本关系，并加强了与西欧国家的经济联系，除此之外马卡帕加尔还积极介入并参与东南亚的一系列外交活动。自此，菲律宾独立后所形成的"美主菲从"的特殊关系，逐渐向基于国家利益的国与国之间的平等关系转变，美国对菲律宾颐指气使的时代逐渐终结。

第三节 肯尼迪约翰逊时期美国外援政策的调整

20 世纪 60 年代不断兴起的发展中国家在国际局势中扮演了越来越重要的角色，他们的发展道路也成为国际社会关注的重点，针对这些发展中国家的国际地位与经济发展问题，美国查尔斯学派提出发展援助的理论，并成为影响 20 世纪 60 年代美国援助政策的主要理论。肯尼迪深受查尔斯学派的影响，鉴于苏联对发展中国家的援助活动，他改变了美国的外援方向，大力提倡对发展中国家的援助，并于 1961 年制定了《1961 年对外援助法》，成立了国际开发署负责制订和实施对外援助计划，首创了向发展中国家派遣和平队的人力资源援助。

一 开发援助思想对美国外援政策的影响

二战后随着附属国、殖民地纷纷独立，不断兴起的发展中国家成为影响世界历史进程的重要因素，这些国家的经济发展问题也成为国际社会所关注的重点。对这些欠发达国家的经济发展问题进行研究的西方经济学家中，位于美国查尔斯河附近的哈佛大学和麻省理工学院的一群学

① Julian C. Madison, Jr., *The United States and the Philippines*, 1961 – 1965: *Was There a "Special Relationship?"*, Ph. D dissertation, University of Washington, 1996, p. 97.

者即查尔斯学派①尤其引人注意，他们对美国的外援政策产生重要影响。他们十分强调外援在促进经济发展中的"触媒"作用，主张扩大美国对外提供的经济发展援助数量，并保持援助的长期性和连续性，帮助欠发达国家实现"起飞"，最终达到自我经济持续增长的目的。当然这一思想本身并不是让美国的外援政策脱离美国自身利益，而是与美国长远利益相结合。施莱辛格就查尔斯学派的援助理论发表评论指出：强调利用援助使欠发达国家实现发展的政策主张，"并不是要对外援助脱离美国的政治利益，它是从长期而不是短期的政治效果着眼。照这个观点看来，对外援助就不是国务院为了影响战术性的局势而进行的收买；它的战略目标应该是，增强受援国的独立地位，使这些国家不断地致力于国内事务、政治更加民主化以及长期保持同西方的联合"②。

查尔斯学派的主要代表人物包括哈佛大学的林肯·戈登、爱德华·S. 梅森等、麻省理工学院的马克斯·米利肯、沃尔特·罗斯托等人，其中尤其以罗斯托的思想最具有代表性，对 20 世纪 60 年代美国外援政策向开发援助转轨产生重要影响。罗斯托既是一位著名的经济史学家，也是肯尼迪、约翰逊政府重要的外交决策者之一。他的开发援助思想主要体现在他的几部代表作中，包括：1957 年与马克斯·米利肯合著的《一项建议：有效外交政策的关键》；1960 年发表的《经济成长阶段：非共产党宣言》③。在该书中罗斯托提出了社会经济发展的五个阶段，即传统社会阶段、为起飞做准备阶段、起飞阶段、成熟阶段和大众高消费阶段，这被称为罗斯托"经济增长阶段论"。他认为，对一个国家而言最重要的和最困难的便是起飞阶段，起飞阶段是欠发达国家面临的最直接的任务，通过提供外部援助，帮助这些国家为实现经济起飞创造必要条件，而一

---

① 查尔斯学派也称为"坎布里奇学派"，因为其代表人物主要来自哈佛大学和麻省理工学院，因此以两校附近的查尔斯河或院校所在城镇坎布里奇而得名。

② ［美］施莱辛格：《一千天》，仲宜译，生活·读书·新知三联书店 1981 年版，第467 页。

③ Max F. Millikan & W. W. Rostow, *A Proposal-Key to An Effective Foreign Policy*, New York：Harper&Brothers, 1957；W. W. Rostow, *The Stages of Economic Growth：A Non-Communist Manifesto*, Cambridge：Cambridge University Press, 1960.

且达到起飞进入自我持续增长阶段，就不再需要外援了。

然而查尔斯学派关于发展援助的理论，在当时受到美国国内外学界与政界一些人的反对，并引发了美国 20 世纪 50 年代有关外援的大争论。争论主要围绕三个问题进行：1. 发展中国家现代化进程的性质；2. 外援与这种进程性质的关系；3. 美国和西方在发展中国家取得持续的经济与社会进步的成功或失败中的利益。① 反对美国对外提供发展援助的人提出与罗斯托等人不同的政策主张，他们中有人认为美国政策的任务就是尽快领导世界回到 1914 年以前的状态，实现自由贸易以及资本的自由流动。② 有人认为没有什么利益值得美国把资源分配给发展中国家；还有人则认为私人资本就足够了。但是自 20 世纪 50 年代起，国际贸易条件越来越不利于发展中国家，这一状况突出了发展援助的优点，使发展援助及其理论越来越流行。最后，在这场辩论中罗斯托等人的观点逐渐被广泛接受，尤其是他们提出的经济增长阶段论，成为当时学术界和官方的常用语，并最终成为肯尼迪政府对外援助政策的用语。据林肯·戈登（哈佛大学经济学教授、不久在肯尼迪政府任职）后来回忆说：“无论学术界还是官方圈子的思想，都深受罗斯托的《经济成长的阶段》的影响，受其‘起飞前条件’及‘起飞进入持续增长’思想的影响。优先的想法是……确信美国的自由、责任政府、机会平等价值观，以及美国的经济繁荣如果在国外分享的话，可能比在国内更加繁荣。”③

二　肯尼迪的发展援助理论

肯尼迪十分重视亚、非、拉美新独立国家的战略地位，指出：“阻止共产主义影响这些地区是有意义的，但在防范方法上不能只简单地依靠武力。目前我们需要做的首先是要在这些地区建立起牢固的反共产主义

---

① W. W. Rostow, *Eisenhower, Kennedy, and Foreign Aid*, Austin: University of Texas Press, 1985, p. 36.

② W. W. Rostow, *Eisenhower, Kennedy, and Foreign Aid*, Austin: University of Texas Press, 1985, p. 37.

③ ［美］莱瑟姆：《现代化作为意识形态》，第 79 页。转引自王慧英《肯尼迪与美国对外经济援助》，中国社会科学出版社 2007 年版，第 83 页。

民族情结，利用这些民族情结作为防范共产主义的矛头。"① "今天，保卫自由和扩大自由的巨大战场……是在地球的整个南部——亚洲、拉丁美洲、非洲和中东——是在日益觉醒的各国人民的国土上。他们的革命是人类历史上最伟大的革命，他们谋求结束不公正、暴政和剥削。他们不是在谋求结束，而是寻求新的开端。"② 总统竞选时，肯尼迪公然指责艾森豪威尔政府正在输掉亚、非、拉美国家，把这个冷战的新战场拱手送给了共产主义。

罗斯托说："肯尼迪是美国第一位认真关注发展地区问题的总统"，并且认为"肯尼迪和林登·约翰逊是1945年后真正认为美国的安全和整个西方先进的工业世界与这些地区（发展中国家）密切相关并切实采取行动的两位总统"。③ 在肯尼迪著的《和平战略》(The Strategy of Peace)一书中，其中第十章"地区审判"(Areas of Trial)中有八个问题着重分析了亚洲、中东、非洲和拉丁美洲的问题，足见肯尼迪对欠发达地区的重视。

其实在1947—1951年肯尼迪担任众议院议员时，他不仅是杜鲁门外交政策忠实的支持者，同时也批判他政策中的不足。1949年蒋介石退居台湾后，他指责罗斯福在雅尔塔会议中关于亚洲的安排和杜鲁门对中国的政策。朝鲜战争爆发前他批评杜鲁门对朝鲜的军事预算不足，战争爆发后他担忧美国把军事力量分散在亚洲难以应付西欧可能存在的军事危机。关于对外援助政策，他主张削减对欧洲和发展中国家的援助，反对杜鲁门针对发展中国家提出的"第四点计划"。可以说，作为议员的肯尼迪，思想带有明显的冷战色彩，敌视共产主义。

1951年秋天的中东之旅彻底改变了肯尼迪对发展中国家的态度。1951年秋天，约翰·肯尼迪与他的姐姐帕特利夏和弟弟罗伯特一同前往

---

① Gerard. T. Rice, *The Bold Experiment: JFK's Peace Corps*, Notre Dame: University of Notre Dame Press, 1985, p. 257.
② [美]西奥多·索伦森：《肯尼迪》，复旦大学世界经济研究所译，上海译文出版社1981年版，第365页。
③ W. W. Rostow, *Eisenhower, Kennedy, and Foreign Aid*, Austin: University of Texas Press, 1985, p. 57.

中东和亚洲的几个国家，包括以色列、巴基斯坦、印度、印度支那、马来西亚和朝鲜，这次旅行是肯尼迪思想转变的转折点。1952年中东之旅后，肯尼迪改变了之前的观点，开始支持"第四点计划"下的对外援助，并宣称"美国过分地关注西欧国家其代价便是忽视了占世界2/3的其他国家和地区"[1]。1952年他在国会的演讲一改之前反对对外提供技术援助的立场，认为减少对中东和东南亚国家的援助是"巨大的错误"，美国把太多精力和资金投入到了西欧，"然而，在这个地区——亚洲，共产主义正试图掌握控制权……也许5年或6年后，共产主义有可能控制所有国家。我们所拥有的什么武器能够阻止他们？最有效的武器便是技术援助……就提供金钱的数量而言不足以阻止共产主义的发展，但是能给予这些国家希望，解决国内问题并不需要投身共产主义。我们决定给予这些地区大量的军事援助……当共产主义正想方设法地占领这些地区时，减少对他们的技术援助是极具代价和错误的"[2]。

1957年肯尼迪在《外交》杂志上撰文指出，新独立的国家和中立主义国家逐渐成为影响国际政治的重要因素，对这些国家的民主主义，美国应进行积极引导，引领这些国家通过资本主义走向现代化的发展道路……脱离共产主义的轨道。[3] 他在1958年与共和党参议员、前任驻印大使库珀一起，提出"援印决议案"，要求美国为印度"二五"计划的完成提供经济援助，并最终在他的努力下获得通过。

当时作为参议员的肯尼迪也深受查尔斯学派理论的影响，曾任肯尼迪总统特别助理的小阿瑟·施莱辛格说："查尔斯学派的经济学家对于肯尼迪倒是有着更直接的影响，因为他毕竟是他们那个州的参议员，而且在其他问题上他一向也是要征询他们的意见的。十年来，肯尼迪对外援问题的兴趣与日俱增。他对印度的关怀，不久就使他考虑到现代化的挑战这样一个更大的问题。他欣然同意坎布里奇派的这样一个论点：开发

---

① W. W. Rostow, *Eisenhower*, *Kennedy*, *and Foreign Aid*, Austin: University of Texas Press, 1985, p. 59.

② *Congressional Record*, 82 nd, Congress, 2 nd Session, Vol. 98, part 7, pp. 8492 – 8493.

③ John F. Kennedy, "A Democrat Looks at Foreign Policy", *Foreign Affairs*, Vol. 66, No. 2, Janu 1957.

一些坚强和独立的国家，是最符合美国利益的。"① 实际上自 20 世纪 50
年代后期开始，肯尼迪就此问题与麻省理工学院国际研究中心的经济学
家们保持着密切的联系，肯尼迪的对外援助政策深受查尔斯学派理论的
直接影响，罗斯托、米利肯等人曾入职肯尼迪政府，成为智囊团成员，
并为肯尼迪制定对外经济政策对谋划策。1960 年肯尼迪成功竞选总统后，
专门成立了对外经济政策工作小组，主要成员就包含了米利肯、罗斯托
和林肯·戈登等人，该小组在向肯尼迪提交的对外经济政策报告中，指
责艾森豪威尔政府的援助主要是军事援助和短期援助，发展方面的援助
很少。从美国外援发展的历程来看，对外经济政策工作小组的报告成为
肯尼迪制定对外援助政策的奠基石，促使美国援助从只注重军事援助的
短期目标援助，向经济发展援助和促进受援国的长期发展转变。

除此之外，1961 年 3 月 22 日肯尼迪政府发表的第一份外援咨文的顾
问、建议和修改工作都是由罗斯托等人负责的。

《1961—1963 年美国外交关系文件》② 中提到"3 月 13 日给总统的备
忘录中，沃尔特·罗斯托为总统即将发表的外援咨文中的'关键部分'
提出了他的思想……"在经济援助理论的指导下，肯尼迪政府修改了
《共同安全法》，制定了《1961 年对外援助法》，新外援法成为此后几十
年美国对外援助的基本立法。根据此法成立"国际开发署"，是美国对外
经济援助的主管机构。发展援助成为肯尼迪政府对外援助的主要内容，
肯尼迪政府还扩大实施了"粮食换和平"计划，美国的剩余粮食成为援
助的重要手段，同时向不发达国家派遣"和平队"，向这些国家提供人力
资源援助。总之，美国在 20 世纪 60 年代实现了对外援助的制度化和体系
化。

三 苏联对第三世界国家的经济攻势

20 世纪 60 年代世界民族独立运动达到高潮，仅 1960—1963 年间就

---

① ［美］施莱辛格：《一千天》，仲宜译，生活·读书·新知三联书店 1981 年版，第
469 页。

② Memorandum From the President's Deputy Special Assistant for National Security Affairs to Presi-
dent Kennedy，http：// dosfan. lib. unic. edu/ERC/frus/frus61 –63ix/06 – Section – 6. htm.

有 26 个国家获得独立，其中仅 1960 年就有 18 个国家独立。在美苏冷战的国际大局势中，新独立的很多国家选择中立而非成为美国或苏联的盟友，他们独立于美苏冷战之外，在国际事务中发挥越来越重要的作用。新独立的这些国家都面临着发展国家经济、稳定政局的任务，而选择哪种发展模式，究竟是选择资本主义的发展道路还是社会主义的发展道路是摆在这些国家的首要问题。以苏联为首的社会主义国家战后经济发展的巨大成就，对这些刚刚实现民族独立，迫切希望发展经济快速实现现代化以便改变落后状态的国家而言，无疑具有很大吸引力。美国担心"苏联的社会主义发展模式，有可能成为 20 世纪其他国家追求现代化的范例"，甚至认为"共产主义没有被第三世界视为威胁。共产主义对这些新独立而较贫穷的欠发达国家反而具有吸引力，因为它允许以一种相对快速而有秩序的方式带来政治、社会、经济和文化上的变化"。[1] 很明显，新独立的民族国家给美国提出两个问题：如何防止新独立的民族国家选择社会主义的发展模式？以及如何利用外援赢得这些国家，并鼓励他们走上资本主义的发展道路以此来扩大资本主义阵营？

正当美国力图用武力在亚洲遏制并防御共产主义发展的同时，莫斯科对这些刚走上民族发展道路国家的态度却在悄然发生着变化。1952 年 10 月，苏联举行了第 19 次党代表大会，这是自 1939 年以来苏联共产党举行的第一次代表大会。会上讨论了 1949 年美国发起的"第四点计划"，并一致认为发展中国家迫切需要外部援助，这是苏联首次提及关于发展中国家的政策问题。罗斯托认为苏联在第 19 次党代会的策略主要有三个目标：为苏联发展核武器和导弹运输能力争取时间；削弱美国和西欧之间的联系；通过贸易、贷款、技术援助和政治渗透的方式扩大苏联对发展中国家的影响。罗斯托还认为这是苏联从谋求欧洲霸权到谋求世界霸权的开始。[2]

---

① ［美］约翰·斯班尼尔：《二战以来的美国外交政策》，白云真等译，商务印书馆 1992 年版，第 143 页。

② W. W. Rostow, *Eisenhower, Kennedy, and Foreign Aid*, Austin：University of Texas Press, 1985, p. 15.

从 1953 年开始苏联扩大了与东西方之间的贸易，1952—1956 年间从只与欠发达地区的阿富汗、伊朗和埃及之间的贸易扩展到包括阿根廷、印度、希腊、黎巴嫩、印尼等众多国家，同一时期其他共产主义国家还参与了非共产主义国家的贸易活动。尽管东西方之间共产主义国家与非共产主义国家之间的贸易扩大，但比例仍然是非常有限的，仅占总贸易的 3%。但是贸易扩大带来的政治影响巨大，首先，尽管东西方之间贸易总额低，但是个别国家的贸易额却相当高。例如，1956 年阿富汗、冰岛、埃及、南斯拉夫和缅甸有超过 20% 的贸易是与共产主义国家的贸易。其次，苏联贸易范围的扩大向世界其他国家展示，斯大林去世后苏联已经结束了孤立、封闭的状态，开始以一个自信、和平的国家参与国际事务。最后，苏联经历了 20 世纪 30 年代的经济危机后，到 20 世纪 50 年代基本商品的价格下降，所以愿意在协商的基础上购买不发达国家的原材料和粮食，并建立稳定的物物交换的贸易关系。在当时的国际经济背景下，不发达国家也赞同这种物物交换的贸易关系，因为这样可以避免因国际市场原材料价格下降引发的危机。从 1954 年起，苏联除扩大贸易范围外还向亚洲、中东和非洲的一些国家提供贷款和技术援助，并且超过了同期美国对这些国家的援助。

1955 年苏联领导人赫鲁晓夫和苏联部长会议主席布尔加宁访问了印度、缅甸和阿富汗三国，并同他们签订了经济援助协定。1956 年苏共二十大召开，会上赫鲁晓夫指出，共产主义的优越性是不可比拟的，击败资本主义并非必须要通过战争，完全可以通过经济发展赢得战争，"当我们说在资本主义和社会主义两种体系的竞赛中社会主义体系必将取得胜利的时候，这绝不意味着胜利将通过社会主义国家对资本主义国家的内政进行武装干涉来实现。我们确信共产主义胜利的根据是：社会主义生产方式比资本主义生产方式具有决定性的优越性"[1]。根据这一决策，苏联不仅加强与西方发达国家经济贸易关系，借此促进自身经济的发展，提升自身实力；同时发展与非社会主义国家的经济和贸易关系，并向他

---

[1] 世界知识出版社编辑：《赫鲁晓夫言论》（第五集），世界知识出版社 1965 年版，第 38 页。

们当中的欠发达国家提供经济援助。1960年，赫鲁晓夫再度访问了印度、缅甸和阿富汗三国，还为中东的埃及、叙利亚、伊拉克提供经济援助，鼓励他们建立国营经济，和平过渡到社会主义。

四　美国外援的变化及《外援法》的颁布

苏联的这些举措深深刺激了美国敏感的神经，同时也使美国意识到对发展中国家政策的不足。1956年在与苏联争夺援建埃及的阿斯旺大坝失败后，艾森豪威尔政府开始考虑加大对欠发达国家地区提供经济发展援助的必要性，在他第二任期的一次演说中提到"我们必须利用我们的技术、知识和物质去帮助其他国家，并把他们从痛苦中解救出来……"并把援助欠发达国家和地区作为一项重要的政策议题。当时的国务卿杜勒斯也在1957年4月发表声明说："我们认为应该着重强调长期的发展援助。诚然我们的经济援助对其他国家的发展是一种补充，但这种补充是重要和具有决定意义的，它能够打破外贸的瓶颈，是刺激一个国家更有效发展的关键因素……经济发展是一个持续的过程不是一蹴而就的……为了实现发展效率的最大化需要建立一个经济发展基金，通过合适的贷款为他们（发展中国家）提供援助。"① 杜勒斯认为发展基金每年应达到7.5亿美元，同时还应备有一定数量的拨款以备不时之需，技术援助金额每年为1.5亿美元。同年艾森豪威尔向国会提出建立"开发贷款基金"（Development Loan Fund）要求为不发达国家提供总数为20亿美元的援助用于经济的发展。随后国会通过相关立法，拨款14亿美元支持这一基金。1959年政府正式成立"开发贷款基金"（英文缩写为DLF），主要目的是以贷款的方式援助非共产主义的欠发达国家，并给予优惠的贷款条件，贷款年限最长可放宽至40年，贷款的偿还既可以以受援国本国货币，也可以以美元偿还。开发贷款基金是美国政府第一次专门针对发展中国家就提供资本援助而设立的机构，标志着美国外援的注意力已经

---

① Congressional Record Vol. 103, part 4, 85 th Congress, 1 st, Session, pp. 5409 – 5411. 转引自 W. W. Rostow, *Eisenhower, Kennedy, and Foreign Aid*, Austin: University of Texas Press, 1985, p. 130.

从西欧转向发展中国家。

1958 年，参议员肯尼迪与库柏一起向参议院提出援助印度的"肯尼迪—库柏决议案"，草案的大体内容是："参议员决议（众议院同意）：国会认识到，印度共和国的经济发展对本国人民、民主价值及制度、世界和平与稳定具有很大重要性，因此国会之意是与其他国家一起，提供在类型、规模及时间上足够帮助印度成功的完成当前经济发展计划的支持，这符合美国的利益。"① 此决议在 1960 年获得国会通过。1959 年 9 月 15 日美国出台了 NSC5913/1 号文件②，文件除强调共产主义的影响外，明确指出经济援助的杠杆作用，援助方式由原来的以军事援助为主逐渐向经济援助转变。文件认为来自共产主义的主要威胁不再是军事威胁，而是由于共产主义国家经济的增长对远东地区非共产主义国家产生的影响，尤其是中国的经济增长，"很有可能超过亚洲非共产主义的自由国家，并对这些国家的态度产生重大影响"。因此"要减少远东国家与中国和苏联的政治、文化联系，避免引进和使用苏联的技术，并限制苏联对这些国家的贸易和经济援助"，主要"依靠美国的经济和技术援助，通过鼓励远东自由国家之间的贸易，促进经济发展"，当然文件认为这样做的前提是避免和苏联发生军事冲突。③

肯尼迪上台后于 1961 年制定了《1961 年对外援助法》并成立了国际开发署（Agency for International Development，简称为 AID）负责制订和实施对外援助计划。至此美国的对外援助呈现出不同以往的特点：首先，就援助类型而言，经济援助逐渐取代军事援助成为主要的援助方式，尤其是对发展援助的重视达到了新高度，奠定了发展援助的基础性地位。朝鲜战争的失败使美国意识到单纯的军事并不能赢得其他国家的支持，经济攻势对迫切需要资金实现发展的国家而言更具吸引力。1962 年美国经济援助拨款约为 22.6 亿美元，其中发展援助约为 15.6 亿美元，同期提

---

① W. W. Rostow, *Eisenhower, Kennedy, and Foreign Aid*, Austin: University of Texas Press, 1985, p. 4.

② *FRUS*, 1958 - 1960, Vol. XVI, p. 134.

③ *FRUS*, 1958 - 1960, Vol. XVI, pp. 141 - 142.

供的军事援助约为16亿美元，经济援助的数额超过了军事援助，这表明美国对外援助的重点发生了重大变化，更加强调向欠发达国家和地区提供经济援助，并进一步削减了军事援助和防务支持援助在美国对外援中的比例。① 其次，从援助的持续性来看，更加注重长期援助，毕竟经济的发展是一个漫长、持续的过程。美国认为只有实现欠发达国家经济的自足发展，才能具备抵御共产主义的影响能力，实现国内政治的民主，其实质上是把反共的目标长期化了。最后，对外援助的地域中心也由原来的以欧洲为中心转向亚洲、非洲、拉丁美洲等欠发达地区。

1962年1月，美国国家安全委员会专门指导小组就军事援助计划制订了一份研究报告，该报告的基本指导原则是："未来10年美国援助的主要目标是通过进一步的援助促进经济发展和加速国家建设，击退苏联可能的间接进攻"，文件特别强调苏联对欠发达国家的经济攻势的影响。同时，文件认为美国向韩国、中国台湾地区、希腊、巴基斯坦、土耳其、伊朗提供的军事援助约占美国对外军事援助的一半，所以建议美国应该适当削减对这些地区的军事援助，增加美国对第三世界国家经济援助的规模。这份报告对今后美国对欠发达国家的经济援助具有重要意义，但是报告的建议遭到了参谋长联席会议的强烈反对，认为不管是经济援助还是军事援助对美国的国家安全都具有重要意义，尽管有必要提高经济援助的规模，但是军事援助也应当维持目前水平。② 但是特别小组的意见得到了国际开发署以及肯尼迪总统的认同，于是在1962年1月18日的国家安全委员会会议上，肯尼迪一方面承认经济援助和军事援助互相补充且相互竞争，同时他又指出，军事援助的缩减可以从经济援助的增加上得到补偿。

随着20世纪60年代民族独立国家在国际事务中发挥的作用越来越大，发展中国家成为国际上不可忽视的政治力量，美国对这些国家的重

---

① 王慧英：《肯尼迪与美国对外经济援助》，中国社会科学出版社2007年版，第117—118页。

② Dennis Merill, *Bread and the Ballot*, Chapel Hill：University of North Carolina Press，1990，pp. 184 – 185.

视程度也随之增加，并逐渐把援助的重点转移到这些国家。美国希望通过外援这一工具，拉拢这些国家，增加在冷战中与苏联竞争的优势。美国外援政策的发展和变化，直接或间接地影响对菲律宾的援助政策，美国对菲律宾援助政策总体上顺应美国援助政策的调整，但在具体的实施过程中又具有自己独特的方式和特点。

第四节　发展援助名义下的美国对菲律宾援助

朝鲜战争的失败使美国意识到，共产主义问题不能简单地依靠武力解决，与共产主义的对抗是一项长期的任务。由于20世纪50年代苏联等共产主义经济的快速发展给美国造成沉重的心理压力，鉴于此20世纪60年代肯尼迪上台后大力提倡发展援助在促进欠发达地区及国家发展的重要作用，希望通过援助欠发达国家实现经济发展，来减少共产主义对他们的吸引力，达到巩固并扩大资本主义阵营的目的。对菲律宾的援助也一改20世纪50年代以军事援助为主的特点，强调通过援助解决菲律宾的经济发展问题，为此美国在菲律宾采取多项援助举措，包括：派遣和平队；力求改善菲律宾政府腐败问题；援助菲律宾的乡村发展项目，通过发展农业项目，提高粮食产量和改善土地的分配情况，提高农业生产率。

一　和平队在菲律宾的情况

肯尼迪政府与艾森豪威尔政府相比，更加注重亚、非、拉美等地区的地位和作用，他说："今天，保卫自由和扩大自由的巨大战场……是在地球的整个南部——亚洲、拉丁美洲、非洲和中东——是在日益觉醒的各国人民的国土上。他们的革命是人类历史上最伟大的革命，他们谋求结束不公正、暴政和剥削。他们不是在谋求结束，而是寻求新的开端。"[1]在总统竞选时肯尼迪就不断呼吁："重振美国的时机已经来临，现在是使

---

[1] [美] 西奥多·索伦森：《肯尼迪》，复旦大学世界经济研究所译，上海译文出版社1981年版，第365页。

这个国家重新行动起来的时候了，我们必须做得更好。"① 为了鼓励更多美国青年人参与到对外服务中，1960 年 10 月 4 日，肯尼迪在芝加哥的密歇根大学向近 1 万名大学生发出倡议："你们当中要成为医生的人中有多少愿意去加纳度过你们的时光？你们当中的技术人员或工程师们，你们中有多少人愿意在对外服务机构中工作？"肯尼迪的倡议得到大学生们的热烈响应，随后肯尼迪多次阐述组织和平队的必要性和迫切性："在地球的另一端，不发达国家的许多领域急需教师、医生、技术人员和专家，而莫斯科正不断派出这样的人员去发展世界共产主义事业。我确信，我们的青年男女，完全有能力阻止赫鲁晓夫的使者削弱自由世界的尝试。"② 肯尼迪上台后便开始考虑如何更加有效地发挥外援的作用，根据他的设想，美国外援政策调整的重大举措之一便是向第三世界国家派遣和平队，1961 年 3 月 1 日肯尼迪签署了建立和平队的特别法令，以和平队的形式向亚非拉美国家和地区派遣美国的力量，并任命自己的妹夫萨金特·施莱弗担任和平队的首任行政长官。

和平队主要由教师、医生、护士以及技术人员组成，被派往别国的和平队志愿者要经过严格的筛选，只有符合条件的人才能被选上。为了防止安全方面出现问题，联邦调查局会对个人过去的历史进行调查，同时还采用测量情感成熟度的心理试验和测量在不适宜的环境下的忍耐力的试验。此外志愿者还必须具备相应的美国历史知识，例如，熟悉美国的商业和经济生活情况、美国对殖民主义的立场、美国的移民问题、美国的种族关系以及美国社会的特点等，学习美国外交政策的基本目的和熟知共产主义思想及战术，警告他们要警惕"共产主义煽动"。③ 夏威夷和波多黎各的训练营要求受训学员必须完成以下课程：在当地社会生活，体力适应试验，长途跋涉训练以及各种障碍课程。④ 被选中的人要具备传

---

① 郑成宏：《越战之机：韩国出兵越南对其经济发展的影响》，《东北亚论坛》2009 年第 5 期。

② Karen Schwarz, *What You Can Do for Your Country*: *An Oral History of the Peace Corps*, New York：William Morrow and Company 1991, p. 17.

③ *Peace Corps Handbook*（Washington, D. C.），pp. 11 – 12.

④ Peace Corps, 1 st Annual *Report to the Congress*（Washington：June 30, 1962），pp. 12 – 16.

教士、技术人员和外交官三重本领：作为一个传教士，他必须严肃朴素，并且要有牺牲精神；作为一名技术人员，他必须具备相关工作的技术水平；而作为一名外交官，他必须"在国外展现出美国充满活力的形象"和具有"对付东道主国家政府甚至是总统和内阁一级的外交手段"①。

1961 年 5 月，美国副总统约翰逊在出访亚洲各国（包括菲律宾）之后强调，共产主义的影响不仅来自武力方面，还来自他们的社会和经济改革。肯尼迪总统写给马卡帕加尔总统的信中也重申了美菲之间的亲密关系，并表示支持马卡帕加尔政府实施经济和社会发展项目，协商派遣和平队到菲律宾。菲律宾是第一个接收美国和平队的国家。最初和平队负责发展和计划规划的副主任华伦·威京斯（Warren Wiggins）主张派5000 名志愿人员去菲律宾，每批 500 人，但由于这个数字过于庞大最后缩减到 1000 人。第一批共 128 人，他们于 1961 年 10 月到达菲律宾，分配到四个选定的地区：班乃岛—内格罗斯岛、宿务岛—保和岛、莱特岛—萨马岛和比科尔。② 此次和平队的主要任务是改进菲律宾英语教学情况，但是菲律宾当地规定只要菲律宾人能够担任的工作，一律不准任用外国教员，为了协调两者之间的矛盾，菲律宾政府与和平队在 1961 年达成了项目建议协定（Project Proposal Agreement），采用了驻马尼拉国家开发署教育小组的建议，聘用志愿人员作为菲律宾英语教员的教学助手。开始由于美国和菲律宾当局之间缺少协作而使志愿工作陷入混乱，且一些接受和平队的菲律宾院校认为和平队是对他们工作的一种干涉，经过一段时间的磨合之后，和平队志愿人员逐渐成为菲律宾教师的同事，他们共同备课，轮流讲课。除少数志愿者继续教英语外，其余很大一部分与菲律宾教员进行调整后，被转到历史、心理学、社会学和科学等方面。

1966 年，马科斯总统发起了"乡村发展项目"，旨在改进菲律宾的工农业状况，为了支持该项目共有 22 名志愿人员被派往乡村发展办公室担

---

① Usha Mahajani, "American 'People to People' Diplomacy: The Peace Corps in tne Philippines", *Asian Survey*, Vol. 4, No. 4, Aprl 1964, p. 780.

② Usha Mahajani, "American 'People to People' Diplomacy: The Peace Corps in tne Philippines", *Asian Survey*, Vol. 4, No. 4, April 1964, p. 781.

任技术助手职务。和平队志愿者也被派往郊区，学习当地语言，指导当地的乡村发展项目。除此之外，志愿人员还在改进菲律宾大米收获方法、救济水灾、募集慈善事业基金、筹集建造儿童戏院、开办图书馆和夜校、规划教学试验、公共卫生、农业推广以及研究菲律宾文学等方面与菲律宾人一起开展工作。[1] 和平队总部设在马尼拉，共有 4 个分区办事处，总部设总代表 1 人，代理代表 1 人，副代表 3 人，医务代表 1 人和助理代表 1 人，其中大多数是从对外事务后备局（Foreign Service Reserve）抽调过去的。他们每年的薪金少的有 1 万美元，多的有 1.7 万美元以上。每个志愿人员两年的平均费用为 1.8 万美元，1961—1962 年用于菲律宾和平队计划的费用超过 163.7783 万美元。[2]

　　和平队在菲律宾的工作从一开始就饱受争议，有些菲律宾议员把和平队看成是美国的"政治传教士"，也有人把和平队看成是美国的工作机构，是替美国人实地训练人才的机构，并且要求训练出的人以后确实能够任起美国人的责任，[3] 还有人认为和平队是为美国政府进行对外服务的工具，而大规模地使用志愿人员担任英语教员这件事被斥责为"打击菲律宾人教英语的威信"。虽然和平队在菲律宾备受争议但不可否认和平队给美菲双方都带来了一定好处。虽然美国一再宣称和平队不是宣传冷战的一种手段而是美国分担菲律宾发展事业的一个受欢迎的机会。[4] 但是和平队志愿人员的三重身份使他们间接地向菲律宾人宣传美国的外交政策和文化精神，通过与当地菲律宾人的接触影响和改善菲律宾的经济状况，并且有 80% 的志愿人员与菲律宾的同僚成功地建立了私人关系。而菲律宾则因为和平队在国内的活动刺激了他们发展自身服务项目的计划，例如 "草根行动"（Operation Grass Roots）、"新青年运动"（New Youth

---

　　① Usha Mahajani, "American ' People to People ' Diplomacy: The Peace Corps in tne Philippines", *Asian Survey*, Vol. 4, No. 4, Aprill 1964, p. 782.

　　② Peace-Corps, 1 st Annual *Report to the Congress* (Washington: June 30, 1962), pp. 64 – 76.

　　③ "Seriously Speaking", *Manila Chronicle*, Aug. 22, 1961.

　　④ Message by Ambassador William Stevenson at the inauguration of the University of Mindanao, Nov. 18, 1962; also speech to Baguio Rotary Club, quoted in *Manila Times*, Feb. 28, 1962.

Movement）、"与人民一起工作一年"等。① 教育部部长阿莱勒特罗·罗赛斯（Alejandro Roces）号召招募一批青年成立一个"经济队"，来执行社会经济计划。② 此外，菲律宾学生医学协会计划贡献 1000 名大三学生去乡村地区成立和与平队一样的卫生队。

二 改善菲律宾政府腐败与财政问题

加西亚任职期间，贪污、腐败问题已经成为菲律宾政府的一大难题。不少的官员投资商业活动，"要想变成富翁，只需要一个执照就能做到"。军阀政治家征用私人军队，从事非法的商业投机活动；国营企业充斥着各种裙带关系，形成了具有垄断性质的家族联合企业，并且以各种方式进入新办企业中。他们在国会中占有一席之地，通过设置各种障碍，阻碍有损于自身利益的法案通过。当时的菲律宾前大使考恩建议加西亚总统要想改善菲律宾政府在美国的形象，首要问题便是解决政府的腐败问题。

1961 年 8 月，美国国务院发给菲律宾大使馆的电报中，提到美国国务院对加西亚政府的腐败问题高度关注，"我们不相信共产主义能在短期内夺取政权，也不认为军事力量能做到这点，但是菲律宾公众腐败的道德对美国利益和亚洲自由世界构成潜在的威胁"③。电报中还提出了为改善菲律宾政府腐败问题应采取的措施：首先，派遣国际货币基金组织（IMF）的顾问任职于菲律宾一些重要部门，例如中央银行、财政部、国内税收、关税等部门。顾问主要提供技术支持和起监管作用。其次，废除造成腐败的监管机构，使比索贬值，修改进出口法规。再次，通过税收扩大地方政府的权力，这样可以分散中央政府的权力和解放地方政府。此外，美国还建议为社区发展项目提供资金和派遣和平队，鼓励美国和国外媒体对这些项目和活动进行跟踪报道。但是菲律宾政府认为，这些措施有美国政府介入菲律宾内政事务的嫌疑，加上正逢总统选举，电报

---

① *Sunday Times*, Feb. 11, 1962.

② *Manila Chronicle*, Oct. 22, 1962.

③ *FRUS*, 1961 – 1963, Vol. XXIII, p. 779.

中所提及的措施并没有在菲律宾真正贯彻实施。虽然此次美国改善菲律宾腐败问题的具体措施没有实施，但是通过此举使腐败问题引起了菲律宾政府的重视，并且在以后的援助中，美国也多次尝试利用援助来解决菲律宾的腐败问题。但腐败根植于菲律宾政府深处，很难通过援助解决，这也是菲律宾政府财政状况不容乐观的诱因之一。

为了缓解菲律宾政府财政状况堪忧、资金紧缺的问题，马卡帕加尔当选总统后于 1962 年 1 月，派遣了一支由财政部代理部长西松（Fernand E. V. Sison）带领的特殊使团出访美国，就菲律宾取消外汇管制和停止进口配额制争取美国、国际复兴开发银行（IBRD）和国际货币基金组织（IMF）大约 1 亿美元的援助。美国对菲律宾的这一项目非常关注，1 月 17 日，美国和 IMF 各主要部门的代表讨论就菲律宾取消外汇管制问题提供贷款，当天就答复西松美国将给予援助，并通过与 IMF 和 AID 协商在接下来的 18 个月中为菲律宾提供 5000 万美元的贷款支持这个项目，同时华盛顿进出口银行将额外提供 2500 万美元的信贷。[1]

当时菲律宾因为战争损失赔偿问题的提案遭到美国国会否决，国内反美情绪高涨。出于对菲律宾的一种补偿，也为了缓和菲律宾民众的反美情绪，美国于 6 月 11 日决定扩大对菲律宾就取消外汇管制的援助，具体数额为：[2]

表 4 - 2　　　　　　　　美国对菲律宾援助明细　　　　（单位：百万美元）

贷款来源	金额
（为期三个月的）联邦储备黄金贷款	23.25
（用于资助项目和商品）进出口银行	35
国际开发署	50
总计	108.25

除此之外，菲律宾还可以从国际货币基金组织提取 2830 万美元，并

① *FRUS*, 1961 - 1963, Vol. XXIII, p. 791.
② *FRUS*, 1961 - 1963, Vol. XXIII, p. 801.

且同美国商业银行协商提供总数为 7500 万美元的短期贷款和 7700 万美元的备用资金。1962 年 2 月，国际货币基金组织使团访问了菲律宾，给菲律宾提供一个 4040 万美元的备用款，于 4 月生效，这批款项于 6 月 30 日已花费 1000 万美元，预计到 12 月 31 日花费将达到 3000 万美元，剩余的 1.04 亿美元将于 1963 年 4 月用完。[1]

美国对菲律宾的援助请求如此"慷慨"是有原因的。取消外汇管制和停止进口配额，使美菲产品在"平等"的基础上进行交易，是变相的"门户开放"政策，美国产品可以毫无数额限制地进入菲律宾市场，这对主要生产原材料和初级产品的菲律宾而言无疑是"雪上加霜"，对菲律宾的经济发展带来不利影响。据统计，1962 年取消外汇管制时，美国对菲律宾的直接投资只有 3.75 亿美元，到 1965 年美国的私人直接投资增加到 5.3 亿美元。[2] 美国资本的大量投入加剧了菲律宾经济的不平衡性，它大量投在制造业中，并接管了无力归还债务的国营和私人企业，垄断了菲律宾的椰子加工业、制糖业。1963 年年底，菲律宾椰子加工业和制糖业的 80%—85% 都掌握在美国资本家手中。同时，取消进口限额后，美国商品大量涌入。比索贬值使得菲律宾工厂进口美国原料和机械设备的费用提高，生产成本增加，许多小企业纷纷倒闭。1965 年，全国 70 家纺织厂中，仍继续营业的仅有 4 家。[3]

经济政策的变化对菲律宾农业也产生重大影响。由于比索贬值后椰子等经济作物出口额急剧增加，更多的农业用地用于种植经济作物，大大缩减了粮食作物的种植面积。大米种植面积由原来的 40.2% 下降到 37.5%，实际用地面积也从 330 公顷降到 308 公顷，结果大米产量的增加不及人口增加，造成大米短缺，菲律宾不得不进口大米。1965 年大米进口值是 2.29 亿比索，米价上涨，人民经济负担增加。[4]

---

① *FRUS*, 1961–1963, Vol. XXIII, p. 801.

② 金应熙:《菲律宾史》，河南大学出版社 1990 年版，第 726 页。

③ David Wurfel, "The Philippijes: Intensified Dialogue", *Asian Survey*, Vol. 7, No. 1, Jan. 1967, p. 47.

④ Vicente B. Valdepenas, *The Emergence of the Philippine Economy*, Manila: Papyrus Press, 1977, p. 192.

　　通过美国援助以及国际银行的各类贷款,菲律宾政府获得数额不少的资金,但是相比美国给予菲律宾的援助资金,取消外汇管制和停止进口配额给菲律宾直接或间接造成的经济损失是巨大的。这不仅没有改善菲律宾财政状况,还使菲律宾主要的加工业和制糖业受控于美国资本,加剧了菲律宾经济发展的不平衡性,阻碍菲律宾长期的经济发展。

三　乡村发展项目下的援助

　　约翰逊政府执政后,美国进一步扩大了越南战争,为了争取菲律宾尽快出兵以支持美国的越南政策,同时也为了防止如果直接对菲律宾进行大量军事援助可能会在国际上造成菲军是美国"雇佣兵"的印象,于是美国转而向菲律宾进行经济援助,期望通过改善菲律宾经济状况来稳定国内政局,为菲律宾出兵越南打好基础。1966 年美国中央情报局、国务院、国防部和国家安全局联合就菲律宾的国情进行调查与评估(即NIE56 – 66 号文件①),认为菲律宾没有严峻的国际威胁,并且在未来五年共产主义也不会对菲律宾的安全构成威胁,菲律宾的主要潜在问题是国内问题,尤其是集中于农村的农业问题、城市的失业问题、贫富差距问题,以及因这些问题所引发的干扰社会秩序的一系列活动,从长远看如果菲律宾政府不采取有效措施,必然会影响菲律宾的稳定以及对邻国造成恶劣影响。

　　具体来说农村问题主要源于农民的不满。菲律宾大约有40％的农民是佃农,他们依靠租种地主的土地为生,每年要把自己一半以上的收入交给地主,佃农对这种封建体系中的地租关系及地主和佃农的关系极为不满。虽然在马格赛赛执政期间,曾试图改变农村的租佃形式,但最终因管理无效而终止。1963 年马卡帕加尔通过了土地改革法令,废除了分成地租,但是法令遭到地主的强烈反对,在实施过程中大打折扣,而且由于过去几十年中人口的急剧增长加剧了地租的增加和人均占有土地的减少。由于低水平的农业生产率,农村问题恶化,重要粮食作物如大米、

---

① *FRUS*, 1964 – 1968, Vol. XXVI, pp. 706 – 717.

玉米的产量相对减少。城市中失业问题严重，在农村 11.5 亿劳动力中，大约有 75 万失业人员和 200 万未充分就业人员，每年额外新增 37.5 万（包括 2.5 万大学毕业生）求职者，这个数量远远超出新增加的工作岗位。① 这些问题因不断增长的财富分配不平衡而更加严重，马尼拉工人的工资在过去十年降低了 20%，与之形成鲜明对比的是富有阶层的奢侈与浪费。地主和富有阶层宁愿把资金投资在借贷和其他更有利可图的行业，也不愿投资于农业和工业。以农业为例，地主和富有阶层的收入占菲律宾民族收入的 1/3，而每年仅有 6%—7% 投入到农业中，低生产率和不断增长的人口压力迫使国家花费大量资金进口大米和其他重要粮食作物。

在美国看来，如果任由菲律宾经济状况发展，后果是非常可怕的，很有可能引起"多米诺"反应。1966 年 9 月马科斯总统访美希望就"乡村发展项目"寻求美国援助，要求美国向菲律宾派 10 个工程建设营和总共 8500 万美元的资金援助，用于乡村项目和道路建设。对于马卡帕加尔总统的这一请求，美国各重要部门进行了专门讨论。美国国务院表示支持，认为援助 10 个工程建设营能够使"菲律宾军队在国内民用建设和国内安全方面发挥更大作用"，并且能够"帮助菲律宾克服经济障碍"。② 但是国防部长罗伯特·麦克纳马拉（Bobert McNamara）表示反对，他认为美国已经资助菲律宾 3 个营并且计划在 1967 年再增加两个，不同意再派 5 个营到菲律宾，加之菲律宾对越南战争的贡献"十分有限"，建议菲律宾政府自己资助 5 个营。除此之外，麦克纳马拉认为如果向菲律宾增加提供 7 个工程营的装备，国会有可能会在审批美国军事援助项目（MAP）的拨款时，从原来的 9.17 亿美元中砍掉 9200 万美元，他强调美国在中国台湾地区、老挝、朝鲜、北大西洋公约组织（NATO）都有重要利益，更加需要美国的军事援助，而菲律宾 1967 年约 2200 万美元的军事援助已经足够。总统国家安全事务助理罗斯托不认同麦克纳马拉的意见，认为美国援助"乡村发展项目"是必要的，10 个工程营可以对菲律宾的经济发展做出重要贡献，有利于修建菲律宾的国内道路和建设重要的公

---

① *FRUS*, 1964 – 1968, Vol. XXVI, p. 708.

② *FRUS*, 1964 – 1968, Vol. XXVI, p. 745.

共工程，如果美国国会否定这一援助计划，必然会对马科斯在菲律宾出兵越南的立场造成不利影响，影响菲律宾的经济稳定与发展。[①]

对马卡帕加尔总统的这一要求，美国各部门几经讨论和修改，在综合考虑了菲律宾国内经济状况和马卡帕加尔亲美的政治动向后，最终确定了对菲律宾援助的具体款项：农业方面提供450万美元的贷款，主要用于改善灌溉系统，扩大灌溉面积，以便为农民提供足够的水源；200万美元的学习贷款，用于指导菲律宾对工程和经济的学习，提高民众的文化水平，指导正在进行的乡村建设项目。[②]

此次援助的主要目的是改善菲律宾的农业状况，所以援助的很多项目都是在第480号公法（PL480）[③]下进行。在第480号公法第二条款下：就菲律宾粮食谷物和其他农业品的生产提供拨款，包括用于支付挖掘、整顿灌溉沟渠和建设、修整乡村道路的约3万名工人的工资，总数为350万美元，此外还有50万美元用于资助家畜的饲养。在第480号公法第四条款下：美国计划在菲律宾销售总价在2000万—2500万美元的棉花、谷物和烟草，所得比索收入作为农业信贷机构的新增资金，用于修建灌溉系统、建设道路和政府改善农业的各类小型的项目。在第480号公法第三条款下：为美国的志愿机构提供食物、粮食产品，用于他们对菲律宾的援助项目，这是一项长期进行的项目。[④]此外美国还提供180万美元的工程设备，用于菲律宾的道路建设、灌溉和其他农业发展项目；100万美元的技术援助用于支付美国的专家顾问团队费用。

20世纪60年代，美国对菲律宾农业的关注达到了顶峰，总统的特殊顾问罗斯托说："即使我们在军事领域的援助，也与菲律宾的农民有关。"

---

① *FRUS*, 1964 – 1968, Vol. XXVI, pp. 745 – 746.

② *FRUS*, 1964 – 1968, Vol. XXVI, p. 767.

③ 第480号公法是美国国会于1954年7月通过的《农产品贸易发展与援助法》（通称第480号公法），这是一个专门的农产品销售与援助法案，它的目标有两个：一是要帮助发展中国家缓解饥饿和营养不良的状况；二是要促进美国农产品的出口，拓展并保护美国农产品的国外市场。这个法案后来被称为"食品换和平计划"。肯尼迪就任总统后，将食品援助正式作为外交政策工具。到1964年约翰逊政府时期《食品换和平法》获得通过。1966年约翰逊建议国会将"食品换和平"改为"食品换自由"，扩大食品援助的数量。

④ *FRUS*, 1964 – 1968, Vol. XXVI, p. 767.

美国试图通过改变菲律宾的农业状况，来刺激菲律宾的经济增长。通过美国的这些援助措施，菲律宾的经济确实有所发展。但是菲律宾本身存在的问题使援助的效果远没有达到美国的要求。菲律宾本身是一个农业国家，长期的殖民统治使国内经济带有很强的殖民性质，对外国的依赖性很强。此外菲律宾农民的贫困，封建地租的存在都制约了农村经济的发展，几次土地改革都已失败告终。而美国对菲律宾的援助仅限于利用菲律宾达到政治目的，所以这种援助带有急功近利的性质，并不能真正有效地促进菲律宾的经济发展。

第五节　美菲两国就菲律宾出兵越南问题进行的军事援助协商

肯尼迪上台之初，猪湾事件和老挝局势的发展使肯尼迪认识到，必须采取强硬措施与苏联展开对抗，但考虑到柏林局势的牵制，争取盟国支持的困难、美国现役兵员不足，以及美国直接派兵会刺激北越展开更大规模的进攻，肯尼迪政府开始考虑获取亚洲国家尤其是菲律宾的支持，以便改变美国在越南的局势。所以20世纪60年代美国对菲律宾军事援助主要是为了争取菲律宾出兵越南以便给美国以国际上的支持。但美国日渐衰落的财政状况和在大规模削减军事援助的政策下，很难再次增加对菲律宾的军事援助，所以美国不正面拒绝菲律宾军事援助要求的前提下，鼓励菲律宾政府通过整顿军队和提高供给来提高菲律宾的军事实力。鉴于菲律宾的战略地位和菲律宾对越南政策的支持，美国并没有明显减少对菲律宾的军事援助。然而考虑到美国大规模缩减军事援助的外援政策和菲律宾政府担心其军队可能会被冠以"美国雇佣军"的称号，美国主要以提供经济援助的方式来补偿菲律宾出兵越南的费用。

一　20世纪60年代初期菲律宾在美国外交中的地位和作用

20世纪60年代美国在东南亚的活动急需菲律宾的支援以彰显它的国际合法性。1962年1月，美国参谋长联席会议（State-Joint Chief of Staff

Meeting，简称 JCS）就菲律宾在美国外交中的地位进行重新评估，认为菲律宾在东南亚和太平洋地区的战略位置非常重要，美国对菲律宾的空军和海军基地有极大的需求，并且考虑在菲律宾额外配置一个陆军师，虽然美国已经把冲绳作为储备基地，但是仍然希望菲律宾能提供额外区域供美国军队使用。[①] 虽然 JCS 就增加在菲律宾军队和为海军提供所需设备遭到国内财政和政治上的阻碍，但 JCS 认为菲律宾对美国是不可缺少的。尤其是随着美国侵越战争的扩大，菲律宾的战略重要性和对越南政策的支持都显得尤为重要，所以美国不止一次地督促菲律宾出兵越南。

1963 年 3 月美国政府再次照会菲律宾政府，希望菲律宾支持美国在东南亚的政策，加大对越南的军事援助，增派人员到老挝、中国台湾地区以及越南。菲律宾国防部长马卡里奥·佩拉尔塔（Macario Peralta，Jr.）和马卡帕加尔总统进行协商后，向美国提出以下援助要求：美国给菲律宾提供军事援助，包括对菲律宾的五个师提供军事装备，大约 1 亿美元的军事援助，用于改善菲律宾的陆军、海军、空军及警察队伍。美国以资金紧张为由委婉拒绝了菲律宾的军事援助要求，并鼓励菲律宾政府通过改革军队和增强防御力量来提高军事力量。[②]

但是越南局势的发展，使美国无法漠视菲律宾的援助要求。1963 年 5 月，美国参谋长联席会议就菲律宾的外部威胁、对菲律宾军事援助和菲律宾国内的武装力量进行重新评估，形成 JCSM—415—63 号文件，该文件认为当前情况下最有可能对菲律宾形成危胁的国家是中国，印度尼西亚等国家主要采取渗透和颠覆等手段而非公开的武装进攻。联席会议认为虽然美菲之间的共同防御条约为菲律宾的安全提供了保障，但是菲律宾的武装力量应有能力执行以下任务：1. 维持菲律宾内部安全，对抗共产主义的各种活动；2. 保卫领土、领空免受最小程度的入侵或袭击；3. 援助此地区的集体防御，包括对东南亚条约组织的援助。[③] 由于菲律宾的战略位置，JCS 强调未来对菲律宾军事援助（Military Aid of Philippines：

---

① *FRUS*，1961 – 1963，Vol. XXIII，p. 792.
② *FRUS*，1961 – 1963，Vol. XXIII，pp. 814 – 815.
③ *FRUS*，1961 – 1963，Vol. XXIII，p. 822.

MAP）的资金，除非局势有重大变动，应维持在当前水平。对于菲律宾希望美国提供所需设备的要求，JCS 宣称在美菲两国共同分摊的基础上，可以考虑向菲律宾提供重型工程的施工设备，用于支持马卡帕加尔总统进行社会经济改革项目。[①]

从 JCS 对菲律宾的军事及军事援助重新评估可以看出，东南亚局势的发展使美国在世界各地削减军援时，并没有明显地减少对菲律宾的军事援助。菲律宾的战略地位及其在东南亚的影响对美国至关重要，但是从该文件中也可以看出，美国并不认为菲律宾面临严峻的外部威胁，所以并没有承诺增加对菲律宾军事援助。如果公然拒绝菲律宾的军事援助要求可能引起菲律宾的不满，进而影响菲律宾在东南亚政策上对美国的支持，所以美国把援助的对象变为援助菲律宾的经济发展项目，这既满足了菲律宾获取美国援助的愿望，也顺应了美国对外援助的新动向。通过改进菲律宾的经济状况来实现政局的稳定，从根本上提高菲律宾防御共产主义的能力和增强在东南亚的影响力，可谓一举两得。

但是东南亚局势的发展使美国不得不重新重视对菲律宾的军事援助。1962 年美国签订对老挝的《日内瓦协议》，从老挝撤军，但是此后美国支持亲美势力，破坏老挝新成立的联合政府。1963 年美国支持的南越政权陷入内讧，在美国的支持下策划军事政变，并且南越政权所采取的军事统治政策越来越受到国内民众和世界各国的强烈发对。1964 年，越南南方革命进入新高潮，面对越南局势的危急形势，美国中央情报局的震惊一览无遗："西贡政府在所有军区都已处于劣势。"[②] 同时，北方对南方革命的支持也显著加强，面对日益恶化的局势，约翰逊总统加大对北越轰炸力度的同时，越来越认识到"应该争取到更多的自由世界国家的旗帜'飘扬'在越南战场，建立东南亚地区的反共统一战线、加强区域联合至关重要"[③]。在这一战略思路的指导下，美国向菲律宾和其他国家发出倡

---

① *FRUS*, 1961 - 1963, Vol. XXIII, p. 823.

② 资中筠：《战后美国外交政策史——从杜鲁门到里根》，世界知识出版社 1994 年版，第543 页。

③ *FRUS*, 1964 - 1968, Vol. XXIX, Document 5.

议：增加对越南在人力、物力和其他形式的援助和支持，联合自由世界
的力量打败北越的共产党政权。

对菲律宾的援助肯尼迪总统一改之前"支持经济和社会改革"的论
调，再次把注意力转移到军事方面，并强调说，"从国家安全的角度，菲
律宾到底能做什么和能力有多大？"① 为此美国联合军事顾问团小组
（JUSMAG）就菲律宾的陆海空军及警察部队评论说，菲律宾的警察部队
完全有能力维持国内的安全和稳定，但菲律宾陆军由于严重的人员配备
问题基本没有能力抵御外部入侵；海军有能力保护海岸线免受潜艇和水
雷袭击，但仅限于特定的时期内；海军仅在白天有限的时间和晴天的天
气条件下完成防御任务，其缺点主要来自缺少任何天气条件下飞行的消
防维护系统和不能持续运作的物流系统。② 美国联合军事顾问团小组称由
于国防预算从1960年的21%下降到1964年的14%，仅能维持美国军队
的基本需求，没有能力继续在维持和改进菲律宾军队建设上发挥更好的
作用。虽然美国也认识到菲律宾现有军事力量的不足及存在的问题，但
并没有公开承诺增加对菲律宾的军事援助，面对菲律宾要求增加军事援
助的请求，肯尼迪总统回应说，希望菲律宾政府能尽可能维持、增强菲
律宾的军队力量，并没有做出财政和立法上的任何承诺。

二　马卡帕加尔当政时美菲两国就出兵越南之间的协商

1963年11月的印尼—马来西亚危机在美国看来是一个机会，想借助
菲律宾的影响来拉拢印尼，约翰逊表示："印尼局势为菲律宾提供了一个
很好的机会，应充分发挥菲律宾的领导作用，如果菲律宾能把印尼变成
朋友，对美国来说会是一个巨大的成功。"③ 如果能够通过菲律宾把印度
尼西亚拉入资本主义阵营，变为美国的朋友，对美国而言将是巨大的外
交优势。1963年12月，美国参谋长联席会议和国防部共同制定了整顿菲
律宾部队的JCSM—971—63号文件，文件认为菲律宾现役部队力量应达

---

① *FRUS*, 1961 – 1963, Vol. XXIII, p. 831.
② *FRUS*, 1961 – 1963, Vol. XXIII, pp. 831 – 832.
③ *FRUS*, 1961 – 1963, Vol. XXIII, p. 834.

到 14560 人，其中有大约 70% 的力量集中于 2 个师和 3 个旅中（其中
"师"和"旅"单位不同于美国的单位）；剩余的 30% 主要为部队提供帮
助和支持，包括 1 个工兵团、1 个信号营、2 个军医院、军械署、军需连
和各种管理服务单位。此外还要预备 5 个预备陆军营，用于处理每年的
预备训练任务；把原来集中于吕宋的武装力量分散到菲律宾各处。在军
事援助项目下，向菲律宾提供 17 辆坦克和 26 辆军用载人装甲车。① 通过
这次对菲律宾军队的整顿和改编，提高了菲律宾部队的作战能力，使菲
律宾的作战部队由原来的 1 支增加到 8 支，并且给菲律宾部队配备轻便装
备以便随身携带，能够适应不同的任务和不同的作战环境。

　　然而印尼局势的发展并非美国关注的中心，越南战争才是美国的注
意力所在，美国政府把军事重点放在了争取菲律宾出兵越南问题上，约
翰逊总统上台后，美国就菲律宾出兵援越问题进行多方交涉。美国政府
希望菲律宾在东南亚事务中承担更多的责任，屡次建议菲律宾加派军队
援越，但菲律宾政府希望援越之前获得美国援助以资助菲律宾的援越行
动。国家安全委员会罗伯特·科默（Robert W. Komer）表示，"美国对菲
律宾军事援助增加的程度取决于菲律宾对越南援助的增加程度"②。为了
争取约翰逊总统对他竞选总统的支持，马卡帕加尔在与处长莫罗·孟德
兹（Mauro Mendez）等政府官员协商后，认为菲律宾可以向南越派出一
支约 2000 人的工兵部队，但当时的菲律宾财政无法承担约 3500 万比索的
费用，显然马卡帕加尔想让美国为菲律宾赴越人员的费用买单。

　　1964 年 8 月北部湾事件爆发后，越南战争全面升级，美国在越南战
争越陷越深，迫切需要获得重要盟友对它军事上的支持。对于美国的这
一诉求，菲律宾政府于 9 月予以回应，总统马卡帕加尔向美国提出"用
同等数量的泰国和菲律宾军队来取代驻守越南的 1600 名美军，美国则负
责这支部队的后勤援助和最终指挥"③。对马卡帕加尔的这一提议，美国
国务院和国防部进行了评估并一致认为，鉴于目前菲律宾的国内情况和

---

① *FRUS*, 1961 – 1963, Vol. XXIII, pp. 835 – 836.
② *FRUS*, 1964 – 1968, Vol. XXVI, p. 666.
③ *FRUS*, 1964 – 1968, Vol. XXVI, p. 656.

军事力量并不足以支持这一方案，并且菲律宾政府很有可能会利用向越南派遣军队的机会，要求增加美国资金资助和军事援助。① 然而约翰逊总统对菲律宾愿意出兵越南表示欢迎，并指示说如果马卡帕加尔就援越问题要求美国给予资助和增加军事援助，美国愿意同菲律宾就资助问题进行协商，但并不承诺一定会给予资助。10 月 5 日马卡帕加尔总统访美，与约翰逊进行总统会谈时，明确表示菲律宾愿意向越南派遣公共健康、医药、工程人员和特种部队，但同时又暗示菲律宾对越南采取进一步行动的困难。② 约翰逊总统回应说，美国可以提供援助，并指派国防部长麦克纳马拉具体负责这一问题。随后马卡帕加尔总统与麦克纳马拉就菲律宾出兵越南问题举行会谈，会谈中马卡帕加尔总统表示菲律宾可以在提供技术援助和民用行动人员方面发挥最大作用，而麦克纳马拉则表示就赴越菲军的经济资助和增加军事援助的问题进行研究。

　　1964 年 10 月底，美国与菲律宾就菲律宾出兵越南事宜正式展开谈判。菲律宾列出了一份详细的援助清单，作为菲律宾向越南派遣军队的交换条件，具体包括：1. 美方为驻扎在越南的菲律宾军队提供所有装备和后勤支持；2. 美方为驻越菲军提供津贴；3. 美方承担菲律宾轮换部队的各项成本；4. 除了先前承诺交付菲方的两艘河面巡逻艇外，再提供两艘；5. 美方加速提供 1965 年度军事援助计划，并承诺为菲律宾的 3 个工程营提供装备；6. 美方为菲律宾的一个战斗营提供 M – 14 步枪和 M – 60 机枪。③ 对于援助清单中的大部分内容，美国表示认可，但在驻越菲军的每日津贴问题上存有争议。菲方提出除了每月的基本薪水由菲律宾政府提供以外，美国需要为驻越菲军提供校级军官 15 美元/人、尉级军官 12 美元/人和士兵军衔人员 8 美元/人标准的每日津贴。④ 这一方案对于美国来说是无法接受的，并非因为津贴数额多，主要是因为这一标准不仅超出了同期美国为驻扎在越南的韩国工程兵部队和其他国家援助人员提供

---

① 　*FRUS*, 1964 – 1968, Vol. XXVI, pp. 657 – 658.

② 　*FRUS*, 1964 – 1968, Vol. XXVI, p. 661.

③ 　吴浩：《越战时期美国与菲律宾的同盟关系——以美菲两国围绕菲律宾出兵越南问题的交涉为例》，《南洋问题研究》2015 年第 2 期。

④ 　*FRUS*, 1964 – 1968, Vol. XXVI, p. 667.

的津贴水平，也超出了在越南服役的美军津贴标准，所以遭到美国反对，但菲方代表态度强硬，双方谈判陷入僵局。为尽快解决这一问题，1965年1月21日双方在华盛顿再次举行会谈，主要谈判人员包括菲律宾财政部长赫查诺瓦（Rufino G. Hechanova）、驻美大使莱德斯马（Oscar Ledsma）与美国国防部副部长麦克诺顿（John T. McNaughton）、国防部东亚地区负责人布劳因（F. J. Blouin）等人。这次会谈菲方提出一项新的要求：为了避免对菲律宾和美国政府征税的抵触，希望美方在菲律宾出兵前预先一次性支付一笔资金，然后菲律宾政府从财政中支付相应数额的比索作为赴越的2500人的费用。[1] 对于每日津贴问题，美国希望菲律宾降低标准，但赫查诺瓦坚持认为菲律宾的生活水平高于其他亚洲国家，津贴标准理应更高，而且认为驻越菲军的收入不能低于国内菲军的收入，否则会对驻越菲军的士气造成不利影响。除此之外赫查诺瓦还提出在第480号公法下向菲律宾提供资金，用于购买军事基地的额外用地和乡村建设设备。

但是美方坚持津贴标准的立场没有变，鉴于对外彰显外交公平和稳定军心的考虑，约翰逊总统在津贴问题上态度也始终强硬，并向菲律宾政府施压，如果菲律宾坚持要求，美国将不得不考虑调整对菲律宾援助政策，并不再考虑增加对菲律宾的军事援助项目。最终经过双方讨论和妥协，美国同意每年为2500人的菲律宾驻越部队提供913万美元的资金，而菲方也接受了美方提出的津贴标准：准将级军官6美元、校级军官只有4.5—5.5美元、尉级军官4—4.5美元、士兵0.1—1.5美元，外加所有成员每天1美元的海外津贴。[2]

但是当马卡帕加尔总统向国会提交援越计划时遭到以马科斯为首的参议院的否决，马科斯声称，"马卡帕加尔的越南政策是其极权主义的反应"[3]。对于这一结果美国总统约翰逊非常不满。6月5日布莱尔发给华

---

① *FRUS*, 1964 – 1968, Vol. XXVI, p. 667.

② 吴浩：《越战时期美国与菲律宾的同盟关系——以美菲两国围绕菲律宾出兵越南问题的交涉为例》，《南洋问题研究》2015年第2期。

③ Claude A. Buss, *The United States and the Philippines*, Washington, D. C. : American Enterprise Institute for Public Policy Research, 1977, p. 43.

盛顿的电报中指出，马卡帕加尔总统表示可以通过发行公债的形式向南越派遣一个工兵营，并陈述说打败马科斯赢得总统竞选的机会不大，希望约翰逊总统能够出访菲律宾支持他的竞选总统。对此美国国务院的回复是通过志愿的形式援越是"不可接受和不切实际的"，[①] 并推迟了在480公法下输往菲律宾的大米。援越法案受阻，使美国对马卡帕加尔的支持急速下降，这也间接导致了马卡帕加尔的下台，美国把援越的希望寄托在了新上台的马科斯政府上。

三　援越法案通过与菲律宾出兵越南

1965年马科斯当选菲律宾总统，他上台后一改反对出兵越南的态度，表现出对越南问题的关注，"我希望越南战争问题能够通过政治途径解决，如果北越无意谈判，我将乐意派遣菲律宾部队赴越助战"[②]。马科斯在越南问题上之所以出现转变与他上台时菲律宾严峻的国内情况密切相关，国内经济形势严峻，国库入不敷出、财政赤字严重，政府每天的财政收入为400万比索，而支出却高达600万比索，如马科斯所说，"我们已经处于绝望的边缘"，"政府腐败，财政枯竭，资源浪费，公共服务系统涣散，军队意志消沉……"[③] 为了挽救处于危机中的经济，马科斯以越南政策为突破口，急切寻求美国援助。1965年12月31日，在与美国副总统汉弗莱的会谈中，马科斯口头承诺至少向越南派遣一个工程营。[④] 对于马科斯的这一举动美国十分欢迎，认为，"马科斯是一个强大、自信和有能力的人，是美国值得依靠的朋友，很有可能成为亚洲的领导者"。随后马科斯于1966年2月向国会提交了一份紧急援越议案，要求国会批准派遣一支2000人的工兵队伍赴越。美菲两国就菲律宾援越问题再次进行交涉，为了避免赴越菲军被打上美国"雇佣军"的标识，马科斯强调美国对菲律宾出兵越南的援助应以"间接资助"的形式进行，随后马科斯

---

① *FRUS*, 1964–1968, Vol. XXVI, p. 677.

② 金应熙：《菲律宾史》，河南大学出版社1990年版，第754页。

③ Claude A. Buss, *The United States and the Philippines*, Washington, D. C. : American Enterprise Institute for Public Policy Research, 1977, p. 46.

④ *FRUS*, 1964–1968, Vol. XXVI, p. 702.

不失时机地向美国提出了对菲律宾经济进行援助的项目：1. 美国向菲律宾政府提供 10 亿美元的发展援助贷款；2. 由美国其他机构提供 3.25 亿美元发展援助贷款；3. 除了之前已经承诺给菲律宾的 3 个工程营装备外，额外提供 7 个工程营的装备；4. 根据第 480 号公法向菲律宾提供免费的稻米和玉米；5. 美国为菲律宾设立 3 亿美元的平准基金；6. 在菲律宾设立采购机构，购买本地的物资以满足美方的军事要求。① 迫于越南局势的发展，对马科斯提出的援助要求，约翰逊总统做出让步，并于 9 月 9 日批准了国务院制定的 1967 年度总额约为 3350 万美元的对菲律宾经济援助项目。

　　菲律宾国会就援越法案进行讨论时，遭到大多数菲律宾人民及国会议员的反对。反对议案的议员认为，越南战争纯粹是美国的事，菲律宾没有任何理由追随美国去干涉越南内政，并认为出兵越南不但劳师动众而且有损菲律宾的国际声誉，会被外界认为是美国的仆从，况且"为了区区几千万美元的援助和贷款，就听命于美国政府出兵越南，无疑是出卖自己的同胞，和宰割菲律宾人肉体的做法没有什么两样"②。马科斯及其政府指使下的媒体极力为援越法案进行辩护，"我们去越南不是为了杀戮和破坏，而是为了和平"，"我们是为了扑灭邻居家的火，和将我们的朋友从困境中解救出来"。③ 在马科斯的游说和施展政治手段下，国会最终在 7 月以 15 票赞成、8 票反对、1 票弃权通过了援越法案。在菲律宾通过援越法案后，9 月 9 日约翰逊总统就马科斯提出的援助要求做出回应，最初约翰逊准备了三套方案：1. 除了已经资助菲律宾的三个工程营外，美国准备再资助两个，剩下的五个则计划在 1968 年资助；2. 如果马科斯不同意，约翰逊要求布莱尔转告马科斯，这个问题可以在 9 月 14 日马科斯访美时进行协商；3. 如果在访美时马科斯依然坚持美国立刻资助 10 个

---

① 吴浩：《越战时期美国与菲律宾的同盟关系——以美菲两国围绕菲律宾出兵越南问题的交涉为例》，《南洋问题研究》2015 年第 2 期。

② 金应熙：《菲律宾史》，河南大学出版社 1990 年版，第 754—755 页。

③ Claude A. Buss, *The United States and the Philippines*, Washington, D. C.: American Enterprise Institute for Public Policy Research, 1977, p. 47.

工程营，美国将接受这一要求，但会相应地减少其他的军事援助。① 此后布莱尔将约翰逊的第一套方案转述给马科斯，马科斯对此没有异议，至此，经过长达数月的谈判，美菲两国终于在菲律宾援越补偿问题上达成一致。相应地，菲律宾获得了美国援助，1 亿美元的贷款用于稳定比索，并供应 7 个营的新式武器装备以及 2 艘缉私用的炮舰、步枪和机关枪。

越战期间美国对菲律宾军事基地的利用程度达到了最大化，用于军事建设的资金也充盈，为菲律宾军事力量提供各种型号的武器和装备，空军方面包括小型飞机、直升机、武装直升机、炸弹和备用件；海军方面有快速巡逻艇；陆军有机关枪、步枪、枪榴弹发射器、子弹、头盔和防弹衣。② 美国之所以千方百计地武装菲律宾军队，主要是为了确保越战期间东南亚地区的安全，防止任何有损东南亚地区稳定的因素出现。

美菲就出兵越南问题之间的周旋充分体现了两国之间相互利用的关系：一方面由于越战的形势对美国越来越不利，约翰逊总统急切期望第三国特别是美国重要盟友的参与，以此表明国际社会对美国的越战政策的支持和彰显其越南政策的合法性，这是美国对菲律宾提出的大部分出兵条件做出让步的主要决策动机；另一方面越南战争对菲律宾自身安全而言并无直接关系，但是由于菲律宾安全保障完全依赖美国的保护，使菲律宾无法拒绝美国提出的出兵越南的要求，在此前提下菲律宾积极寻求美国"资助"它出兵越南，并以此为筹码最大限度地获取美国援助，所以马卡帕加尔和马科斯两届政府的目标是一致的，只不过马卡帕加尔政府侧重于美国为出兵越南"买单"，而马科斯政府则倾向于以"间接援助"的方式进行，无论哪种方式，菲律宾政府都是利用美国迫切希望菲律宾出兵越南的心理，实现利益"最大化"。归根结底，就出兵越南一事美菲之间相互利用的关系体现得格外明显，两国都希望以"最小的代价"来实现"利益最大化"。

---

① *FRUS*, 1964 - 1968, Vol. XXVI, pp. 748 - 749.

② Claude A. Buss, *The United States and the Philippines*, Washington, D. C. : American Enterprise Institute for Public Policy Research, 1977, p. 128.

第六节　美国对菲律宾援助的变化

与20世纪50年代美国对菲律宾的援助以"安全援助"为主的军事援助不同，20世纪60年代美国对菲律宾援助在"开发援助"思维的影响下，更加关注菲律宾的经济问题，尤其对菲律宾农业问题的重视达到前所未有的程度。这除了与美国外援思维的变化有关外，更主要的是菲律宾经济问题的严峻性已经影响美国外交目标的实现，出于防御共产主义的需要，美国援助更加关注菲律宾的经济问题。

一　对菲律宾农业的援助

在肯尼迪发展援助理论的指导下，美国尤其关注菲律宾农业发展问题，并再次在菲律宾推行土地改革。菲律宾土地问题由来已久，早在16世纪西班牙占领菲律宾后，宣布所有土地均属西班牙国王的财产，国王是名义上的所有者，后来由于西班牙海外政策的变化，这些土地通过捐赠或出售的形式转移到了教会或私人手中，土地私有制在菲律宾群岛上逐渐确立起来。由于资本主义的扩张本性，西班牙教团、军人、官吏以及商人对土地的需求日益增加，菲律宾当地统治者也大肆兼并，强买强占，菲律宾群岛的土地私有化程度不断加深。美国取代西班牙统治后，并没有改变这种土地制度，使土地问题越来越严重，以土地问题为中心的农民运动和斗争不断加剧。

1946年菲律宾独立后，土地问题一直未能彻底解决，并成为社会不稳定的主要因素。面对日益严重的土地问题、地租问题、地主与佃农的关系，以及由此引发的胡克运动，为了稳定菲律宾政局，1950年杜鲁门总统派遣以贝尔为首的调查团赴菲律宾展开调查，调查团对菲律宾土地问题的结论是"严峻，甚至比四年前更加糟糕"，建议进行土地改革，但由于大地产所有者的抵制未能推行。在镇压胡克运动时，为了彻底割断农民和胡克之间的联系，马格赛赛于1951年2月建立了第一个经济开发兵团，计划把600公顷土地分给自耕农、投降或被捕的"胡克分子"，平均每个家庭可以得到6—8公顷耕地。具体包括在棉兰老岛开辟大片土地，分配给自耕农和投降的"胡克分子"，并利用军事力量对他们进行监督。[1] 1952年，为了缓和因土地问题引发的菲律宾危机，美国政府聘请罗伯特·哈迪作为对菲律宾援助经济使节团专家，专门就菲律宾土地问题进行改革。哈迪是美国在土地问题上的资深专家，他在向菲律宾政府提交的土地问题报告中，提出三点建议：1. 废除长期存在的分成租佃制；2. 建立一种公平的租佃制；3. 建立以家庭为单位的小农制。[2] 但是由于此报告触动了既得利益集团的根本利益，公布后引起菲律宾政界和地主阶级的猛烈攻击，最终没有被采纳。此后马格赛赛政府分别在1954年和1955年制订了《农业租佃法案》和《土地改革法案》两个相关法案，但是同样由于大土地所有者的强烈阻挠，都没有付诸实施。

进入20世纪60年代，随着美国外援方向的转变和出于缓和菲律宾国内矛盾的考虑，美国再次把视线投放在菲律宾的农业方面，大力援助菲律宾的"乡村发展项目"，在美国支持下菲律宾于1963年重新颁布了一个土地改革法案即《1963年农业土地改革法案》，提出："为实现社会稳定和经济进步，把农民从封建奴役中解放出来，要建立一种经济的、以家庭占有土地为基础的自耕农土地所有制。"[3] 该法案主要是涉及稻谷和玉米两个产区，具体可分为两项：一是变分成租佃制为契约制，改变原来的租佃关系，减少地主直接占有的土地，使其占有率为该法案颁布前三年平均产量的25%；二是成立专门负责土地改革事宜的土地改革部，通过土地转让的方式将个人占有超过75公顷的土地，逐步转让给佃农。这一土地改革方案较以往土地改革方案力度加大、措施积极，得到广大民众和城市工商界人士尤其是农民的支持，但法案在具体的实施过程中，受到的阻碍很大，最终仅在吕宋部分地区实施。

---

[1]　Kathleen Nadeau, *The History of the Philippines*, Connecticut. London：Greenwood Press Weatport, 2008, p. 71.

[2]　何平：《菲律宾土地问题与土地改革》，《东南亚》1993年第3期。

[3]　何平：《菲律宾土地问题与土地改革》，《东南亚》1993年第3期。

但土地问题一直没有远离美国关注的视线。美国政府认为菲律宾的地租体系是"造成乡村贫困的主要原因，是农业发展的主要障碍，也是农民暴动的根源"[1]，最终会对菲律宾国内安全造成威胁。1966 年，美国中央情报局、国务院、国防部和国家安全局联合就菲律宾的国情进行调查与评估（即 NIE56 – 66 号文件[2]），文件认为菲律宾主要潜在问题是国内问题，尤其是集中于农村的农业问题、城市的失业问题、还有贫富差距问题、以及因这些问题所引发的干扰社会秩序的一系列活动。从长远看如果菲律宾政府不采取有效措施，必然会影响菲律宾的稳定以及对邻国造成恶劣影响。在谈到农村问题时，文件认为封建的地租和地主与佃农的关系是造成农村经济发展落后，农民普遍不满的根本原因。在过去60 年中由于人口和地租的急剧增长，造成人均占有土地减少，农民仅能维持基本的生计。[3] 农业生产率低下，农业问题恶化，主要粮食作物如大米、玉米的产量没有增加，远远不能满足需求，菲律宾每年要花费大量资金进口粮食作物。总体而言，农业前景很不乐观，而拥有资金的土地所有者把大部分资金投资在工业领域，和其他回报更快速的商业领域，仅有6%—7%的资金投入到农业领域。为了改变菲律宾的农业状况，美国除对菲律宾进行各种贷款援助外，还在480 公法下向菲律宾提供大量稻谷等粮食产品，援建菲律宾的农业灌溉系统和乡村道路，1966 年仅用于灌溉系统修建的费用就达800 万美元。[4]

20 世纪60 年代美国对菲律宾农业的关注达到了顶峰，作为总统特殊顾问的罗斯托说："即使我们在军事领域的援助，也与菲律宾的农民有关。"足以说明美国对菲律宾农业问题的重视。美国之所以如此重视菲律宾农业问题，一方面是与美国外援方向的变化有关，更加注重对欠发达国家的发展援助；另一方面则是出于换取菲律宾对越南政策的支持，为了防止菲律宾出兵越南打上美国"雇佣兵"的标志，美国把援菲的重点

---

① *FRUS*, 1964 – 1968, Vol. XXVI, p. 725.
② *FRUS*, 1964 – 1968, Vol. XXVI, pp. 706 – 717.
③ *FRUS*, 1964 – 1968, Vol. XXVI, p. 709.
④ *FRUS*, 1964 – 1968, Vol. XXVI, p. 734.

放在了农业领域，以转移国际社会的视线。总之，随着美国对侵越战争的深入，致使 20 世纪 60 年代美国对菲律宾援助都带有越战的深层次背景。

二　美国对菲律宾援助分担机制的变化

鉴于战后菲律宾遭受了严重的战争破坏和损失，美国对菲律宾援助主要通过两国政府进行，援助的形式也主要是以赠款或实物的方式。到 20 世纪 60 年代美国逐渐改变 20 世纪 50 年代对菲律宾实行政府双边援助的机制，让国际组织参与到对菲援助中，利用 IMF 等国际机构，通过对菲律宾提供贷款的形式对菲律宾进行经济援助。

1962 年美国对菲律宾取消外汇管制的援助，大部分贷款都来自 IMF、EIB 等国际银行。1962 年国际货币基金组织大使访问菲律宾，答应给菲律宾提供 4040 万美元的备用款项。同年菲律宾又从国际货币基金组织获得 2830 万美元的支出，这些贷款主要用于菲律宾的基础设施建设。[①] 当时美国政府承诺财政部将协商一个财政稳定基金协议，具体的数额和援助的具体时间都没有确定，最终不了了之。[②] 此后，马卡帕加尔总统向美国表示需要 4.5 亿美元继续进行这一项目，并且希望这些资金来自美国政府而非国际机构。美国的答复是菲律宾政府自身的收入约 2.29 亿美元，加上进出口银行、美国商业银行和国际货币基金组织的贷款共 1.7075 亿美元，此外还有 AID 约 5000 万的援助，共 4.5 亿美元，[③] 这些资金足够菲律宾政府实施各种项目，所以美国政府并没有对菲律宾提供双边援助。1966 年 9 月，马科斯总统访美期间向约翰逊总统提出用于稳定比索的"稳定信贷"援助，遭到美国各政府部门的反对，国务院和财政部一致强调"除非特殊情况，美国从没有提供此类援助"，一旦给菲律宾提供此类援助，就会在"全世界打开潘多拉宝盒"。[④] 所以两部门一致反对从外汇

---

① 周弘：《对外援助与国际关系》，中国社会科学出版社 2002 年版，第 186 页。
② *FRUS*, 1961 - 1963, Vol. XXIII, p. 801.
③ *FRUS*, 1961 - 1963, Vol. XXIII, p. 802.
④ *FRUS*, 1964 - 1968, Vol. XXVI, p. 761.

稳定基金中给菲律宾提供贷款,对此约翰逊总统答复说美国从没有承诺过援助任何外国货币,所有的稳定信贷都是通过 IMF 等多边机构提供。

美国减少了向菲律宾提供的双边政府援助,而更多地则是由国际机构分担,究其原因一方面是因为菲律宾政府对美国援助的低效率使用。战后美国对菲律宾提供了大量的双边援助,除却军事援助外,经济援助对菲律宾国内经济状况的改变起到的作用并没有达到美国的预期值,并且由于菲律宾国内普遍存在的贪污、腐败现象,使援助款以各种名义流入富有阶层手中,反而在一定程度上加深了社会的不公平现象,导致经济的动荡和时局的不稳定,这与美国提供援助的初衷相悖。所以 20 世纪 60 年代美国对菲律宾提供的援助中,减少了政府与政府间的双边援助;另一方面是美国自身的经济状况决定的。20 世纪 50 年代后,美国的国内生产能力日益下降,加之庞大的军事负担和巨额的对外援助支出,使美国经济丧失了压倒性的经济优势。1955 年,美国出口贸易占世界出口贸易总额的 16.5%,1960 年下降到 15.9%,到 1965 年则进一步降至 14.6%。① 艾森豪威尔统治后期,美国在对外援助中赋予美国商品、服务和运输以优先地位,削减国防部对外采购计划,并筹备大规模削减海外驻军。肯尼迪执政后,继续前任政府的这些措施,减少美国对外提供的双边援助,鼓励发展多边援助,以此来分担美国对外援助的费用和责任。

三 军事援助未见明显减少

在军事援助方面,20 世纪 60 年代美国在全球缩减军事援助开支的同时,对菲律宾的军援却没有明显的减少,反而部分满足了菲律宾军援的要求,所以这一时期美国对菲律宾援助或多或少带有被动的色彩,而出现这种现象的原因与越南战争密切相关。美国深陷越南战争的泥潭不能自拔,在一定程度上影响了本国经济,使美国丧失原有的经济优势。国内、国际反战和谴责之声不断高涨,美国急须摆脱这种困境,而菲律宾作为东南亚非共产党国家的代表和美国在亚洲民主体制的"橱窗",它的

---

① John Welfield, "An Empire in Eclipse: Japan in the Postwar American Alliance System", *Journal of Japanese Studies*, Vol. 16, No. 1, Dece. 1991, p. 166.

国际支持无论对美国的声望还是西太平洋地区的安全，都具有特殊重要的意义。而菲律宾由于解决经济困境的需要，积极迎合美国的需求，支持越南政策。围绕菲律宾出兵越南问题，美菲两国经过了长时间的讨价还价，最终约翰逊政府答应了菲律宾的大部分援助要求。虽然菲律宾出兵越南并非其本意，但美国在越南战争的影响下，在对菲律宾的援助中也陷入了被动的局面。甚至可以说，20世纪60年代美国对菲律宾援助都屈从于越南战争的深层次影响。

20世纪60年代美援在菲律宾的地位仍然非常重要，无论是菲律宾取消外汇管制还是稳定比索，其中大部分资金都来自美国的援助。但从整个对菲律宾援助的发展过程来看，这一时期对菲律宾援助的绝对重要性开始下降，从本质上来说，是美援逐步退出美菲关系舞台中心的时期。菲律宾外交也逐渐改变一味追随美国的取向，开始转向亚洲，并加强了与日本的经济联系，这些都使菲律宾资金来源多样化。需要指出的是，美国对菲律宾援助政策的变化并不代表菲律宾在美国亚洲政策中的战略定位有了根本性变化，只能说在不断变幻的国际关系格局中，美国实现在菲律宾援助政策目标的具体条件发生了重要变化，导致美国对菲律宾援助政策的具体变化。无论是肯尼迪政府，还是约翰逊政府对菲律宾经济问题的重视，充其量只能算是对菲律宾出兵越南的一种利益交换，从这个意义上来讲，肯尼迪、约翰逊政府时期对菲律宾的援助与20世纪50年代杜鲁门、艾森豪威尔政府时期对菲律宾的援助并没有本质区别，只是"殊途同归"而已。

第 五 章

美国对菲律宾援助述评

第一节　战略利益是美国对菲律宾
援助的根本原因

对外援助作为美国实现外交政策的工具，始终直接服务于美国的国家利益。尽管不同时期美国国家利益的内容和表现有所不同，但其根本是始终如一的，那就是保证美国民主的安全与生存和向世界推广美国的民主制度。具体到冷战时期，美国的国家利益演化为遏制共产主义的发展以维护美国民主的安全，争取更多的国家加入资本主义国家的阵营，在全球拓展美国民主的影响力。冷战时期美国对菲律宾的援助，历经援助政策、手段的调整和变化，但是美国对菲律宾援助的基本原则并没有变化，即最大限度地实现美国国家利益。

菲律宾这个亚洲国家之所以成为美国的长期援助对象，根本原因便在于它具有重要战略意义的位置。可以说，战略利益的变化始终是影响美国对菲律宾政策和援助的根本原因。冷战时期，美菲关系的发展与变化主要取决于美国在亚洲地区的战略利益和菲律宾在实现美国外交政策中所发挥的作用。美苏两国对抗阶段，遏制共产主义在亚洲太平洋地区的发展始终是美国外交政策的中心，随着冷战在亚洲的蔓延，美菲关系日渐升温，美国对菲律宾援助也与日俱增。

一　在战略利益驱使下的美国对菲律宾援助发展轨迹

1. 战后初期的救济性和重建援助，主要是指朝鲜战争爆发前的对菲援助。战后初期美国官方虽然强调菲律宾的重要性，但当时的菲律宾并没有占据美国战略规划中的主要位置，美国把外交重点放在援助中国的蒋介石政权，鉴于当时的东亚局势并不明朗，美国还在观望和等待。对于菲律宾，美国主要关心的是如何最大化实现经济利益，保证在菲律宾独立后大门仍对美国敞开，自由贸易的原则仍然适用。所以美国在军队民政项目下对菲律宾的援助，大多是各种临时救济性活动，援助实施的效果和规模上都十分有限。虽然在菲律宾独立后，美国通过了《菲律宾复兴法案》，对菲律宾的重建和复兴工作也被提上日程。但《菲律宾复兴法案》实施的前提是菲律宾接受《贝尔贸易法案》，重点是想重建在菲律宾的殖民统治，确立在菲律宾所享有的种种特权，确保在菲律宾实现独立后仍握有对它的控制权。这严重阻碍了菲律宾的重建、复兴进度，直到 1950 年的《季里诺—福斯特协定》美国才正式开始对菲律宾提供经济援助，而这又进一步延宕了菲律宾经济复兴的步伐。

2. 亚洲局势变动，菲律宾战略地位凸显，美国确定对菲律宾的军援优先援助原则。1949 年中华人民共和国成立使美国利用中国防御苏联的外交计划流产，美国旋即调整外交政策，扶植日本、支持菲律宾，以弥补"失去中国"后的空缺。朝鲜战争爆发使东亚地区的冷战变成"热战"，并被美国看成是"莫斯科指挥的总的侵略计划的一部分"[1]。为了应对亚洲局势的变动，保卫美国国家安全，美国构建了亚洲太平洋地区的沿海防御岛链，菲律宾作为防御岛链的关键一环备受美国关注，通过菲律宾美国既可以与日本政策相配合又可以监视、遏制中国。此后美国加大对菲律宾的军事援助，重新武装菲律宾军事力量，更是帮助菲镇压国内胡克运动，甚至宣称不惜使用武力，保护菲律宾免受共产主义影响。1952 年美国对菲律宾的援助总额为 2640 万美元，朝鲜战争结束时的 1953 年，援助达到了顶峰 6410 万美元，其中军事援助为 3740 万美元。从战争结束到 1955 年，美国共花费 10.39 亿美元用于军事，主要用于美国在菲

---

① 潘一宁、黄云静：《国际因素与当代东南亚国家政治发展》，中国社会科学出版社 2004 年版，第 106 页。

律宾的空军、陆军和海军基地，用于经济援助的数量与此相比微不足道。① 援助政策直接服务于军事安全需要，1954 年《共同安全法》通过后，对菲律宾经援的防务支持性特点逐渐显露，对菲律宾援助也日益呈现出军援优先、防务支持为中心的总体特点，这反映出冷战时期军事防务与经济稳定之间不可分割的联系，从另一方面解释经援服务于军援，提供经援主要是为了更加有效地发挥军援的作用。但是从 20 世纪 50 年代后期开始，美国对菲律宾军援开始减少，经援比重加大，这一方面与美国外援政策的整体调整有关，另一方面源于日益严重的菲律宾经济问题。使美国不能继续漠视菲律宾的经济问题，美国也开始转变在菲律宾只注重短期效果的军事援助方式，开始关注具有长期发展性的菲律宾经济问题。

3. 美国对菲律宾援助向开发援助转轨，更好地配合美国的越南政策。肯尼迪上台后对越南战争采取积极干预的态度，并发动了针对越南的"特种战争"。此时菲律宾成为美国越南政策的追随者和彰显美国政策国际合法性的见证者。通过援助菲律宾，美国一方面可以在亚洲国家中扩大美国的影响力，另一方面鼓动菲律宾出兵越南支持它的越南政策。但是鉴于美国经济压倒性优势的丧失和发展中国家在国际社会中越来越多的话语权，以及苏联在这些国家的援助活动，美国开始转变援助方式，由原来的军援优先逐渐向经援转变。对菲援助也一改以往只注重军援的原则，更多地对菲律宾提供发展援助，致力于改变菲律宾的农业状况、土地问题及政府的腐败等问题，并向菲律宾派送和平队志愿者，具体参与和指导菲律宾的经济发展。此外，美国还利用国际机构来分担对菲律宾援助责任，对菲律宾进行多边援助，改变过去援助都是政府间的双边行为。20 世纪 60 年代美国对菲律宾的援助，更多是想获取菲律宾对越南政策的支持，菲律宾的战略意义更多地体现在配合美国的越南政策。当然美国遏制共产主义发展的总原则没有变，只是在具体对菲律宾的援助中加入了越战的背景。虽然这一阶段美国对菲律宾经济的关注度有很大

---

① Amry Vandenbosch and Richard A. Butwell, *Southeast Asia among the World Powers*, Lexington: University of Kentucky Press, 1957, p. 105.

提高，但是仍然无法抹掉越战的影响，使这一时期美国对菲律宾经援带有一定的被动性。

遏制政策是美国在全球进行冷战的支配性政策，由此类推，它也同样成为这段时期美国对菲律宾及亚洲其他国家援助政策的主旋律。菲律宾之于美国具有的重要意义，主要取决于它对美国的战略利益，既是美国在亚洲实现外交政策的实践者，同时又是美国民主的宣扬者。在此基础上最终形成了美国对菲律宾援助政策的根本指导原则，即确保东亚战略格局按照美国既定的政策导向发展。纵观美国对菲律宾援助的历程，菲律宾对于美国的战略利益是美国对菲律宾提供外援的根本原因。战后初期，当菲律宾的战略价值尚未显现时，美国对菲律宾虽然在政策上重视但是鲜有实际行动，当菲律宾的战略价值凸显时，美国对菲律宾援助无论从规模还是频率上都剧增。可以说，只要冷战的氛围仍笼罩在亚洲地区，菲律宾对美国而言就具有不可忽视的战略价值，相应地美国对菲律宾的援助就不会出现根本性的变化。

二 影响美国对菲律宾援助变化的直接因素

一个国家的对外政策不是一成不变的，并不具有绝对性，它因国家利益和决策者实际利益的变化而改变。换言之，对外政策受制于各种实际利益的考虑，而这些利益又可以细化为政党的利益、政府各部门的利益以及决策者个人的利益，而不同利益的分歧则会直接或间接地在对外政策上表现出来，美国对菲律宾援助政策的制定亦不例外。

1. 美国政府各部门的影响

总体来看，对菲律宾政策制定过程中，作为政府外交政策执行部门的国务院，尤其关注美国在菲律宾外交政策所产生的政治意义，重视美菲之间的合作和政策推行所带来的国际舆论影响，所以支持对菲律宾实行积极的援助政策。这在美菲战争赔偿问题的解决上体现得尤为明显，总统及国务院积极促成解决这一遗留问题，希望为美国赢得最大的国际声望和缓解菲律宾国内民众的反美情绪。而国防部和参联会为代表的军方，则更多地从军事角度考虑对菲政策，并且在面对具体问题时常常持一种相对直接，甚至强硬的态度。战后美菲两国就军事基地问题进行谈判时，由于两国对基地内司法权问题的冲突而一度使谈判陷入僵局，面对菲律宾的强硬态度，美国军方一度认为美国在菲律宾的军事基地的战略重要性下降，应考虑放弃。[①] 20 世纪 60 年代美国要求菲律宾出兵越南，参联会于 1963 年重新评估了对菲律宾军事援助和菲律宾国内的武装力量，并认为菲律宾对美国的防御至关重要。面对菲律宾就出兵越南而提出的援助要求，国防部直呼菲律宾对越战政策的支持有限，与获得的援助不符。而参联会直接宣称美国对菲律宾提供的援助取决于菲律宾对越南政策的贡献程度。

由此可见，美国军方部门的态度相对激进，其决策取决于即时利益。总统则通常会游说于国务院和军方之间，在对菲政策问题上，一般会支持国务院的立场。国会是总统行使权利最主要的制约因素，就对菲政策而言，这种制约作用主要体现在对菲法案的通过方面。战争赔偿问题一直是美菲之间的历史遗留问题，20 世纪 60 年代重新提交国会，但对菲赔偿法案即使在国务院和肯尼迪总统的支持下仍数次遭到国会的否决。国会否决该提案的原因在于提案中的大型赔偿引起议员们的不满，并且菲律宾已经接收了美国 1.7 亿美元的援助，所以 7300 万美元的赔偿对已经获得重建的菲律宾商业而言是一笔"意外之财"，国会的决策无疑束缚了美国政府对菲政策的手脚，并在一定程度上影响到对菲援助计划的推行。

美国对菲政策的制定和实施，充斥着美国政府各部门之间的妥协和争斗，这或多或少地影响了对菲政策的执行效率和力度，但是这种争斗多是对菲政策执行的手段和方式的争议，并不存在根本利益的冲突。

2. 菲律宾政府的反作用

对菲援助政策的走向在很大程度上取决于美国的能动作用，但同时也不能忽视菲律宾方面的反作用。换言之，美国对菲律宾的援助并不是一个简单的单向过程，而是一个双方互动的过程。纵观战后美国对菲律宾援助史的发展，无论是 20 世纪 50 年代的军援优先的援助还是 20 世纪

---

① William E. Jr. Berry, *U. S. Bases in the Philippines: The Evolution of the Special Relationship*, Boulder: Westview Press, 1989, p. 30.

60 年代就菲律宾出兵越南的发展援助，期间都充斥着美菲两国就具体问题的讨价还价，这在两国确定双方贸易、军事，以及就菲出兵的援助方面表现得尤为明显。

战后初期，两国就军事基地问题进行了长期的谈判，菲律宾民众一致要求美军军事基地撤出马尼拉及都市地区。美国对菲律宾的要求大为不满，并宣称菲律宾的战略重要性下降，甚至扬言放弃在菲军事基地。但是菲律宾的强硬态度，一度让两国出现互不相让的局面，虽然最终签订了有利于美国的军事协定，但菲律宾政府的能动作用不可忽视。20 世纪 50 年代中期，在菲律宾的强烈要求之下，美菲两国重新修订了贸易、军事基地协定，虽然这种修订只是对原来政策的局部调试，并没有从根本上改变美菲之间不平等的关系，但是这种调试却开启了美菲关系的新时代，使菲律宾一边倒的外交政策有了一丝松动。20 世纪 60 年代，菲律宾为了追随美国外交政策出兵越南，两国就菲律宾出兵越南问题进行了长期的谈判，虽然菲律宾无法拒绝美国让它出兵越南的要求，但是菲律宾却以此为由最大限度地争取美援。

可以看出，在美菲援助的发展历程上，菲律宾虽然没有足够的话语权，但是在涉及其根本利益时都能对美国政策的制定产生些许影响，甚至迫使美国作出相应的妥协。美国在菲律宾虽然保留了种种特权，但不可忽视的是菲律宾依然是一个独立国家，美国已不能随心所欲地根据自身意愿去改造菲律宾。

需要指出的是，虽然美菲两国在国家利益和具体实现目标上有所不同，但双方都想通过援助加强菲律宾的军事力量，增强菲律宾的内部防御性进而遏制共产主义发展的政策追求却是一致的，正是这种共同利益决定了美国对菲律宾援助的最终走向。战后菲律宾历届政府也都以最大限度地争取美援作为其重要政策目标，并一度成为总统竞选的口号，美国也因此无论从道义上还是实际中背上了对菲援助的包袱。反过来，也正是因为菲律宾政府自身存在的顽疾，导致美国在菲律宾的援助目标多半没有实现。

第二节　美国对菲律宾援助的特点

美国对菲律宾援助政策的发展演变脱离不了美国对外援助政策调整的总体脉络,从朝鲜战争前的临时救济性援助,到朝鲜战争爆发后的共同安全援助,再到20世纪60年代发展援助的兴起,美国对菲援助政策的每一次调整都是在美国对外援助政策发展的大框架下进行的,这是对菲援助所遵循的普遍性原则,但是出于战略利益考虑的美国对菲律宾援助又具有自己的特点。

一　美国对菲律宾援助的持续性与长期性

1948—1974年间美国通过马歇尔计划、共同安全法、国际开发署提供的对外援助中,中国台湾地区14.2亿美元;韩国31.3亿美元;印度8.7亿美元;印度尼西亚8.8亿美元;越南57.7亿美元;而菲律宾则仅有5.2亿美元。① 在亚洲国家中获得美援最多的国家是以色列,共接收美援810亿美元。从这些数据中来看,美国对菲律宾提供的援助与同期美国向亚洲其他国家提供的援助相比是较少的。从美援分布的地理特征来看,美援分配数额的决定性因素是受援国对美国的政治和军事重要性。所以,远东、近东及南亚等美国所谓的共产主义的"前沿防线"和"周边"国家或地区能得到相当大规模的援助,菲律宾虽然在美国的遏制战略中具有重要战略意义,但是由于与美国的特殊关系菲律宾一贯奉行亲美外交,美国不需要支付额外的援助去购买或影响菲律宾的外交动向,再者获得大量美援的以色列和越南都是有战事发生的国家。菲律宾对于美国的战略意义更多地体现在它是美国实现亚洲政策的"跳板",是美国向亚洲国家展示其民主的"橱窗"。自19世纪起菲律宾作为美国实现从大陆到大洋跨越的"跳板"被美国选中,到20世纪菲律宾在美国的战略定位仍是"跳板",美国外交目标的落脚点在亚洲太平洋地区,对于菲律宾,美国

---

① 数据由笔者整理,资料来源: Statistical Abstract of the United States, 1975: 96 th annual Edition, pp. 808 – 809.

始终关心的是能否发挥它应有的"跳板"作用。

　　菲律宾虽然不是获取美援最多的国家，但是美国对菲律宾援助却具有长期性，并未出现过间断。越南虽然是东南亚国家中接收美国外援较多的国家，但是美国对越南的大量援助主要集中于越战期间。1953年之后美国对东南亚的其他国家如柬埔寨、老挝、马来西亚等才开展援助活动①，美国对菲律宾援助活动的长期性主要源于美菲援助之间较强的互惠性。社会交换论是20世纪60年代末引入政治学领域的一门学科，到20世纪末期被引入到对国家关系的分析中。社会交换是指两个行为体之间进行资源交换的一种活动，例如，行为体A用某种资源来交换行为体B的另一种资源。从社会交换论的角度分析对外援助本质上就是一种交换，以美菲之间的援助为例，美国通过向菲律宾提供经济、军事援助，交换菲律宾的战略资源、战略地位和国家支持，这种利益的交换是双向的、互惠的。

　　从菲律宾的角度来看，美国的经济援助，对于菲律宾这种人口众多、生产落后、经济凋敝的弱国来讲无疑是异常宝贵的，而美国的军事援助则加强了菲律宾的军事力量，为菲律宾的国家安全提供了重要的保障。冷战时期的美菲关系的利益交换，明显带有稳定东南亚局势和防范共产主义的印记。可见，美菲间这种交换关系的存在具有双向性和互惠性的特性，两国在交换层面上具有一定的对等性，美国强大的综合国力与菲律宾相比具有明显的优势，但菲律宾重要的战略地位以及在东南亚角逐中所发挥的作用，使菲律宾具有与美讨价还价的筹码。而这种互惠性和对等性又使得美菲之间的援助具有长期的稳定性。

　　战后美菲关系并非一帆风顺，尤其是20世纪50年代中后期开始，美菲之间矛盾渐多，菲律宾国内反美情绪高涨，但美国对菲律宾援助政策的制定和实施并没有停止或中断，归根结底，菲律宾的战略利益对美国而言是不可或缺的。

---

① Statistical Abstract of the United States, 1975: 96 th annual Edition, pp. 808 - 809.

二 美国对援助的严格控制和对菲律宾经济的垄断

美国对菲律宾利用美援情况的控制与其他接受美援的国家相比是相当严格的，对美援的利用方面，菲律宾政府没有权利做最后的决定，"每项计划都得三番五次地送交华盛顿执行美援的最高当局批准，而批准的原则，便是这些计划是否符合美国的全盘经济和外交政策而定"，并且对美援的运用拥有监督权的两百多名美国"顾问"和"专家"分布于菲律宾政府各部门，他们负责分发资金，所有的花费直接由美国政府决定。除此之外，美国通过"援助"还公开干涉菲律宾内政，无论是对胡克运动的镇压还是军事基地司法权问题都是对菲律宾内政的干预，这些又使菲律宾经济、政治进一步依附于美国。菲律宾全国经济理事会（菲政府负责运用美援的最高机构）前任主席蒙特利班诺（Alfredo Montelibano）说，在美援管理机构中，菲籍工作人员平均每人每年薪俸为 4600 美元，而美籍顾问平均则为 6.5 万美元，再加上其他庞大的行政开支，菲律宾政府为此总共支付了 3900 万美元，这就为菲律宾政府增加了一笔额外的负担。

美国对菲律宾如何利用外援的监控非常严格，以至于菲律宾没有使用外援的自由，并且美国利用外援处处干预菲律宾内政，加上美菲之间不平等的贸易关系，使美国在菲律宾经济的很多部门占垄断地位，以洛克菲勒、摩根、梅隆和芝加哥金融集团为首的美国垄断资本，在菲律宾都有巨大的投资。这其中包括属于洛克菲勒财团的美孚石油公司和德士古公司垄断了菲律宾油田的开采权。同属该财团的都会人寿保险公司还控制着菲律宾的保险事业和一部分银行。属于梅隆财团的威斯汀豪斯电气公司控制着菲律宾两个最大的水力发电厂。属于摩根财团的菲律宾普罗克特—甘波尔贸易公司每年从菲律宾收购 3000 万美元椰干，占菲律宾每年椰干出口额的一半以上。属于芝加哥财团的国家收割机公司在马尼拉拥有一个远东最大、最现代化的生产卡车、拖拉机和农具等的工厂，并且在巴克洛特、达佛和宿务等地设有分公司。该公司的另一分公司——菲律宾麦克利渥公司——垄断了马尼拉麻的生产和出口。父子两代都统治过菲律宾的麦克阿瑟是菲律宾著名的大地主，在菲律宾拥有很大的投资。造成这种状况的根源：一方面是因为战后菲律宾把复兴经济的希望寄托于美国的援助，为了获取美援甚至以牺牲国家主权为代价，这给美国控制菲律宾经济创造了机会；另一方面美国利用它强大的经济、政治优势逼迫菲律宾签订不平等的贸易关系，使菲律宾经济长期依赖美国，造成经济的畸形发展和美国对菲律宾经济的垄断。

美菲援助之间的特殊性，决定了从一开始美援就遭到菲律宾国内各界的批评和不满，并且随着菲律宾民族主义的发展，对美援的不满之声更甚。由于美菲之间不平等的贸易关系使美国资本无限制地从菲律宾汇回美国，这给菲律宾经济造成严重损失，有人认为美国的援助并没有对菲律宾经济和工业发展带来实际的好处，认为美援"只不过是骗人的谎言而已"。菲律宾参议员雷克托说道："我们的经济控制在外国势力的手中。……我们在关系国家命运的重要方面也没有制定自己政策的自由。我们的外交政策、国防政策和经济政策也都是追随美国政府的。"这种局面使"菲律宾始终维持在殖民地经济的阶段……"他要求"结束与美国的这种特殊关系"。《马尼拉纪事报》也报道说："我们同美国的经济关系已经到了忍无可忍的地步。我们不能再继续相信我们应该得到美国的特惠待遇。美国只会对它自己的利益忠诚，不会对我们忠诚。"① 随着菲律宾民族意识的增强和民族主义的发展，要求改变美菲之间不平等的经济、贸易关系和实现援助公平性的呼声越来越高涨，要求摆脱美国的束缚、争取真正的民族独立逐渐成为菲律宾各阶层人民的愿望。

第三节　美国亚洲政策的派生物——对菲律宾援助

1944 年麦克阿瑟率领美军重返菲律宾，发出"我们回来了"的感叹，当时的美国一心想作为宗主国再次独占菲律宾，仍与菲律宾维持一种宗

---

① 杨安民：《从美菲关系看菲律宾经济》，《世界知识》1957 年第 10 期。

主国与殖民地的关系。所以在面对菲律宾饱受战争破坏的经济时，并没有施以援手，而是急于通过一系列不平等政治、经济、军事条约，与菲律宾维持一种半殖民主义的实质，享有在菲律宾的种种特权。随着东亚地区国民党的节节败北和与苏联战时合作关系的破裂，东南亚在美国战略地位的重要性不断上升，菲律宾的战略地位越来越受到美国政府的重视，尤其在朝鲜战争爆发后，菲律宾的地位又被赋予更深层次的意义：菲律宾成为美国防御共产主义安全岛链的重要一环，并与美国东亚盟友日本相配合推行遏制战略，是资本主义世界在亚洲利益的前沿防御基地，菲律宾的生存与发展是彰显美国民主和国际威望的标杆。为了更有效地把日本纳入到美国的政策轨道，以弥补"失去中国"带来的损失，美国积极调和促使日菲就战争赔偿问题达成一致。菲律宾的重要性也因美国东亚战略的调整而得到提升，从单纯地为美国经济利益服务演变为美国在亚洲冷战战场的桥头堡。

美国对菲律宾的正式援助便诞生于美国东亚战略政策形成过程中，毫无疑问，就美国对菲律宾援助的动机而言，援助作为实现美国外交政策的一个重要工具，具有的战略意义是显而易见的。首先，美国对菲律宾援助从一开始便带有军援优先的色彩，这从20世纪50年代军援和经援的数量中可轻易得见，并且经援一般以"防务支持"的形式成为军援的补充，再者提供经援的主要目的是为了更有效地配合军援。美国对菲律宾援助政策的制定从开始就是从美国自身的战略需要出发，是为美国在远东遏制共产主义而服务的，在具体实施过程中很少考虑菲律宾的实际需求。美国企图通过援助来操控菲律宾，并促使菲律宾采纳美国的遏制政策，培育起菲律宾有效的防御能力，保持菲律宾国内和东亚地区的稳定与安全，进而维持东亚的力量均衡。

美国在东亚地区战略政策的调整直接影响了对菲律宾政策的发展变化，进而也决定了对菲援助政策的走向。具体而言，由于中华人民共和国的成立和朝鲜战争的爆发，美国形成了遏制中国和扶植日本的东亚政策，菲律宾在美国东亚战略中的角色也因日本在美国冷战中地位的变动而变化，由战后初期充当美国经济的"奴隶"到朝鲜战争爆发后作为美国远东军事盟友地位的确立，并被美国纳入西太平洋集体防御系统。总体来说，美国对菲律宾政策的发展变化是其东亚政策即对华、对日政策调整与演变的必然结果。而美国对菲律宾援助政策的调整恰恰是美国对菲政策总体演变历程的一个重要反映，体现了美国在远东地区与苏联之间的冷战，也生动地折射出美菲之间政治、经济和军事关系的变化。因此，从这个层面来看，一部美国对菲律宾援助史，也是一部美菲关系史的缩影。

就美国对菲律宾援助政策本身而言，尽管不同时期的援助特点有所差别，但"维持"与"防御"的政策主基调却始终没有发生变化，也就是说无论是战后初期的救济性援助，还是 20 世纪 50 年代军援优先的援助，抑或是 20 世纪 60 年代肯尼迪、约翰逊政府时期的发展援助，都是在美国寻求维持亚洲太平洋地区稳定、防御共产主义的大框架下进行的，这更清楚地反映出菲律宾在美国外交政策中作为两大阵营对峙格局中的战略定位。因此只要两极对立的均势没有被打破，或只要美苏双方仍是冷战较量的方式，美国对菲律宾援助便不会出现根本性变化，理解了这一点，也就抓住了美国对菲律宾援助的政策源头，从 1945—1968 年间，美国对菲律宾政策也历经起伏和曲折，但无论政策怎么变化，始终围绕美国对菲律宾的政策源头进行。

第四节　美援在实现美国对菲律宾
外交目标中的作用

一　美援在实现对菲外交目标的有限性

对外援助作为美国外交政策中经常使用的手段，一直是美国政界和学术界颇具争议的话题。有人认为对外援助是实现美国外交目标的工具，而有人则认为外援是一种资源的浪费，不会达到任何目的。对此研究美国外援方面的专家汉斯·摩根索说："在现代被引入外交政策的新观念中，对外援助无论在理解还是行动方面都是最具争议性的一个，认为对

外援助是实现外交政策的工具的想法也是一个颇具争议的话题。"① 他把
对外援助具体分为六种形式：人道主义援助（humanitarian）、生计援助
（subsistence）、军事援助（military）、经济发展援助（economic develop-
ment）、声望援助（prestige）和贿赂援助（bribery）。他认为任何援助都
可以对受援国施加政治影响，拿人道主义援助来说，它主要是通过一些
私人组织如教堂等，向受到自然灾害的亚、非、拉美等国提供援助的行
为，但是如果这种援助通过政府来实施，那么援助的用途最后很有可能
被用于政治目的，而非人民的福利。② 在这六种援助中美国支出最大的是
军事援助，直到 1961 年军事援助的数额才开始减少。摩根索认为，军事
援助本质上是一种贿赂援助，援助国以军事援助为条件换取受援国在自
身受到威胁时的支持。他对经济援助微词颇大，认为经济援助最终不过
是贿赂或声望援助，甚至认为完完全全是一种浪费。③ 他用形象的比喻来
描述施援国和受援国之间的关系，"A 国家想要购买 B 国家的政治支持，
价格为 2000 万美元，在实际操作中 A 国以经济发展援助的形式提供给 B
国家"，但实际的结果往往会使两国都失望，施援国抱怨受援国效率低，
而受援国则抱怨施援国小气同时要求更多的援助。

以美国对菲律宾援助为例，通过援助美国在菲律宾想要实现的外交
目标在詹姆斯·雷报告和 NSC84/2 号文件中表述得非常清楚，即保证菲
律宾政府的亲美倾向、实现菲律宾经济的自足和维持菲律宾军事力量的
自保能力。但是无论是战后初期对菲律宾的救济性援助，还是 20 世纪 50
年代的军援优先援助，抑或是 60 年代的发展援助，美国以援助为名向菲
律宾输入了数额不小的资金，但美援对菲律宾的发展到底起了多大作用，
却是一个颇具争议的问题，至少美援并没有解决菲律宾经济存在的根本
问题，也没有带来菲律宾经济的繁荣，菲律宾本身的农业问题、财政问

---

① Hans Morgenthau, "A Political of Foreign Aid", *The American Political Science Review*, Vol. 56, No. 2, Jun. 1962, p. 301.

② Hans Morgenthau, *Politics among Nations: The Struggle for Power and Peace*, 4th ed. New York: Alfred A. Knopf, 1966, p. 302.

③ Hans Morgenthau, "A Political of Foreign Aid", *The American Political Science Review*, Vol. 56, No. 2, Jun. 1962, p. 308.

题，以及政府腐败问题没有得到彻底解决。通过援助，美国一直期望把菲律宾打造成东南亚地区美国民主的"橱窗"，并成为影响东南亚国家的重要力量，在推行美国的政策方面起到"领导"作用。但是依据战后美国对菲律宾援助的实际情况来看，菲律宾显然并没有达到美国的预期，以至于美国坦言："菲律宾不能担负起亚洲的领导职责，除非它能变得更好。"[①] 甚至在 1954 年美国对菲律宾政策的 NSC5413/1 号文件中承认"尽管菲律宾致力于解决国内问题和促进与东南亚国家的关系……但它作为此区域的政治领导地位在不远的将来不会实现"[②]。

　　造成美国援助目标没有实现的原因比较复杂，但主要有三个方面的影响因素：首先，就美援提供的动机而言，虽然美国打着帮助菲律宾发展的幌子，但无一例外都是从美国本国利益出发，美国在阐释 1954 年共同安全法时表述得非常清楚：经济援助应直接服务于美国经济。[③] 虽然美国向菲律宾提供了数额不少的援助，但实际都是为美国的经济发展做"嫁衣"。其次，美国对菲律宾提供的援助进行了严格的监控，菲律宾毫无自主权去安排使用援助资金。以《季里诺—福斯特协议》的经济援助为例，美国派遣特别技术顾问团来安排和使用援助，"技术小组的负责人授权分发资金，所有的花费应直接由美国政府决定"[④]。此外，用于社会和经济发展的资金必须与美国在菲律宾的利益相一致，甚至技术小组还干涉菲律宾政府的决策过程。虽然菲律宾也成立了一个由菲律宾人组成的委员会，就美援使用情况专门和美国沟通，但美国政府始终没有承认过此委员会。最后，美菲之间的巨大实力差距，决定了菲律宾在接受和使用美援方面毫无话语权，美援没能真正用于促进菲律宾经济发展，而是用于与美国切身利益相关的项目。正如当时的《马尼拉日报》主编所评论的那样，菲律宾与拥有资金的"山姆大叔"合作，毫无话语权，只

---

① *FRUS*, 1961 – 1963, Vol. XXIII, p. 780.

② *FRUS*, 1952 – 1954, Vol. XII, Part 2, pp. 591 – 600.

③ George E. Taylor, *The Philippines and the United States: Problems of Partnership*, New York: Frederick A. Praeger, p. 182.

④ *Report to the President of the United States by the Economic Mission to the Philippines*, Washington, October, 1950, p. 100.

能被动接受，没有选择权。①

二 美援在实现对菲外交目标的独特性

对外援助作为实现国家外交政策的一种工具，尤其在对抗时代，这种工具就能变成一种武器。② 摩根索也坦言："对外援助能达到军事手段和传统外交方法所不能完成的目的。"③ 这也是战后美国历届政府之所以重视外援作用的原因所在。单从美国对菲律宾援助的结果来看，美援虽然没有根除菲律宾存在的顽疾，但美援却在各方面影响了菲律宾的政治、经济，甚至文化。20世纪50年代《季里诺—福斯特协议》下的对菲律宾经济援助，主要集中于解决菲律宾国内的农业问题，援助项目非常具体，包括购买肥料、灌溉水泵、农药和纺织厂的设备，并且援助进一步扩大到公共健康项目、家庭手工业的建设和调查煤炭储备情况和铁路需求情况。并且就菲律宾根深蒂固的土地问题进行改革，聘请土地改革专家哈迪来菲律宾进行调查，虽然最终因遭到菲律宾地主阶级的强烈反对而流产，但触动了菲律宾根深蒂固的土地问题，并为以后菲律宾政府的土地改革打下了基础。

从美援的政治动机来衡量，美国对菲律宾援助的本质是通过援助对菲政府的政策取向施加影响和压力，确保菲律宾被纳入以美国为首的资本主义阵营，成为亚洲地区彰显美国民主制度的"橱窗"。在美国的NSC文件中，曾不止一次地强调保持菲律宾政府亲美的重要性，而美援的作用在此体现的格外明显。从战后一直到20世纪60年代菲律宾一直奉行亲美甚至唯美国马首是瞻的外交政策，无论是朝鲜战争还是越南战争，菲律宾在外交上都与美国保持高度一致。并且菲律宾积极支持美国的印度支那政策，在美国与中国发生"台海危机"时力挺美国，反共立场坚定，拒绝与任何共产主义国家发展关系，这都归功于美援的功效。

---

① *Manila Chronicle*, Editorial, November 10, 1950.

② George Liska, *The New Statecraft*：*Foreign Aid in American Foreign Policy*, Chicago：The University of Chicago Press, 1960, p. 2.

③ Hans Morgenthau, "A Political of Foreign Aid", *The American Political Science Review*, Vol. 56, No. 2, Jun. 1962, p. 301.

相对于美援对菲律宾经济、政治产生的影响，它对菲律宾社会、文化等方面的影响更为深远。当然这种影响很难通过简单的量化指标来评估。但不可否认，美国政府通过援助向菲律宾输入大量资金、装备与提供各种培训的同时，西方的科学、管理、教育、文化观念也随之涌入菲律宾。20世纪60年代派往菲律宾的和平队人员，对当时菲律宾的"乡村发展项目"发挥了重要作用，他们不仅指导项目发展，而且在改进菲律宾大米收获方法、救济水灾、募集慈善事业基金、筹集建造儿童戏院、开办图书馆和夜校、规划教学试验、公共卫生、农业推广以及研究菲律宾文学等方面与菲律宾人一起开展工作。[①] 并且被派往菲律宾学校，与菲律宾人一同担任教学工作，致力于改进菲律宾英语教学情况，菲律宾政府此后也仿照美国和平队的形式向乡村地区派遣卫生队。

很难想象，如果没有美国的援助菲律宾的发展会呈现什么状态。历史没有假设，但至少美国利用援助对菲律宾的经济、政治、外交、文化产生了一定的影响，并使菲律宾在外交上作出有利于美国的选择。

---

① Usha Mahajani, "American 'People to People' Diplomacy: The Peace Corps in tne Philippines", *Asian Survey*, Vol. 4, No. 4, April 1964, p. 782.

余　论

　　20 世纪 60 年代世界局势发生急剧变化，亚洲各国纷纷走向独立自主的发展道路，维护民族独立和主权的民族意识不断觉醒，尤其是在东南亚，各国人民经过殖民压迫或帝国主义统治后，反帝国主义、反殖民主义、反霸权主义运动高涨。在反抗美国的霸权和新殖民统治抗争中，印度支那三国都取得了胜利，极大增强了东南亚地区维护民族独立和主权的信心，主张建立和平中立区的立场也博得了国际社会的赞同。国际社会与东南亚局势的变化，对美菲关系也产生了重要的影响，鉴于美菲之间长期的不平等政治、经济和军事关系，菲律宾国内争取民族权利和自主发展的呼声不断高涨，广大民众要求维护民族独立的浪潮汹涌澎湃。在这种形势下，马科斯总统提出"菲律宾第一"的口号，重新研究菲律宾亲美的外交方向，开始考虑改变完全依附于美国的僵硬的外交政策，提出了"发展外交"政策，并于 1970 年 1 月在国情咨文中对"发展外交"政策的具体内容进行了详细阐述，主要包括：首先，全面审视和重新评估与美国所签订的所有协定；其次，摆脱对美国的依附，逐渐增强与其他外交体的交流与合作，尤其是发展与东盟地区的友好关系；再者，强调区域话语权，通过亚洲论坛等方式，与其他亚洲国家一起为缓和区域局势、建立区域新规则献策献力；最后，发展与共产主义国家的外交，在商务和文化层面加强合作与交流。① "发展外交"确立了菲律宾对外关系的新原则和方向，成为菲律宾政府的新外交政策。

---

① Jose D. Ingles, *Philippine Foreign Policy*, Manila: the Lyceum Press Inc., 1982, p. 21.

为了改变菲律宾依赖美国援助的形势，马科斯总统积极寻求日本援助，减少对美国援助的依赖性。在菲律宾新外交政策下，与中国关系开始"破冰"，马科斯和他的政府官员在公共场合称中国大陆为"中华人民共和国"，并鼓励菲律宾的贸易代表团、记者和国会议员去中国进行非官方的访问，并欢迎他们的报道，只要他们不是以损害美国的利益为代价。① 此外马科斯政府还把注意力转向东南亚。在菲律宾倡议下成立了亚洲发展银行，菲律宾也成为亚洲理事会的成员国。在加强地区性合作方面，1966 年 6 月恢复了与马来西亚的外交关系。1967 年 8 月菲律宾与马来西亚、新加坡、印尼和泰国等国进一步强化了地区联盟，五国在泰国曼谷宣布共同组成"东南亚国家联盟"。

但在这个阶段，菲律宾国内经济问题仍然十分严峻，国库枯竭，财政赤字，政府公债近 40 亿比索，政府每天的财政收入为 4 亿比索，支出却达 6 亿比索，加上自由党人反政府活动的增加，菲律宾共产党也重新活跃起来，南部穆斯林出现严重的反政府"分离主义运动"。不断恶化的经济，不断加剧的社会动乱，公众对政府丧失信心，对马科斯政府的执政产生严重威胁。而且国内民众反美情绪继续高涨，要求拆除美国军事基地，反对美国继续享受"同等权利"的呼声不断，社会团体及学生举行示威游行提出"打倒帝国主义""打倒法西斯"的口号，1969 年 7 月和 12 月尼克松和副总统阿格纽访问菲律宾时，出现了声势浩大的反美示威游行。马科斯总统以此为由，于 1972 年颁布了军事管制法令。

而此时美国深陷越南战争不能自拔，战争结束了美国战后 25 年的经济繁荣，使美国经济状况急转直下，国防开支负担不断加重，国际社会对美国的谴责和美国国内反战呼声也不断高涨，为了缓和美国所面临的国际、国内困境，尼克松上台后开始全面调整美国的外交政策。1969 年 7 月 25 日尼克松出访亚洲，在日本关岛宣布了美国的亚洲新政策，这一政策被称为"关岛主义"，即后来的"尼克松主义"。其内容主要为：越南战后，美国仍是世界局势的重要一极，美国始终恪守已承担的条约和义

---

① Claude A. Buss, *The United States and the Philippines*, Washington, D. C. : American Enterprise Institute for Public Policy Research, 1977, p. 56.

务。但是在未来外交关系中，美国将逐步鼓励亚洲盟友发展本国军事力量，在本国能力范围内承担起本国安全或军事防务。尼克松更多地是强调集体安全和本国责任，这是美国谋求与盟友关系转变和责任担当的重要目标，通过此举美国希望能逐步从维护全球自由国家安全的义务中脱离出来，以避免再次卷入越南式的战争。1970 年尼克松把这一政策明晰化，将美国与盟友之间在经济、政治、军事等各方面的"伙伴关系"归纳为合作，主要目的是使美国从保卫全球自由国家盟友的全部责任中脱离出来。在美国新外交政策的指导下，美国逐步从越南撤军。1973 年 1月，美越双方签订《巴黎协定》，至此美国基本实现了从越南脱身。

"尼克松主义"的出台标志着美国外交政策的转变，美国开始在全球范围内进行战略收缩，而外交政策的变化直接或间接地影响到美国的外援政策。与外交政策相适应，外援政策也开始进行战略收缩。具体到美国对菲律宾援助政策，虽然美国表面上欲减少对菲律宾的援助，但是鉴于菲律宾的特殊地位和冷战背景的影响，美国并没有采取实质性的措施，只是提出种种限制条件，具体表现为以下几点。

（一）军事援助

美国外交政策的变化使美国重新评估对菲律宾的军事援助项目，在赛明顿听证会上，美国政府官员认为美国为菲律宾"做了太多"，而菲律宾在共同防御上的作为却太少。美国的作为远远超出防御盟国外部威胁的初衷，帮助菲律宾镇压内部叛乱也走得太远，并且认为错估了菲律宾国内叛乱分子与中国共产党的关系。[1] 也没有证据表明苏联或中国共产党参与了菲律宾叛乱分子的活动。听证会认为鉴于菲律宾民主主义的发展，反美情绪的高涨和马科斯政府提出的"新发展外交"，美国应收缩在菲律宾的活动范围，包括减少援助菲律宾镇压国内叛乱分子的活动，避免任何形式的直接干预。美国国务院和国防部，以及美国总设计局就菲律宾军事援助和菲律宾承担的义务进行评估，指出："菲律宾经常让美国失望，不能很好地利用来自美国的原料，拒绝……提供财政支持。"在马科

---

[1] Claude A. Buss, *The United States and the Philippines*, Washington, D. C. ; American Enterprise Institute for Public Policy Research, 1977, p. 129.

斯实行军事管制后，美国对菲律宾的援助项目受到更加严格的监督，联合军事顾问团也只是起引导作用不再直接参与任何援助活动。同时美国停止了对菲律宾仍有敌对势力存在的地区的军事训练项目，民众项目也仅限于非军事化项目，例如帮助建立学校，制造安全饮用水，建造桥梁和预防狂犬病的疫苗接种等。①

美国国内由于通货膨胀加剧，工业生产力大幅度下降，庞大的军事负担和对外援助开支，使美国压倒性的经济优势丧失，对此许多学者和政治家抨击美国现有的政策，要求削减海外开支，在这种情况下，美国对菲律宾的花费更加慎重。美国国内对人权问题的报道也层出不穷，菲律宾实行军事管制后，国会就人权问题举行听证会，亚太事务助理国务卿菲利普·哈蒙德（Philip Hammond）陈述了官方的观点：安全关系包括军事援助项目对美国而言至关重要，他进一步解释政府关注人权和自由，但不应损害安全关系。哈蒙德的官方意见与听证会上许多见证人的意见相左，他们要求在基本的公民自由实现之前应缩减所有的军事援助项目，并建议禁止向菲律宾销售和运输武器，停止支付军事基地的使用租金，因为租金仅用于购买武器和弹药，而购买的武器和弹药又被用于更加激烈和长时间的镇压活动上。他们进一步认为镇压和反抗相互影响，美国不应陷入这样的恶性循环，安全关系应从属于人权问题。② 除此之外，还有人提出在菲律宾实行军事管制时期应停止对菲律宾军事或与军事相关的援助。1974 年的《对外援助法》强调："只有在特殊情况下，总统有权力提供安全援助，但是对破坏人权或者在生命权、自由权等方面缺失的政府，美国应减少或避免接触。"③ 该援助法的通过意味着美国对菲律宾军事援助将陷入麻烦之中，但是美国对菲律宾军事援助并没有出现大规模的缩减。1973 年军事援助总额为 2250 万美元，1974 年为 4110 万美元，1975 年为 3210 万美元，其中大部分用于建设巴丹省生产 M-16s 的

① *New York Times*, December 31, 1973.
② House of Representatives, *Hearing on Human Rights*, p. 112.
③ U. S. Congress, House of Representatives, *Committee on International Relations*, *International Security Assistance Act* of 1976, 94 th Congress, 2 nd session, 1976. Appendix 11, p. 888.

工厂。①

　　在福特执政时期，国务卿基辛格强调尽管国内能源消耗、通货膨胀和不容乐观的国际收支情况，美国应继续实施军事援助项目，② 并坦言安全援助是战后美国安全和世界和平的基石，仍服务于美国的总体目标。1977 年政府向国会提交的项目计划中要求向菲律宾提供 1960 万美元的军事援助，外加 75 万美元用于培训资金和 1740 万美元的国外军事销售贷款。③ 其中，物质援助主要用于帮助菲律宾装备优先级高的单位和加强海军和空军的生存能力；贷款援助主要用于培训项目，具体包括提高菲律宾军事力量在后勤和管理上的自给能力，国外军事销售贷款帮助菲律宾实施五年现代化和扩展项目。美国对菲律宾仍提供军事援助一是基于美国在菲律宾的军事利益考虑，毕竟菲律宾重要的战略位置毋庸置疑，由于美国在菲律宾保留了苏比克湾海军基地和克拉克空军基地两处重要的军事基地，因此，美国对菲律宾仍提供安全援助。二是基于国际局势的考虑，在美国看来如果大面积削减军事援助，不仅会对菲律宾造成消极影响甚至会影响到亚洲太平洋地区，"没有美国的参与（此地区）很难维持均势平衡"④。除此之外，通过帮助菲律宾发展独立的防御体系能够影响亚洲权力的平衡，彰显美国在亚洲太平洋地区仍扮演建设性的角色。因此，国会通过的对菲律宾安全援助项目并没有出现大规模的缩减，但规定停止对持续参与国际人权叛乱的国家提供军事援助，但是授权总统有权对事关民族利益的国家提供安全援助，这为对菲援助留下了一扇方便之门。

　　美国要求削减对菲律宾军事援助的呼声和实际并没有大规模缩减对菲军援的现实，说明美国国内经济状况和菲律宾重要战略位置之间的矛

---

　　① Claude A. Buss, *The United States and the Philippines*, Washington, D. C. : American Enterprise Institute for Public Policy Research, 1977, p. 131.

　　② Department of State, International Security Assistance, Bureau of Public Affairs, November 6, 1975.

　　③ U. S. Congress, House, Committee on International Relations, *International Security Assistance Act*, p. 228.

　　④ *New York Times*, October 31, 1975.

盾，一方面美国国内经济局势要求美国缩减对外军援；另一方面美国在菲律宾的安全利益及菲律宾的战略位置使美国不能大规模削减对菲军援。在综合考虑两者因素的基础上，美国对菲律宾军援设置了限制因素，例如国会下令对菲律宾的拨款援助截至 1977 年，所有的军事援助必须通过国外军事销售贷款的形式进行。总而言之，由于美国对菲律宾援助源于美国的东亚政策和深受冷战的影响，因此只要美国东亚战略构想不改变，美苏冷战的较量不停止，美国对菲律宾援助的基本构想就不会出现根本性变化。

（二）经济援助

美国就共同防御问题重新评估对菲律宾军事援助时，同时也考虑评估美菲的经济关系。美国经济的衰退和菲律宾国内民族主义的发展，都使得美国重新考虑与菲律宾的经济关系。美国由于深陷越南战争的泥潭，失业率升高，通货膨胀严重，经济呈现下滑趋势，美元丧失了霸主地位，国际收支差距不断扩大，而国际上迅速崛起的西欧和日本逐渐成为美国的竞争对手，国际、国内的新局势使美国在尼克松上台后全面审视美国的国际关系，其中便包括与菲律宾的经济关系尤其是对菲律宾的经济援助。

美国对菲律宾提供经济援助的主要目的是通过促进菲律宾经济发展来加强菲律宾政府抵御共产主义的能力，使菲律宾坚定地站在美国和资本主义世界一边，可以说美国对菲律宾提供经济援助主要是出于共同安全的考虑。自 1950 年美国对菲律宾经济援助伊始，美国通过拨款援助、低利率贷款等各种方式向菲律宾提供援助，在这些援助项目下成百上千的美国农业、财政、工业和教育专家被派往菲律宾指导当地的经济发展，同时大量菲律宾人接受了美国关于政府管理、公共安全及卫生等各方面的培训，美国的援助促进了菲律宾在教育、农业、科技等方面的发展。不可否认的是，美国的援助并没有从根本上改变菲律宾的经济状况，生产率低下、人口增长迅速、失业率高、人均收入水平低和贫富差距不断扩大的问题仍然存在。虽然美国国会每年都会通过对菲律宾的经济援助项目，但国内对菲律宾经援的批评之声一直未绝。对菲律宾经援持怀疑态度的人认为美国援助在解决菲律宾人口增长、土地改革、工业化、社会公平、公共管理和公共服务水平等基础性问题上的作用十分有限。尽管美国国内对菲律宾经援的质疑和菲律宾国内对美援助的排斥,认为美国援助是谋取其国家利益的手段,把菲律宾人当成是"树木的砍伐者和酒馆的侍者"①,但美国国际开发署对菲律宾的援助并没有停止。1972年夏天菲律宾实行军事管制的前夕,为救助受洪涝灾害的难民,国际开发署对菲律宾提供了3000万美元的紧急救济和5000万美元用于为难民提供食物。

马科斯政府实行军事管制后,美国国会就是否继续对菲律宾提供经济援助产生质疑,因为军事管制动摇了美国对菲提供援助的根基即保护自由和民主,而反对者也认为国际开发署对菲律宾提供的援助并没有对菲律宾政治产生影响。从1975年开始美国对菲律宾经济援助的监督更加严格,基本维持在每年大约5000万美元,主要集中于乡村发展、计划生育和公共卫生等有利于菲律宾社会最底层人民的领域。② 美国对菲律宾的援助项目也交给多边机构进行,例如联合国开发计划署、亚洲发展银行以及世界银行等,这些多边机构主要致力于运输、发电、港口改善、乡村发展等项目。美菲之间的双边援助项目主要用于为底层人民谋福利,美国共支持了12个特殊项目包括土地改革、专用道路、灌溉系统、小农民的实地调查、计划生育、饮用水的提供和为乡村地区的穷人提供电力等。"这些项目不仅能帮助穷人,而且对地方性暴动的根源予以根本打击。在总统和国会看来,他们值得花费美国纳税人的钱。"③ 美国把经济援助的对象重点放在了乡村穷人和小农民上,这与菲律宾实行军事管制密切相关,这样做一方面能消除地方暴动的根源,另一方面也防止了援助用于支持菲律宾的极权主义。

到卡特总统时,美国每年都会对外援项目进行可行性的评估,美国

① *Center for Strategic and International Studies*, U. S. – Philippine Economic Relations, p. 61.

② Claude A. Buss, *The United States and the Philippines*, Washington, D. C. : American Enterprise Institute for Public Policy Research, 1977, p. 138.

③ Thomas C. Niblock, *The Small Farmer and the Rural Poor*, *Target of U. S. Economic Assistance to the Philippines*, Manila: U. S. Embassy, 1975.

对菲律宾的援助每年都会重提和建议，然后由国会批准，毫无疑问美国援助对菲律宾具有重大的经济价值。国务卿基辛格曾说："一个独裁政府……并不能因为表明反共立场而得到美国援助，因为公众意愿和社会公平是抵抗外部袭击的基础"，同时他又强调说，美国将继续支持承担义务的国家，即便他们不能代表公众的意愿或提供社会公平；美国将继续提供已经承诺的援助——华盛顿不会拒绝已经承诺给不受欢迎的独裁政府"[①]。从基辛格的言论可以看出，美国不会马上停止对菲律宾的援助，但也并没有给予菲律宾任何保证。面对菲律宾国内局势，美国已然接受"极权主义是发展中国家的一个现实，它超出了美国的权利和责任范围，无法改变它"，并且美国援助菲律宾也是出于有利于它民族利益的角度考虑。但1976年的对外援助法规定拒绝给有损人权的国家提供援助，这可以看作是美国给菲律宾的一个警告，意思是美国随时可以停止对菲律宾的援助，美国是否继续给菲律宾提供援助，取决于菲律宾是否改变它极权主义政策和美国在菲律宾的安全利益。

马科斯总统实行的军事管制政策与美国外援的基础口号"维护民主和自由"产生严重冲突，使美国重新考虑对菲律宾经济援助，虽然美国在口号和政策上反对菲律宾的军事管制政策，但实际的经济援助并没有停止，而是变换了援助的形式和方法。鉴于菲律宾对美国的安全利益和菲律宾国内的政治经济形势，美国对菲律宾经济援助不做长期承诺，而是每年进行评定，并警告菲律宾，美国可以随时停止对菲律宾的经济援助，这也反映出美国对菲律宾援助的矛盾心理：一方面从菲律宾国内政策看，理应停止对菲援助；另一方面美国在菲律宾的安全利益及停止援助给美国际声望的损失，都使美国不能停止对菲律宾的援助。为了最大化维护美国利益，美国一方面改变援助形式，把大部分对菲援助项目交给国际机构管理，援助的对象也转向小农民和乡村穷人；另一方面制定政策警告菲律宾，以防菲律宾政治局势恶化时美国能全身而退，不至于陷入菲律宾局势的泥潭中。

---

① *Secretary Kissinger's address before the Japan Society*, New York City, June 18, 1975.

附　　录

附录1　美国对菲律宾援助大事年表

1945 年 6 月，美国战灾局派遣特别调查小组前往菲律宾，评估菲律宾战争损失。

1945 年 2 月，美军进驻马尼拉。

1946 年 3 月，美国颁布了美菲之间的贸易法案——《贝尔贸易法案》。

1947 年 2 月，美国国家安全委员会执行秘书詹姆斯·雷拟定美国对菲律宾的政策报告。

1947 年 3 月，美菲两国分别签订了《美菲军事基地协定》和《美国对菲律宾的军事援助协定》。

1947 年 3 月，美国在菲律宾成立美国联合军事顾问小组，主要负责制订和管理美国对菲律宾的军事援助项目。

1947 年 4 月 30 日，美国国会通过了针对菲律宾的赔偿法案即《菲律宾复兴法案》。

1949 年 12 月 30 日，美国国家安全委员会通过了名为《美国对亚洲的立场》即 NSC48/2 号文件。

1950 年 6 月 10 日，美国派遣贝尔调查团前往菲律宾，就菲的经济情况展开调查。

1950 年 6 月 25 日，朝鲜战争爆发。

1950 年 9 月，美国军援使团团长约翰·F. 梅尔拜与菲律宾季里诺总统就改造菲军事力量问题进行商讨。

1950 年 10 月，美国国安会确定对菲政策文件即 NSC84/2 号文件。

1950 年 11 月 14 日，美菲缔结了"经济和技术合作协定"即《季里诺—福斯特协定》。

1951 年 8 月 30 日，美菲两国签订《共同防御条约》。

1954 年 4 月，美国制定了全面对菲政策即 NSC5413/1 号文件

1954 年 12 月，美菲双方签署了贸易协定修正案即《劳雷尔—兰格雷协定》。

1956 年 5 月 9 日，在美国的撮合下菲日双方在马尼拉签署《菲日赔偿协定》。

1961 年 3 月 1 日，肯尼迪签署了建立和平队的特别法令。

1962 年 6 月，美国就菲取消外汇管制扩大对其援助。

1963 年 5 月，美国参谋长联席会议就菲律宾的外部威胁、对菲军援及菲国内武装力量进行评估，形成 JSCM - 415 - 63 号文件。

1963 年 7 月 1 日，美国对菲战争损失赔偿的 87 - 616 法案获得通过。

1966 年 9 月，菲律宾马科斯总统访美，就"乡村发展项目"寻求美国援助。

1966 年，美国就菲律宾的国情进行调查与评估并形成 NIE56 - 66 号文件。

1966 年 9 月，菲律宾援越法案在参众两院获得通过，同时美国国务院制定对菲经济援助项目。

附录 2　主要人物人名职位对照表

Harry S. Truman　哈利·杜鲁门　美国总统（1945—1952）

Dwight Eisenhower　德怀特·艾森豪威尔　美国总统（1953—1961）

John Kennedy　约翰·肯尼迪　美国总统（1961—1963）

Lyndon Johnson　林登·约翰逊　美国总统（1963—1968）

Sergio Osmena 塞尔吉奥·奥斯敏纳 菲律宾总统（1944—1946）

Manuel A Roxas 曼努埃尔·罗哈斯 菲律宾总统（1946—1948）

Elpidio Rivera Quirino 埃尔皮迪奥·基里诺 菲律宾总统（1948—1953）

Ramon Magsaysay 拉蒙·马格赛赛 菲律宾总统（1953—1957）

Carlos P Garcia 卡洛斯·加西亚 菲律宾总统（1957—1961）

Diosdado Macapagal 迪奥斯达多·马卡帕加尔 菲律宾总统（1961—1965）

Ferdinand Marcos 费迪南德·马科斯 菲律宾总统（1965—1986）

Arsenio N. Luz 鲁兹 剩余财产委员会主席

Alejandro Roces 阿莱勒特罗·罗赛斯 菲律宾教育部长

Amado V. Hernandes 阿马多·V. 赫尔南德斯 "菲劳工组织大会"主席

Bobert McNamara 罗伯特·麦克纳马拉 美国国防部长

Cameron Forbes 卡梅伦·福布斯 菲律宾总督

Claro Recto 米正 菲律宾参议员

Calixto Duque 卡利斯托·杜克 菲律宾政府军准将

Colonel Edward Lansdale 爱德华·兰斯戴尔中校 美国派中情局专家

Charles Bohlen 查尔斯·波伦 美国大使

Clement Zablocki 赞布罗基 美国众议院议员

Dean Acheson 迪安·艾奇逊 美国国务卿

Douglas MacArthur 麦克阿瑟 盟军总司令

Dr. Leon Ma. Gonzales 冈萨雷斯 菲律宾人口普查办公室负责人

Daniel W. Bell 丹尼尔·贝尔 美国副财政部长

Edward Lansdale 爱德华·兰斯戴尔 美国陆军情报中心

Frank Waring 佛莱德·华林 菲律宾战争损失委员会主席

Fernand E. V. Sison 西松 美国财政部代理部长

George F. Kennan 乔治·凯南 美国遏制之父

Harold L. Ickes　哈罗德·伊克斯　美国内政部长

Hans J. Morgenthau　汉斯·摩根索　美国国务院和国防部顾问

Herbert H. Lehman　雷曼　联合国善后救济署署长

James Lay　詹姆斯·雷　国家安全委员会执行秘书

Jose P. Laurel　劳雷尔　日伪政府总统

J. W. Fulbright　威廉·福布赖特　美参议院议员

Jasper Bell　贾斯珀·贝尔　美国众议院议员

John McCloy　约翰·麦克洛伊　美国战争部长助理

James Forrestal　杰姆斯·弗利斯塔尔　美国海军部长

John Vincent　约翰·文森特　美国远东事务主管

Jaime Hernandez　哈梅·赫尔南德斯　美国财政部长

J. F. Melby　约翰·F. 梅尔拜　美国军援使团团长

Jaime Hernandez　赫尔南德斯　菲律宾财政部长

Leland Hobbs　利兰·霍布斯将军　美国军事顾问团参谋长

Millard Tydings　米勒德·泰丁斯　美国岛屿事务委员会主席

Mauro Mendez　莫罗·孟德兹　菲律宾处长

Macario Peralta, Jr.　马卡里奥·佩拉尔塔　菲律宾国防部长

Manuel Elizalde　艾利沙德　菲律宾驻美大使

Myron Cowen　迈伦·考恩　美国大使

Paul McNutt　保罗·麦克纳特　美国驻菲律宾大使

Romulo Carlos　卡洛斯·罗慕洛　美国驻菲律宾专员

Robert Patterson　罗伯特·帕特森　美国陆军部长

Robert W. Komer　罗伯特·科默　美国国家安全委员会委员

T. Confesor　托马斯·康费索　菲律宾内政部长

Trygve Lie　赖伊　联合国秘书长

Tony Blair　布莱尔　驻菲大使

W. W. Rostow　沃文特·罗斯托　经济史学家曾任总统国家安全事务
特别助理

William E. Stevenson　史蒂文森　菲律宾大使

参考文献

中文资料

（一）著作

蔡佳禾：《双重遏制——艾森豪威尔政府的东亚政策》，南京大学出版社1999年版。

丛鹏：《大国安全观比较》，时事出版社2004年版。

崔丕：《美国的冷战战略与巴黎统筹委员会、中国委员会：1945—1994》，东北师范大学出版社2000年版。

崔丕：《冷战时期美国对外政策史探微》，中华书局2002年版。

丁韶彬：《大国对外援助——社会交换论的视角》，社会科学文献出版社2010年版。

方连庆、王炳元、刘金质主编：《国际关系史》，北京大学出版社2006年版。

《共产党情报局会议文件》，人民出版社1954年版。

广东省第一汽车制配长工人理论小组、中山大学历史系东南亚历史研究室：《菲律宾史稿》，商务印书馆1977年版。

国际关系学院：《现代国际关系史参考资料（1950—1953）》，高等教育出版社1960年版。

金应熙：《菲律宾史》，河南大学出版社1990年版。

李春光：《联合国及其专门机构概况》，中国统计出版社2002年版。

李庆余：《美国外交史》，山东画报出版社2008年版。

梁英明、梁志明等著:《东南亚近现代史（下册)》，昆仑出版社 2005 年版。

刘金质:《美国国家战略》，辽宁人民出版社 1997 年版。

刘金质:《冷战史》，世界知识出版社 2003 年版。

刘绪贻:《美国通史——战后美国史 1945—2000》，人民出版社 2002 年版。

刘绪贻、杨生茂:《战后美国史 1945—1986》，人民出版社 1989 年版。

入江昭、孔华润:《巨大的转变：美国与东亚（1931—1949）（论文集)》，复旦大学出版社 1991 年版。

时殷弘:《美苏从合作到冷战》，华夏出版社 1988 年版。

世界知识出版社编辑:《赫鲁晓夫言论》（第五集)，世界知识出版社 1965 年版。

陶文钊、姜振寰:《美国与 20 世纪亚洲的冲突和战争》，重庆出版社 2006 年版。

汪熙:《美国国会与美国外交政策》，复旦大学出版社 1990 年版。

王慧英:《肯尼迪与美国对外经济援助》，中国社会科学出版社 2007 年版。

王绳祖:《国际关系史》，世界知识出版社 1996 年版。

王绳祖:《国际关系史资料选编》，武汉大学出版社 1983 年版。

王玮:《美国对亚太政策的演变 1776—1995》，山东人民出版社 1995 年版。

王杏芳、和平:《当代世界政治经济与国际关系》，时事出版社 1992 年版。

吴国仪、曹仲屏、田中文:《战后东南亚国际关系 1945—1991》，天津人民出版社 1993 年版。

吴志生:《东南亚国家经济发展战略研究》，北京大学出版社 1987 年版。

杨生茂:《美国外交政策史》，人民出版社 1991 年版。

杨生茂:《美西战争资料选辑》，上海人民出版社 1981 年版。

尤波辉:《菲律宾》，世界知识出版社 1957 年版。

于群:《美国对日政策研究（1945—1972)》，天津人民出版社 1996 年版。

于群:《美国国家安全与冷战战略》，中国社会科学出版社 2006 年版。

周弘:《对外援助与国际关系》，中国社会科学出版社 2002 年版。

资中筠:《战后美国外交史——从杜鲁门到里根》，世界知识出版社 1994
年版。

　　（二）译著

［美］西奥多·索伦森:《肯尼迪》，复旦大学世界经济研究所译，上海译
文出版社 1981 年版。

［美］保罗·肯尼迪:《大国的兴衰》，梁于华等译，世界知识出版社
1990 年版。

［美］戴维·霍罗维茨:《美国冷战时期的外交政策——从雅尔塔到越
南》，上海市五七干校六连翻译组译，上海人民出版社 1974 年版。

［美］迪安·艾奇逊:《艾奇逊回忆录》，上海《国际问题资料》编译组
译，上海译文出版社 1978 年版。

［美］德怀特·艾森豪威尔:《艾森豪威尔回忆录——白宫岁月》，复旦大
学资本主义国家经济研究所译，生活·读书·新知三联书店 1978 年版。

［英］D. G. E. 霍尔:《东南亚史（下册)》，中山大学东南亚研究所译，
商务印书馆 1982 年版。

［菲］格雷戈里奥·F. 赛义德:《菲律宾共和国：历史、政府与文明
（下)》，吴世昌、温锡增译，商务印书馆 1979 年版。

《国际条约集（1945—1947 年)》，世界知识出版社 1959 年版。

《国际条约集（1953—1955 年)》，世界知识出版社 1960 年版。

［美］J. 斯帕尼尔:《第二次世界大战后美国的外交政策》，段若石、译
林地校订，商务印书馆 1992 年版。

［菲］冈萨雷斯、［美］加里尼奥:《商业制胜之菲律宾》，东方启达翻译
中心毕香玲、刘悦译，中国水利水电出版社 2004 年版。

［美］哈里·杜鲁门:《杜鲁门回忆录》，李石译，生活·读书·新知三联
书店 1974 年版。

［美］孔华润:《剑桥美国对外关系史》，新华出版社 2004 年版。

［美］雷蒙德·加特霍夫：《冷战史：遏制与共存备忘录》，伍牛、王薇译，新华出版社 2003 年版。

苏联科学院美国加拿大研究所编：《美国对外经济战略》，徐更生、泰国翘译，生活·读书·新知三联书店 1982 年版。

［美］林登·贝·约翰逊：《约翰逊回忆录》，复旦大学资本主义国家经济研究所编译组节译，上海人民出版社 1973 年版。

［美］罗伯特·沃尔特斯：《美苏援助对比分析》，陈源、范坝译，商务印书馆 1974 年版。

［美］罗斯托：《经济成长的阶段——非共产党宣言》，国际关系研究所编辑室译，商务印刷馆 1962 年版。

［美］M. 贝科威茨：《美国对外政策的政治背景》，张和译，商务印书馆 1979 年版。

［新西兰］尼古拉斯·塔林：《剑桥东南亚史》，货圣达等译，云南人民出版社 2003 年版。

［苏］赛沃斯奇雅诺夫：《美国在远东战争策源地形成中的积极作用》，汪淑钧、夏书章译，世界知识出版社 1957 年版。

［美］托马斯·帕特森：《美国外交政策》，李庆余译，中国社会科学出版社 1989 年版。

［美］沃尔特·拉塞尔·米德：《美国外交政策及其如何影响了世界》，曹化银译，中信出版社 2003 年版。

［美］小阿瑟·施莱辛格：《一千天——约翰·菲·肯尼迪在白宫》，仲宜译，生活·读书·新知三联书店 1981 年版。

［美］约翰·加迪斯：《遏制战略：战后美国国家安全政策评析》，时殷弘、李庆四、樊吉社译，世界知识出版社 2005 年版。

［美］约翰·斯班尼尔：《二战以来的美国外交政策》，商务印书馆 1992 年版。

《中美关系资料汇编（第二辑）》，世界知识出版社 1960 年版。

（三）期刊论文

陈柳宁：《解读美国东南亚战略调整》，《世界报》2005 年 5 月 31 日第

009 版。

陈衍德、杨宏云：《美统时期的菲美贸易及其对菲律宾经济的影响》，《厦门大学学报》2003 年第 1 期。

褚浩：《50 年代后半期美国对外援助政策转变探析》，《枣庄师范专科学校学报》2004 年第 4 期。

崔天模：《50 年代美援政策与一些落后地区的经济发展》，《世界经济与政治》1997 年第 6 期。

丁韶彬：《官方发展援助的新趋势》，《现代国家关系》2006 年第 5 期。

丁韶彬：《美国对外援助的战略功能——以特朗普政府援外政策争论为背景》，《当代世界》2018 年第 11 期。

古小松：《亚太战略格局中的菲律宾：站位与取舍》，《人民论坛·学术前沿》2017 年第 1 期。

郭培清：《论艾森豪威尔政府对第三世界援助政策的演变》，《中国海洋大学学报》（社会科学版）2004 年第 4 期。

韩凝：《美国国际开发署对菲律宾援助政策的演变及其影响》，《东南亚南亚研究》2012 年第 2 期。

何兢：《二战后初期美国对外援助政策的特点》，《边疆经济与文化》2009 年第 8 期。

何平：《菲律宾土地问题与土地改革》，《东南亚》1993 年第 3 期。

贺光辉：《第三世界发展理论与援助功能的演进（1950—2000）》，《世界经济研究》2003 年第 1 期。

侯典芹：《从地缘政治视角看美菲军事同盟关系及其新动向》，《东南亚南亚研究》2016 年第 3 期。

[新加坡] 黄朝翰、赖洪毅：《中国东南亚研究面临的学术挑战》，张鹏译，《东南亚研究》2006 年第 4 期。

蒋灏：《肯尼迪政府对外援助政策与和平队的创建》，《南通大学学报》（社会科学版）2007 年第 3 期。

李途：《美菲同盟对中菲南海争端的影响论析》，《东南亚研究》2018 年第 5 期。

梁志：《论艾森豪威尔对韩国的援助政策》，《美国研究》2001 年第 4 期。

林晓光：《国际政治经济关系：以国家援助为视点》，《世界经济研究》
2002 年第 5 期。

凌胜利：《双重困境与动态平衡——中美亚太主导权竞争与美国亚太盟国
的战略选择》，《世界经济与政治》2018 年第 3 期。

刘国柱：《从"第四点计划"到和平队：美国对发展中国家援助理论与实
践的转变》，《史学月刊》2005 年第 8 期。

刘国柱：《第四点计划与杜鲁门政府在第三世界的冷战战略》，《历史教学
（高校版）》2007 年第 6 期。

刘国柱：《和平队与肯尼迪政府的冷战战略》，《南开学报》2001 年第
5 期。

刘会清：《美国对外援助政策及其价值取向》，《内蒙古民族大学学报》
（社会科学版）2003 年第 3 期。

刘会清、李曼：《美国对外经济援助与韩国经济的崛起》，《世界史》2007
年第 4 期。

刘会清：《战后美国对外援助政策的历史考察》，《内蒙古民族大学学报》
（社会科学版）2002 年第 3 期。

刘丽云：《国际政治学理论视角下的对外援助》，《教学与研究》2005 年
第 10 期。

刘雄：《艾森豪威尔政府亚洲政策的形成》，《东北师大学报》2001 年第
3 期。

吕英杰：《浅析冷战期间美国对外经济援助》，《商业经济》2017 年第
4 期。

时殷弘、许滨：《来自冷战外的挑战——美国在菲律宾的失败与调整
（1945—1954）》，《美国研究》1995 年第 2 期。

王帆：《冷战后美国亚太安全战略的调整与联盟政策》，《首都师范大学学
报》2004 年第 3 期。

王慧英：《冷战与美国发展援助政策的缘起》，《湛江师范学院学报》2002
年第 4 期。

王慧英：《"剩余品"时代美国的对外粮食援助政策》，《世界历史》2006年第2期。

王慧英：《试论战后初期美国发展援助政策的实质》，《西南师范大学学报》（人文社会科学版）2003年第2期。

温荣刚：《杜鲁门政府时期美国的菲律宾政策》，《聊城大学学报》（社会科学版）2014年第4期。

吴浩：《越战时期美国与菲律宾的同盟关系——以美菲两国围绕菲律宾出兵越南问题的交涉为例》，《南洋问题研究》2015年第2期。

杨安民：《从美菲关系看菲律宾经济》，《世界知识》1957年第10期。

尤洪波：《论美国对菲律宾的经济援助》，《亚太经济》2011年第6期。

张晶：《美菲共同防御条约签订的原因及其历史影响》，《学术探索》2016年第5期。

周弘：《对外援助与现代国际关系》，《欧洲》2002年第3期。

周弘：《战略工具——美国对外援助政策》，《国际贸易》2002年第1期。

周琪：《冷战时期美国对外援助的目标和方法》，《美国问题研究》2009年第2期。

周伟：《论冷战初期美国对菲律宾的心理战》，《科教导刊》2012年11月。

朱振明：《菲律宾经济的恢复与发展》，《印刷世界》2003年第5期。

（四）学位论文

蔡劲松：《美国对外军事援助研究》，博士学位论文，中共中央党校，2014年。

韩君：《美国对菲律政策的演变1946—1960年》，硕士学位论文，暨南大学，2008年。

姜淑令：《美国对以色列的援助政策研究（1967—1988）》，博士学位论文，复旦大学，2010年。

解琦：《威尔逊政府对菲律宾政策述评》，硕士学位论文，山东师范大学，2009年。

刘洪丰：《美国对韩国援助政策研究（1948—1968）》，博士学位论文，华东师范大学，2004 年。

娄亚萍：《试论战后美国对外经济援助》，博士学位论文，复旦大学，2010 年。

裴欢欢：《美国驻菲律宾军事基地研究（1946—1991）》，硕士学位论文，河南大学，2017 年。

时羽卓：《马科斯时期的菲美关系演变（1965—1986）》，硕士学位论文，吉林大学，2007 年。

万艳玲：《论马科斯时期的菲美军事基地问题》，硕士学位论文，湖南师范大学，2004 年。

汪春杰：《冷战初期美国对菲律宾的干涉》，硕士学位论文，陕西师范大学，2007 年。

叶栋炜：《奥巴马政府对菲律宾的军事援助研究》，硕士学位论文，深圳大学，2018 年。

袁晓聪：《冷战后美菲同盟关系演变研究》，硕士学位论文，广东外语外贸大学，2016 年。

张博：《冷战后菲美安全合作研究》，硕士学位论文，暨南大学，2015 年。

赵志旭：《美国亚太战略对菲律宾南海政策的影响分析》，硕士学位论文，暨南大学，2012 年。

邹志明：《战后美菲同盟的形成与演变研究（1946—1975）》，博士学位论文，华中师范大学，2013 年。

英文参考资料

（一）档案资料

Address of President Quirino to United States Senate, Embassy of the Republic of the Philippines, Washington, D. C. , August 9, 1949.

Congressional Record, 82nd, Congress, 2nd Session, Vol. 98, part 7.

Department of Commerce Document, Survey of Current Business, "Economic Report of the President", 1950 – 1970, Washington：Government Printing Office.

Department of State Document, International Security Assistance, Bureau of Public Affairs, November 6, 1975, Washington: Government Printing Office.

Documents of National Security Council 1947 – 1977, U. S. policy toward China, October 13, 1948, Microfilm: Mf2521236, HKU Main Library.

Dr. Leon Ma. Gonzales, *Statistical Report on the "State of the Nation"*, 1946, released by the Philippine Embassy, Washington, D. C. .

Foreign Relations of the United States, 1945 – 1968, Washington: Government Printing Office.

House of Representatives, 81st Congress 1st Session, Document No. 48.

House of Representatives, 86th Congress, 2nd Session, Report No. 2014.

John F. Kennedy, *A Democrat Looks at Foreign Policy*, Foreign Affairs, October 1957.

John. F. Kennedy, Anleriea's Stake in Vietnam, in Vital Speeches, Vol. 22, Aug. 1, 1956.

Journal of Philippine Statistics, 1948.

Philippine Rehabilitation Act of 1946, Hearings before the Committee on Territories and Insular Affairs, U. S. Senate, 79th Cong.

Public Papers of the Presidents, Harry S. Truman (1949); Dwight D. Eisenhower (1961); John F. Kennedy (1961); Lyndon B. Johnson (1965 – 1968) Washington, D. C. : Government Printing Office.

Report to the President of the United States by the Economic Mission to the Philippines, Washington, October, 1950.

Senate, 87th, Congress, 2 d, Session, Report No. 1882.

U. S. Congress, *House of Representatives*, Committee on International Relations, International Security Assistance Act of 1976, 94th Congress, 2nd session, 1976. Appendix 11.

U. S. Department of State, Publication 4010, Far East Series, No. 38, Report to the President of the United States by the Economic Mission to the Philippines, Washington, D. C.：1950.

（二）英文著作

Abelarde Pedro E. , *American Tariff Policy towards the Philippines*, 1898 – 1946, New York：King's Crown Press, 1947.

Abinales Patricio and Donna, Amoroso *State and Society in the Philippines*, Lanham, New York, Oxford：Rowman &Littlefield Publishers, 2005.

Aguinaldo Emilio and Vicente Albano Pacis, *A Second Look at America*, New York：R. Speller, 1957.

Amnesty International USA, *Philippines*, Amnesty International USA, 1992.

Baldwin David A. , *Foreign Aid and American Foreign Policy*, New York. Washington. London：FREDERICK A. PRAEGER, 1966.

Benfield Edward C. *American foreign aid doctrines*, Washington, D. C. ：American Enterprise Institute, 1963.

Berry William E. , *American Military Bases in the Philippines*, *Base Negotiations*, *and Philippine-American Relations*：*Past*, *Present*, *and Future*, PH. D. dissertation, Cornell University, 1981.

Berry William E. , *U. S. Bases in the Philippines*：*The Evolution of a Special Relationship*, Boulder：Westview Press, 1989.

Blum R. M. , *Drawing the Line*, *The Origin if the American Containment Policy in East Asia*, New York and London：University, 1987.

Blum Robert M. , *Drawing the Line*：*the Origin of the American Containment Policy in East Asia*, New York：Norton, 1982.

Bocca Geoffrey, *The Philippines*：*America's forgotten friends*, New York：Parents' Magazine Press, 1974.

Brands H. W. , *Bond to Empire—The United States and the Philippines*, New York：Oxford University Press, 1999.

Buss Claude Albert, *The Unite States and the Philippine*：*Background For Policy*, Washington D. C. ：American Enterprise Institute for Public Research, 1977.

Buss Claude A. , *The United States and the Philippines*, Washington: American Enterprise Institute for Public Research, 1977.

Churchill Rernardita Reyes. , *The Philippine Independence Missions to the United States*: 1919 – 1934, Manila: National Historical Institute, 1983.

Collins John M. , *Grand Strategy*: *Principles and Practices*, Annapolis, Maryland: Naval Institute Press, 1977.

Colonel Jordan, *Foreign Aid and the Defense of Southeast Asia*, New York: Frederick A. Praeger, 1962.

Constantino Renato, *A History of the Phillippine*: *From the Spanish Colonization to the Second World War*, New York: Monthly Review Press, 1975.

Constantino Renato, *The Philippines*: *A Past Revisited*, Quezon City: Tala Pub. Services, 1975.

Currcy Cecil B. , *Edward Lonsdale*: *the Unquiet American*, Boston: Houghton Mifflin, 1988,

Dacy Douglas C. , *Foreign Aid*, *War and Economic Development*, Cambridge: Cambridge University Press, 1986.

Davis Leonard, *The Philippines*: *People*, *Poverty*, *and Politics*, New York: St. Martin's Press, 1987.

Elliott C. B. , *The Philippines*: *To the End of the Commission Government*, Indianapolis: The Bobbs-Merrill Company, 1917.

Fernandez Alejandro M. , *The Philippines and the United States*: *The Forging of New Relations*, Quezon: Philippine Union Catalog, 1977.

Fernandez Leandro H. , *A Brief History of the Philippines*, Boston: Ginn, 1932.

Feuer A. B. , *America at War*: *The Philippines*, 1898 – 1913, Conn. : Greenwood Press, 2002.

Foreign Trade Statistics of the Philippines, Philippines: Manila, 1978.

Francia Luis H. , *A History of the Philippines*: *From Indio Bravos to Filipinos*, New York: Overlook Press, 2010.

Fujiwara Kiichi, *The Philippines and Japan in America's Shadow*, Singapore:

NUS Press, 2011.

George Liska, *The New Statecraft: Foreign Aid in American Foreign Policy*, Chicago: The University of Chicago Press, 1960.

Ghosh Pradip K. , *Foreign Aid and Third World Development*, Conn. : Greenwood Press, 1984.

Giesecke Leonard F. , *History of American Economic Policy in the Philippines during the American Colonial Period*: 1900 – 1935, New York: Garland Pub. , 1987.

Golay Frank H. , *The Philippines: Public Policy and National Economic Development*, New York: Cornell University Press, 1961.

Gregor James A. , *In the Shadow of Giants: The Major Powers and the Security of Southeast Asia*, Stanford: Hoover Insititution Press, 1989.

Gregory A. James, *Crisis in the Philippines—A Threat to U. S Interests*, Washington D. C: Ethics and Public Policy Center, 1984.

Hartendorp A. V. H. , *History of Industry and Trade of the Philippines: the Magsaysay Administration*, Manila: Philippine Education Company, 1961.

Hass Gary R. , *The United States Emergence as a Southeast Asian Power*, 1940 – 1950, New York: Colunmbia University, 1987.

Hayes Samuel P. , *The Beginning of American Aid to Southeast Asia: The Griff in Mission of* 1950, Lexington: D. C. Heath and Company, 1971.

International Business Publications, *Philippines*, Washington, D. C. , 2011.

Jenkins Shirley, *American Economic Policy toward the Philippines*, California: Stanford University Press, 1954.

Karnow Stanley, *In Our Image: America's Empire in the Philippines*, New York: Random House, 1989.

Kelegama Saman, *Foreign Aid in South Asia*, Calif. : New Delhi Thousand Oaks, 2012.

Kennan George F. , *Memoirs: 1925 – 1950*, Boston: Little Brown and Co. , 1967.

Kent O'Leary Michael, *The Politics of American Foreign Aid*, New York: Atherton Press, 1967.

Kirk Donald, *Looted: The Philippines after the Bases*, New York: St. Martin's Press, 1999.

Kunz Diane B. , *Butter and Guns: America' Cold War Economic Diplomacy*, New York: The Free Press, 1997.

Lachica Eduardo, *The Huks: Philippine Agrarian Society in Revolt*, New York: Praeger Special Studies, Praeger Publishers, 1971.

Lansdale Edward Geary, *In The Midst of Wars: An American's Mission to Southeast Asia*, New York: Harper and Row, 1972.

Liska George, *The New Statecraft: Foreign Aid in American Foreign Policy*, Chicago: The University of Chicago Press, 1960.

Madison Julian C. Jr. , *The United States and the Philippines*, 1961 – 1965: *Was There A "Special Relationship?"*, Ph. D'dissertation, University of Washington, 1996.

Manson Edward S. , *Foreign Aid and Foreign Policy*, New York: Harper & Row, 1964.

Mayers David A. , *Cracking the Monolith: U. S. Policy Against the Sino-Soviet Alliance*, Baton Rouge and London: Louisiana State University Press, 1986.

Mayers David A. , *Cracking the Monolith: U. S. Policy Against the Sino-Soviet Alliance*, Louisiana: Louisiana State University Press, 1986.

McDonald John W. and Diane B. Bendahmane, *U. S. Bases Overseas: Negotiations with Spain, Greece, and the Philippines*, Boulder: Westview Press, 1990.

Merrill Dennis, *Bread and the Ballot*, Chapel Hill: The University of North Carolina Press, 1990.

Millikan Max F. & W. W. Rostow, *A Proposal—Key to An Effective Foreign Policy*, New York: Harper & Brothers, 1957.

Montgomery John D. , *The Politics of Foreign Aid*, New York: FREDERICK

A. PRAEGER, 1962.

Morgenthau Hans J. , *Politics Among Nations*: *The Struggle for Power and Peace*, New York: Alfred A. Knopf, 1966.

Morss Victoria A. , *Foreign Aid*, Baltimore: West View Press, 1982.

Morton Louis, *The Fall of the Philippines*, Washington, D. C. : Center of Military History, 1993.

Nadeau Kathleen, *The History of The Philippines*, Connecticut • London: Greenwood Press Westport, 2008.

Narayan Khadka, *Foreign Aid*, *Poverty and Stagnation in Nepal*, New Delhi: Vikas Pub. House, 1991.

Ohno Takushi, *War Reparations and Peace Settlement*: *Philippines-Japan Relations* (1945 – 1956), Manila: Solidaridad Publishing House, 1986.

Pelling Henry, *Britain and Marshall Plan*, Sahel: Macmillan Press, 1988.

Recto Claro M. , *Commencement Address*, Quezon City: University of the Philippines, 1951.

Rice Gerard T. , *The Bold Experiment*: *JFK's Peace Corps*, Notre Dame: University of Notre Dame Press, 1985.

Rice Gerard T. , *The Bold Experiment*: *JFK's Peace Corps*, South Bend: University of Notre Dame Press, 1985.

Robert Pringle, *Indonesia and Philippines*: *American Interests in Island Southeast Asia*, New York: Columbia Unincrsity Press, 1980.

Rostow W. W. , *Eisenhower*, *Kennedy*, *and Foreign Aid*, Texas: University of Texas Press, 1985.

Rostow W. W. , *The Stages of Economic Growth*: *A Non-Communist Manifesto*, Cambridge: Cambridge University Press, 1960.

Rotter Andrew John, *The Path to Vietnam*: *Origins of the American Commitment to Southrast Asia*, Ithaca: Comell Universty Press, 1987.

Ruttan Vemon, *Unite States Development Assistance Policy*: *The Domestic Politics of Foreign Economic Aid*, Baltimore: Johns Hopkins University Press, 1996.

Schwarz Karen, *What You Can Do for Your Country*: *An Oral History of the Peace Corps*, New York: William Morrow and Company, 1991.

Shalom, *The United States and the Philippines*, Quezon: New Day Pub. , 1986.

Shenin Sergei Y. , *The United States and the Third World*: *The Origins of Postwar Relations and the Point Four Program*, Huntington, N. Y. : Nova Science Publishers, 2000.

Taffet Jeffrey F. , *Foreign Aid as Foreign Policy*, New York: Routledge, 2007.

Tarp Finn, *Foreign Aid and Development*, London and New York: Routledge, 2000.

Taylor George E. , *The Philippines and the United Sates*: *problems of partnership*, New York: Council on Foreign Relation, 1964.

Taylor George, *The Philippines and the United States*: *Problems of Partnership*, New York: Frederick A. Praeger, 1964.

Tendler Judith, *Inside Foreign Aid*, Baltimore: Johns Hopkins University Press, 1975.

Tyner James A. , *America's Strategy in Southeast Asia*: *From the Cold War to the Terror War*, Lanham Md. : Rowman & Littlefield Publishers, 2007.

Valdepenas Vicente B. , *The Emergence of the Philippine Economy*, Manila: Papyrus Press, 1977 Vandenbosch Amry and Richard A. Butwell, *Southeast Asia Among the World Powers*, Lexington: University of Kentucky Press, 1957.

White John, *The Politics of Foreign Aid*, London: Bodley Head, 1974.

Wood Robert E. , *From Marshall Plan to Debt Crisis*: *Foreign Aid and Development Choices in the World*, Berkeley: University of California Press, 1986.

Yong Kim Sung, *United States-Philippine Relaions*, 1946 – 1956, Washington, D. C. : Public Affairs Press, 1968.

Zaide Gregorio F. , *History of the Republic of the Philippines*, Quecon City: All-Nations Publishing Co. , Inc. , 1987.

（三）英文期刊文章

Bird G. , "The Political Economy of Foreign Aid", *Zagreb International Review of Economics & Business*, No. 142, 1981.

Boone Peter, "Politics and the Effectiveness of Foreign Aid", *European Economic Review*, Vol. 40, No. 2, 1996.

Crow B. C., "America and the Philippines", *Round Table the Commonwealth Journal of International Affairs*, Vol. 15, No. 57, 1924.

David Wurfel, "The Philippijes: Intensified Dialogue", *Asian Survey*, Vol. 7, No. 1, 1967.

Foreign Commerce Weekly, February 23, 1946.

Luz Arsenio N., "The Problem of Surplus Disposal", *Philippines Commerce* (Manila), May 1948.

Mahajani Usha. "American 'People to People' Diplomacy: The Peace Corps in the Philippines", *Asian Survey*, Vol. 4, No. 4, 1964.

Manila Bulletin, December 13, 1947.

Mayer K. H., "AIDS in America—Forgotten but Not Gone", *New England Journal of Medicine*, Vol. 362, No. 11, 2010.

Morgenthau Hans J., "A Political Theory of Foreign Aid", *American Political Science Review*, Vol. 56, No. 2, 1962.

Mourmouras Alex, "Foreign Aid with Voracious Politics", *IMF Staff Papers*, Vol. 56, No. 4, 2009.

New York Post, December 12, 1947.

New York Times, April 30, 1947.

Quintos Melinda, "America through a Philippine Prism", *Press Politics*, Vol. 2, No. 2, 1997.

Salter William M., "America's Duty in the Philippines", *Ethics*, Vol. 12, No. 3, 1902.

Sciolla Andres, "Aids in America: The Darker Side", *The Quarterly Review of Biology*, Vol. 71, No. 4, 1996.

Snure, John Jr., "Paying the War Damage Claims", *Philippines Commerce* (Manila), December 1948.

"The Philippines and America-The romance has Gone", *Economist*, Vol. 392, No. 8643, 2009.

Ventura Mamerto S., "U. S. – Philippines Cooperation and Cross-Purposes: Philippine Post-War Recovery and Reform" *International Affairs*, Vol. 52, No. 1, Janu. 1976, p. 58.

Walley Cherilyn A., "A Century of Turmoil: America's Relationship with the Philippines", *Special Warfare*, Sept. 2004.

Waring Frank A., "Pro and Con of Protectionism", *An American View*, Philippines Commerce (Manila), December 1948.

Werfel David, "The Philippines: Intensified Dialogue", *Asian Survey*, Vol. 7, No. 1, 1967.

Woods Ngaire, "The Shifting Politics of Foreign Aid", *International Affairs*, Vol. 81, No. 2, 2005.

Wright Joseph, "The Politics of Effective Foreign Aid", *Annual Review of Political Science*, Vol. 13, 2010.

网络资源

艾森豪威尔图书馆 http://redbud. lbjlib. utexas. edu/eisenhower/ddehp. htm

杜鲁门图书馆 http://www. trumanlibrary. org/

美国国际开发署网站 http://www. usa. gov/

肯尼迪图书馆 http://www. cs. umb. edu/jfklibrary/

罗斯福图书馆 http://www. Academic. Marist. edu/fdr

约翰逊图书馆 http://www. lbjlib. utexas. edu

后 记

　　本书是在我博士论文的基础上修改、完善而成的，其中凝结了我读博期间的辛苦和努力。看着摆在案上的书稿，心情既是沉甸甸的，又是战战兢兢的。往昔种种涌上心头，至今仍然清晰地记得为了翻译资料，整天把自己关在屋子里，年幼的孩子由丈夫一人照顾，多亏当初丈夫的理解和自己的坚持，本书才有得以出版的一天。

　　读博的感受和经历，我想只有读过的人才能明白其中的滋味。衷心感谢我的导师王玮教授，仍清楚地记得老师对自己语重心长的鼓励，让我毅然决定考取博士学位，老师对我的知遇之恩和教导之恩此生难忘。老师对学术的奉献精神和治学的严谨，都深深影响了我，也让我时刻惴惴不安，深恐有负老师的期望。

　　感谢我读硕期间的导师南开大学的李凡教授，李老师不仅在学术问题上给我指导和建议，更是我生活上的导师。我和丈夫常年两地分居，所以生活、工作、学习的压力相对大一些，其中有一段时间因为生活的压力，自己一度想要放弃。在最难熬的日子，李老师教会我如何处理生活和学业的关系，并给予我终生难忘的关怀，让我在灰心失望几欲放弃时重拾信心，并最终走到了今天。

　　感谢山东师范大学历史文化学院的诸位老师，感谢你们，正是因为你们的一路辛苦和付出，才换得我们的学术硕果，才让我们的道路走得更长更远。

　　感谢我的同学、同事，谢谢你们多年的帮助和鼓励，让我孤寂的求索路上倍感温馨。感谢我的师兄、师姐、师弟、师妹，感谢你们对我有求必应的帮助，不辞辛劳地为我查找、复印相关资料。

感谢潍坊学院的领导、同事给予我的关怀和帮助，让我倍感温暖。

感谢中国社会科学出版社的安芳编辑，为本书的出版忙前忙后，不厌其烦地沟通、协调，是本书得以出版的前提和保障。

一路荆棘，几度坎坷，能走到今天实属不易。活着的终极目标是什么，这个困扰人类几千年的问题，我更是无从解答。但是经历告诉我，无论做什么事情，都应保持谦虚的姿态和认真的态度，努力地做好每一件事情。如果深陷生活，那就品味其中的琐碎；如果忙于工作，那就承担其中的责任；如果仍在学习，那就体会其间的清贫。

我的儿子今年九岁，他懂事、暖心、体贴，谨以此书献给他，希望他能健康成长，快乐相伴，希望他能体会妈妈的坚持和努力，也希望他能在以后的成长道路中，保持谦虚和努力认真的姿态。

最后，由于学术视角和研究水平，本书仍有诸多不尽如人意、待修葺完善的地方，欢迎"志同道合"学术友人、读者就本书研究观点深入探讨，对不妥之处批评指正，在思想交流、学术碰撞中，启迪深研，相互成就。

崔翠翠

2021 年 7 月